日本の「ことば・読み書き」指導の近代史

野村篤司

本の泉社

まえがき

　この本の、比較的大きな活字になっている本文は、「日本の『ことば・読み書き』指導の近代史」についての（1860年代後半から1950年代後半までの約90年を対象にしての）、私の再学習のまとめのレポートです。研究者のみなさんの研究成果を受けとめ、学んだことを自分なりに消化して、簡潔に記述しようとしました。

　この本の、本文のなかみは、日本語の「ことば・読み書き」の指導をふくむ教育活動に携わっている教師のみなさんや、教師になろうとしているみなさんのお役に立つのではないでしょうか。そのための参考資料として活用していただくことを願っています。

別記
○各章の本文の後ろに、「別記」というのをつけました。本文に対する補足や注釈、あるいは、意見や感想、場合によっては多少脱線して、関連のある事項についての雑談などを、書き加えさせてもらいました。
○私の自己紹介を、ここでさせていただきます。1932年1月東京で出生。1954年東京大学文学部国文学科卒業。東京都公立中学校教師37年間。なお、1951年から1967年まで、民主主義科学者協会言語科学部会、言語学研究会、教育科学研究会国語教育部会に参加、奥田靖雄さんの指導を受けて、言語学の基本と、学校の教科「国語科」の問題点について学びました。研究活動の実績は乏しいのですが、この時期、研究成果の普及などでは、いろいろ動き回りました。当時の日本教職員組合の教育課程研究委員会にも参加しました。

　教職につくときの「初心」は、教育実践と教育研究とを一体のものとして進め、「日本語についての科学的な知識を子どもたちのものにし、読み書きの能力を高めること」、「読み書き指導の伝統を見直し、受け継ぐべきことを受け継ぎ、改めるべきことを改めること」に貢献したいということでした。

　教師になってみると、学校は、生徒諸君のすこやかな成長を助けるために教職員一同が力を合わせる場所でした。時には生徒の問題行動や、学校の荒れた状態にみんなで立ち向

かう必要もあり、多面的な取り組みを進めるところでした。そのなかで、教科の研究にもそれなりの努力はしましたが、自分の関心のあるテーマに集中する条件はなく、悩みました。加えて、教育行政の側から、私の周辺にも納得しがたい圧力がかかり、それに対応したことを契機に、教職員組合の役員としての活動に重点を置く生活に切り替わりました。退職後も、その延長線上で、地域の労働組合の運動への協力、高齢者の社会保障推進の運動、生活協同組合の運営、居住地での住民運動などに没頭しました。かつての「初心」は、棚の上でした。

　80歳代に入って、急に病床につき、自宅療養と通院の毎日になりました。出歩くこともできません。そこで、できなくなった、いろいろな活動から手を引かせていただきました。このことは、かつての「初心」を棚の上から手元に引き寄せるチャンスでもありました。それで、表題のテーマを選んで、無理のない程度の再学習に着手しました。

〇明治維新から太平洋戦争終結までの期間が「近代史」としての一区切りでしょうか。この本では、その少し前の時期から書き起こして、そのあとの時期に少し踏み込んで、終わりにしました。このたびは、「現代史」についてさらに書き進めることに及びませんでした。

もくじ

第1章 「藩校」と「寺子屋」……………………………9
「藩校」と「寺子屋」／この時期の指導法の特徴

第2章 「学制」……………………………………………13
「学制」で近代学校制度発足／「学制」の教科の枠組み／読み書き関連の教科の内容／教授・学習の方法／「学制」から「教育令」へ

第3章 馬場辰猪……………………………………………19
馬場辰猪「日本文典初歩」／馬場辰猪と森有礼

第4章 「教学聖旨」から「教育勅語」へ………………23
「教学聖旨」と「幼学綱要」／「教育令」制定とその直後の改正／「小学校令」制定と教科書検定制度／「教育勅語」の発布

第5章 言文一致……………………………………………27
二葉亭四迷と山田美妙／「普通文」と「言文一致」／文学の分野での「言文一致」／「言文一致」の普及と定着

第6章 大槻文彦……………………………………………31
大槻文彦とそのしごと／当時最高峰の辞書「言海」／和洋折衷の到達点としての「広日本文典」／「広日本文典」の内容の主要な特徴／文部省国語調査委員会の「口語法」の起草／「広日本文典」と「口語法」との比較／「口語法」のほうが国学系寄りの折衷

第7章 上田万年……………………………………………45
上田万年とそのしごと／講演「国語と国家と」／論説「標準語に就きて」／日本の植民地政策と上田の説く国語愛／国語政策の諸課題と上田万年

第8章 「棒引きかなづかい」……………………………55
「小学校令施行規則」と「棒引きかなづかい」／「棒引きかなづかい」使用差し止めの経過／「かなづかい改訂」と「漢字制限」その後／保科孝一のしごと／戦前の時期の国字問題の全経過

第9章 「国語」科の登場と「教科書国定制度」………65
小学校の教科に「国語」科が登場／小学校教育の「本旨」と「国語科」の目標／「教科書疑獄」

と教科書国定制度／小学校国定教科書「読本」の編纂と改訂／「ことばと文字」の教材と「文章」の読本との関係／国定教科書に国策に沿った内容が

第10章　芦田恵之助 ……………………………………………… 77
芦田恵之助のしごと／「綴り方教授」と「芦田・友納論争」／「読み方教授」と「自己を読む」こと／静座と内省 教師の修養を重視／芦田の教材論と読み方の読本／芦田の読み方指導の手順「七変化の教式」

第11章　垣内松三 ………………………………………………… 88
垣内松三と「国語の力」／解釈の手順についての垣内の考え／文章を読むということについて／解釈の目標点ということについて／解釈の手順ということについて／読みの指導での「ことば」の扱い

第12章　「赤い鳥」……………………………………………… 99
鈴木三重吉と子どもの文化の雑誌「赤い鳥」／「赤い鳥」の、子どもの作文・詩の募集／子どもの文化の運動の広がり／「赤い鳥」以前の子どもの読み物

第13章　生活綴り方 ……………………………………………… 105
小砂丘・野村・上田などと雑誌「綴方生活」／「北方教育」、成田忠久と東北の教師たち／全国各地の「生活綴り方」運動／「調べる綴り方」と「生活文」・「生活詩」／「生活綴り方」の周辺／「生活綴り方」教師に対する苛酷な弾圧

第14章　「新興教育」の運動、「生活学校」、「教育科学研究会」‥114
「新興教育研究所」（略称「新教」）の運動／教育分野の労働組合運動の動き／プロレタリア文化運動の動き／「新興教育」運動での教育研究・「ことば・読み書き」指導研究／「生活学校」と戸塚廉／「生活学校」誌上などでの二つの「生活教育」論争／「教育科学研究会」の活動と弾圧による教育運動の壊滅

第15章　橋本進吉と学校文法 …………………………………… 128
橋本進吉のしごと／国定教科書「中等文法」と橋本進吉／橋本進吉の文法学説の概要／「言語とは何か」と「客観性のある実証的な研究は可能か」と／中等学校での文法指導／検定教科書の時期の文法教科書の記述／国定教科書「中等文法」のなかみ

第16章　石山脩平 ………………………………………………… 154
石山脩平のしごと／石山「教育的解釈学」のなかみのあらまし／生命と体験・表現・理会／体験と表象・理念・情調／表現と構想……事象・主題・情調／解釈……通読・精読・味読／

石山脩平の所論の受け継げないところ、受け継げるところ

第17章　国民学校 ……………………………………… 172
「皇国の道錬成」の国民学校発足／教科「国民科」の科目「国語科」／「国民的思考感動」めざす第5期国定教科書／「コトバ　ノ　オケイコ」の形式的な言語活動訓練／戦争が終わるころの子どもたちの状態

第18章　「大東亜共栄圏」と日本語 ………………………… 180
「大東亜共栄圏」と日本語の「進出」／台湾の植民地支配と日本語教育／朝鮮の植民地支配と日本語教育／「南洋群島」委任統治と日本語教育／「満州」支配と日本語教育／山口喜一郎と「直接法」／中国全域への侵略と日本語の「進出」／東南アジアへの侵略と日本語の「進出」／国際文化振興会「日本語基本語彙」と青年文化協会「日本語基本文型」

第19章　「現代かなづかい」・「当用漢字」 ……………… 205
戦争終結と戦後の表記法改革の背景／「現代かなづかい」の制定／「当用漢字表」の制定／ローマ字表記の現状と表記法の未来

第20章　戦後「新教育」 ……………………………………… 214
戦争終結から戦後「新教育」発足まで／「学校教育法」と1947年の「学習指導要領（試案）」／1951年の「学習指導要領　国語科編（試案）」

第21章　「逆コース」 ………………………………………… 226
1958年「学習指導要領」のころまでの世界と日本／いわゆる「反動文教政策」の進行／1958年「学習指導要領」が示す「国語」科の特徴

第22章　教職員組合の教育研究活動と民間教育研究運動 …… 239
教職員組合の教育研究活動／戦後の民間教育研究運動の出発と「国語科」研究推進の方向

年表 …………………………………………………………… 248

第1章 「藩校」と「寺子屋」

「藩校」と「寺子屋」　江戸時代の終わりごろ、子どもたちは読み書きを「藩校」や「寺子屋」などで学びました。

「藩校」は藩が城下などに設けた藩士の子どものための学校です。

「藩校」で、武士の子どもたちは、まず基礎的な文字の読み書きを身につけるための教材「三字経」、「千字文」などを筆で書き写し、文字の読みを知ることから学びはじめました。

「藩校」で学ぶことの中心は幕府が重視した「漢学」、主として「儒学」関係の中国の古典ですが、その最初に接するテキストは、多くのばあい、父母をたいせつにすることを説く「孝経」でした。「孝経」の書き出しは「身体髪膚受之父母　不敢毀傷　孝之始也」という文章です。これを「シンタイハップ　コレヲ　フボニ　ウク　アエテ　キショウセザルガ　コウノ　ハジメナリ」と大きな声で読みます。昔の中国語の文章を昔の日本語の文章と見なして、一語ずつ直訳しながら読むことを「漢文の訓読」といいますが、日本では千数百年来このやりかたを発達させてきました。意味がわかっても、わからなくても、とにかく声に出して読み、その文章を覚えることを「素読（そどく）」といいます。「読書百遍、意おのずから通ず」、つまり「何回も素読をやれば、意味はひとりでにわかるものだ」といわれるように、「素読」はたいへん重視されました。

声に出して読む読み方がわかったところで、どんなことが書いてあると思うか発表しあい、また、師匠から「おまえたちのからだは、髪の毛も肌も、お父上・お母上からいただいたものだ。これを傷つけないようにすることがご両親をだいじにすることの第一歩だ。……ここには、そういうこ

とが書いてある。」というような説明を受けます。

　学習は、「論語」など「漢学」、主として「儒学」の代表的な古典へ順を追って進み、また、歴史や文学や兵法の書物、書道や算術に及びます。国学や洋学に手を広げる「藩校」もありました。封建制を支える身分としての武士が身につけるべき能力は、教養と武術との両面があり、「文武両道」と呼ばれていましたが、その内容も「漢学」だけではすまなくなり、時代の変化にともなって、変わってきました。

　「寺子屋」は、庶民の子どもが学ぶところです。町のあちこちに「寺子屋」という私設の教育機関、「塾」のようなものがあって、庶民の子どもたちはそこで読み書きを学びました。
　江戸時代の初めの時期までは、学習の場といえば寺院、指導する人といえば僧侶、これが常識でしたが、江戸時代中ごろから、商業の発展にともなって、多くの人が手紙や帳簿の読み書きを身につける必要にせまられ、寺院に加え、寺院に代わる新しい学習の場として「寺子屋」が次々と設けられました。「師匠」には、僧侶だけでなく、武士や教養のある庶民がなりました。親はその「師匠」に入門料「束脩（そくしゅう）」を納め、何年間か使う机と文箱（ふばこ）を持たせて、子どもたちを「寺入り」させ、子どもたちは「寺子」として通学し、学習に励んだのです。
　子どもたちは、まず「師匠」から「いろは」の手本を与えられ、「かな」の「手習い」に取り組みます。一字一字、毛筆で書き写して、筆の使い方とあわせて、文字を習得するのです。続いて、数字や東西南北、人名・地名などの読み書きに進みます。それから「往来物（おうらいもの）」と呼ばれる教科書を、声に出して読み、説明を聞き、毛筆で書き写します。
　「往来物」ということばの、もともとの意味は「往復書簡集」ということです。14世紀ごろにできたといわれる「庭訓（ていきん）往来」には、1年十数往復の手紙の文例が収められていて、手紙の形式、手紙によく使う表現ばかりでなく、一般常識にかかわるいろいろな語句や文例が学べるようになってい

ます。これが江戸時代をとおして、上級の教科書としてよく使われてきました。やがては「往復書簡集」という形でなくても、「寺子屋」用の教科書であれば、「往来物」と呼ばれました。初級用の「往来物」としてよく使われた「商売往来」には、商業に必要な用語、商人の心得などが、「百姓往来」には、農業に必要な用語、農民の心得などが記されています。

　読み書きに加えて、「そろばん」もだいじな学習内容でした。読み書きの能力と、計算の能力とは、当時の庶民にとって、身につけるべき基礎的な学力だったのです。

　藩校や寺子屋のほかにも、藩の管理のもとに各地に設けられた「郷学(こうがく)」には、武士だけでなく庶民が通学できるものもあり、「寺子屋」より程度の高い教育を行っていました。明治維新直後の政府も「郷学」の設置を援助しました。独自の教育方針を持つ「私塾」もでき、著名な教育者のもとに入門者が集まり、人材を輩出しました。

　江戸時代の終わりごろ、明治の初めごろには、男子の４割ぐらい、女子の２割弱ぐらいが何らかの形で就学していたと推定されています。当時の識字率は世界のなかでもかなり高かったのではないでしょうか。

この時期の指導法の特徴　この時期の読み書き指導の、方法のうえの特徴をまとめてみると、次のようにいえます。

(1)　文字の読み方・書き方を１字ずつ覚えさせるやり方が、入門期には重視されています。学習上重要とされる語句の読み方・書き方・意味を一つずつ覚えさせるやり方も同じです。
(2)　入門期を過ぎると、個々の文字や語句についての知識は教材の文章のなかにその文字や語句が現れた折に、そのつど学習の対象になり、教材の文章の内容の理解と結びついた形で積み上げられます。
(3)　文字を正確に、美しく書き表すための練習は、手本を書き写す作業として、重視されています。

(4) 教材の文章には、生活に必要な実用的な知識と、生き方についての教訓、倫理・道徳・思想といった内容とが盛り込まれていて、読み書きとあわせて、これも指導の対象になりました。

別記

〇参考文献
　「日本庶民教育史」石川謙（1929 刀江書院）復刻版（1998 玉川大学出版部）
　「教科書で見る近現代日本の教育」海後宗臣・仲新・寺崎昌男（1999 東京書籍）
〇「ことば・読み書き」指導の近代史というテーマですから、書き起こしを 1872 年の「学制」からにすべきだったかもしれませんが、その少し前にさかのぼって、江戸時代の終わりごろどうだったかから書き起こすことにしました。近代に入って、何が変わったか、何が変わらなかったかを見ることがだいじだと思ったからです。
〇寺子屋といえば、「菅原伝授手習鑑」（1746　武田出雲）の寺子屋の段に江戸時代中期の寺子屋のようすが描き出されていて、歌舞伎でもしばしば上演されるので、おなじみかと思います。
　　ついでにあげれば、「江戸の寺子屋と子供たち」渡辺信一郎（1995　三樹書房）は、古川柳をとおして寺子屋の実情を描き出した本。「江戸の寺子屋入門」佐藤健一編（1996　研成社）は、算術の教授を中心に寺子屋の実情を説明した本。この２冊で、寺子屋のようすをかなり具体的に知ることができます

第2章 「学制」

「学制」で近代学校制度発足

明治維新の4年後、1872年の8月に「学制」が定められ、近代の教育制度が発足しました。「太政官布告(だじょうかん)」として公布された「学事奨励ニ関スル被仰出書(おおせいだされしょ)」は、「自今以後一般ニ人民華士族農工商及婦女子必ス邑ニ不学ノ戸ナク家ニ不学ノ人ナカラシメンコトヲ期ス」と述べています。「邑(ゆう)」というのは「村」のことで、全国に学校を設け、識字率100％を実現することを宣言したのです。

「学制」の構想では、全国に5万3千760の8年制の小学校を置くことになっています。全国に8つの大学区を設けて8つの大学校を置き、一つの大学区に32の中学区を設けて、256の中学校を置き、一つの中学区に210の小学区を設ければ、小学区の数は5万3千760になります。しかし、その構想を実現する財源があるわけではありません。学校建設のための住民の負担増も過大でした。7年後の小学校数が約2万8千校とのこと。思うようには進みませんでした。

「被仰出書」には「日用常行言語書算ヲ初メ士官農商百工技芸及ヒ法律政治天文医療ニ至ル迄」学ぶべきであるのは、「人々自ラ其身ヲ立テ其産ヲ治メ其業ヲ昌ニシテ以テ其生ヲ遂ル(とぐ)」ためだとあり、学習は「智ヲ開キ才芸ヲ長スル」ためのものだとあります。さらに、「詞章記誦ノ末ニ趨(はし)リ空理虚談ノ途ニ陥(おちい)ル」のは「沿襲ノ習弊」だとしています。教育の目的を「国家ノ為」とする意見をしりぞけ、「人々」が「生ヲ遂ル」ことにあるとしました。なお、この主張は、教育費を「国家」が引き受けないで、「人々」に大きな負担を負わせることの口実にもなっていました。

「学制」の教科の枠組み　「学制」の「小学教則」には14教科が列挙されています。

①「綴字」、②「習字」、③「単語」、④「会話」、⑤「読本」、⑥「修身」、⑦「書牘」(しょとく)（手紙の文章）、⑧「文法」、⑨「算術」、⑩「養生法」、⑪「地学大意」、⑫「理学大意」、⑬「体術」、⑭「唱歌」。このうち初めの8教科、①から⑧までを見ると、⑥のところに割り込んできた「修身」以外の7教科はすべて読み書き（および話し聞き）関連の教科です。いまの5年生以上にあたる年長の子どもたちには、これに「史学大意」、「幾何学罫画大意」、「博物学大意」、「化学大意」などが加えられました。どれも欧米の教科の枠組みを参考にして設定したものです。

読み書き関連の教科の内容　読み書き関連の7教科のうち、①「綴字」、③「単語」、⑧「文法」の3教科はことばと文字を直接に学習の対象とし、それについての知識を身につけようとする分野であり、②「習字」、④「会話」、⑤「読本」、⑦「書牘」の4教科は読み書き（話し聞き）の言語活動のなかで、語句や表現のしかたなどを文章に出てくるつど個別に身につけながら、読み書き（話し聞き）の能力を高めていこうとする分野です。

本来、この両分野は相互に補いあう関係にあり、どちらもだいじにされなければならないものです。しかし、実際には、そうなりませんでした。初級・上級あわせて8年間の小学校をとおして見ると、両分野がいつも相互に補い合うという関係が築かれるには至りませんでした。

「綴字」、「単語」、「文法」の内容を見てみましょう。

「綴字」という教科では、「いろは図」と「50音図・濁音図」によって、「かな」を1字ずつ学びました。さらに、「かな」1字の単語、「かな」2字の単語、「かな」3字の単語と進んで、当時の「かなづかい」（10世紀ごろの発音のちがいによって「かな」を使い分ける古典の「かなづかい」）を単語ごとに学びました。

「単語」という教科では、漢字で書かれた単語を1語ずつ取りあげ、そ

の読み方と意味とを学びました。学んだ単語のなかに現れた漢字の数は1000字あまりでした。

「文法」という教科では、はじめは、適当な教科書が間にあわなかったので、あまり行われなかったようです。やがて何種類かの文法の教科書が発行され、それを採用した学校では、どの単語がどの「品詞」に属するかなどを学びました。品詞の名称など、洋学系の教科書と国学系の教科書では、内容がまるで違っていました。文章の読み書きに役立つような水準には及びませんでした。

「習字」、「会話」、「読本」、「書牘」の内容を見てみましょう。

「習字」という教科は、「寺子屋」でやっていた「手習い」とさほど違いがありません。違ったところといえば、早くから実用的な「行書」の習得に向かった「寺子屋」とくらべると、「学校」では「楷書から行書へ、行書から草書へ」という順序を重視しました。

「会話」という教科では、共通語で話すこと・聞くことを学習するという意図の実現に至らず、文法と作文の初歩のような内容でした。

「読本」という教科では、欧米の「リーダー」(読むことの学習のために文章を集めた教科書)を翻訳したものや、教科書の編集者が教材用に書きおろしたり、古今の名文から抜き出したりしたものを教材として、読み、暗唱し、その内容を理解する学習をしました。

「書牘」という教科では、手紙や証文の形式や用語を学ぶことからはじめて、実用的な文章を書く、作文の学習をしました。「寺子屋」の「往来物」による学習の、作文の面を引き継いだものです。

教授・学習の方法　教授、学習の方法は、江戸時代とかなり違ったものになりました。

「寺子屋」では、年齢も到達度もさまざまな子どもたちを同じ部屋に集めて、ひとりひとり違った学習をさせ、師匠が1対1で個別に指導するのがふつうでしたが、「学校」では、欧米の方式を取り入れて、同じ年齢の子どもを集めて学級を構成し、同じ掛図に注目させたり、同じ教科書を読

ませたりして、一斉に教授する方式になりました。

　黒板は数年のうちに全国に普及しました。低学年の学習用に石筆・石盤がしだいに使われるようになりました。安い半紙を綴じて、帳面とし、それに毛筆で書くのがふつうでした。鉛筆や消しゴムや表紙のついたノートなどが現れるのは、もう少しあとのことです。

「学制」から「教育令」へ

　「学制」で定められた教科の枠組みは、7年後の1879年、「学制」の廃止、「教育令」の制定の際に消滅しました。その際、読み書き関連の7教科は①「読書（読方および作文）」、②「習字」の2教科に統合されます。「綴字」と「単語」とは「読書」の入門期のところに吸収され、「文法」は初等教育の教育課程からははずされました。とりあえず文法と作文の入門のように扱われてきた「会話」も、教科としての位置づけを失いました。

　「教育令」の時期の教科の枠組みは、「寺子屋」の伝統的な枠組みとあまり変わりがありません。欧米で重視されてきた、ことばと文字を直接に学習の対象とし、それについての体系的な知識を身につけようとする分野は、日本の初等教育では、入門期に一字ずつ、一語ずつ学習することを別とすれば、その存在自体が否認されたのです。読み書き（話し聞き）の言語活動のなかで、そのつど個別的に語句や表現のしかたを学び、それを積み上げる、日本の伝統的な方法が改めて再確認されました。

別記

〇参考文献
　「国語教育史資料第五巻　教育課程史」増渕恒吉編（1981 東京法令出版）
　「教科書から見た明治初期の言語・文字の教育（国語シリーズ36)」文部省（1957 光風出版）　執筆担当者・古田東朔
　「続・教科書から見た明治初期の言語・文字の教育（国語シリーズ50)」文部省（1962 光風出版）　執筆担当者・古田東朔
〇文具などについては、いくつかの文具製造会社のウェブサイトを参照しました。

第 2 章　「学制」

○「学制」が定められた背景に、明治維新による政治・経済・社会の変動があることは、いうまでもありません。この変動は、後期の封建制から日本的な近代への移行というべきものです。

〈土地の所有者がその土地の農民の生産物の相当部分を取り立てることを主要な生産関係とする社会〉、〈分散した多くの地方ごとに成り立っている支配・被支配の関係〉という特徴をもつ封建制のもとで、〈商工業の発展によって市場が地方分散性の狭い枠に収まらなくなり、その動向を背景として、権力の地方分散性を維持しながら、その上にあって地方権力を調整する全国的な権力が機能する時期〉が封建制の後期ですが、やがて商工業のいっそうの発展によって、〈地方分散性の完全な克服、全国を統一した市場の形成、それを保障する中央集権的権力の成立〉が必要とされる時期が到来します。西洋諸国がアジアの諸国を植民地または半植民地にしようとする動き、生活の困窮から「世直し」を求める農民「一揆」の動きなどに、幕府と藩の体制が対応できなくなった状況のもとで、旧支配層出身の政治家たちが、表向き「尊王攘夷」を旗じるしにして、幕府の体制に不満を持つ社会上層部の支持を集め、実際は西洋列強との妥協を土台にして、権力の移行を強行し、天皇の権威を利用する新政権を発足させました。新政権は「廃藩置県」・「地租改正」で中央集権の体制と財政の基盤をつくり、「殖産興業」・「文明開化」の政策で産業と文化の近代化を進め、「富国強兵」の政策で庶民からの徴兵、内乱への対応や外征への準備を進めました。「学制」の制定も、この動きのなかの一つです。

「廃藩置県」・「地租改正」で、領主が領民から年貢を取り立てる制度はなくなりましたが、地主が小作人から小作料を取り立て、国に税を納めるという制度のもとで、旧支配層の上層部や地方の豪農が大地主として大きな力を持ち、〈土地の所有者が、その土地で働く農民から生産物の相当部分を取り上げる〉という封建遺制を農村に温存させたまま、〈生産手段の所有者が、雇用した労働者に賃金を支払って、労働力を安く買い取り、生産に投入する〉という近代的な産業の生産関係を発展させていく時代になりました。旧支配層出身の政治家や官僚が大地主の勢力の利益を代表して行動しました。政府の支援によって急成長を遂げ、財閥となった商工業者は、その利益を代表する政治家と深く結びついて、いっそうの利益を求めました。こうして、天皇の権威のもとに絶対的な国家権力を行使する政府は、大地主と財閥とが利害を調整しながら利益を確保し、多くの農民、労働者、勤労市民が貧困に苦しむような政策を進めることになります。そして、大地主の利益を確保する封建遺制は戦後 1947 年の「農地改革」まで続きました。

「学制」が、教育の目的を「国家ノ為」とする意見をしりぞけ、「人々」が「生ヲ遂ル」ためとしたのは、発足当初の新政権が「世直し」を求める多くの民衆の支持を得ようと

意図したことと、西洋の近代の成果から学ぼうという思いをもったことによるものでしょう。しかし、この立場はまもなく「人々」の上に「国家」を置く考えに変えられてしまうのです。

第3章　馬場辰猪

馬場辰猪
「日本文典初歩」

　「学制」が定められた年の翌年1873年にロンドンの出版社から馬場辰猪著「Elementary Grammar of the Japanese Language」(「日本文典初歩」)という本が刊行されました。

　本文は、日本語の「話しことば」の文法の大要を英文法の体系に沿って簡潔に示したもので、「いろは」と「50音」(濁点・半濁点のついた字も)の紹介に始まり、「8品詞」をあげ、それぞれについて、次のような説明を加えています。

① 「名詞」については、「数」(単数・複数同形)・「性」(男性・女性・中性あり)・「格」(「主格・所有格・目的格」)。
② 「形容詞」については、「原級・比較級・最上級」、「属性の形容詞・量の形容詞・指示の形容詞」。
③ 「代名詞」については、「人称代名詞・疑問代名詞・指示代名詞」。
④ 「動詞」については、「能動態(肯定・否定)」・「受動態(肯定・否定)」、「直説法・可能法・仮定法・命令法・不定法」、「現在形・過去形・未来形」、動詞の「語形変化」(動詞を「行く」の類・「見る」の類・「する」の類の3種類に分けて、先に示した各範疇(はんちゅう・カテゴリー)の形をつくる語形変化を表示)。
⑤ 「副詞」については、「時の副詞・場所の副詞・性質の副詞・量の副詞・順序の副詞・態度の副詞」。
⑥ 「前置詞」については、日本語では「後置詞」と呼ぶべきだとして、その一覧表。
⑦ 「接続詞」(「順接・逆接」)。

⑧　「間投詞」。

　続いて、「文」については、単語を並べる順序のルールなど１８か条をあげて、動詞が目的語の後ろに置かれるとか、形容詞は通常は名詞の前に置かれるとか、副詞は動詞などの前に置かれるとか、関係代名詞は使われないとか、そういったことを列挙しています。

　今日の目で見ると、英文法の扱いに準じたために不適切な扱いになった部分も少なくありませんが、日本語の文法の骨格を大づかみに示したものとしては、おおむね妥当なもので、この時期のものとしては、すぐれたものということができます。英語で書かれたものなので、日本の学校で教材になることはありませんでした。

馬場辰猪と森有礼　馬場辰猪は、当時24歳。福沢諭吉の塾で英語を学び、法学を学ぶためにロンドンに留学していた人です。この本を出す３年前に土佐藩から軍艦のエンジンについて学ぶよう命じられてロンドンに来ましたが、廃藩置県後、政府派遣留学生に切り替えられ、法学を学ぶという希望を許されました。政治に志をもち、法学を学んでいた馬場が、なぜ日本語の「話しことば」の文法書を書いたのか。そのわけは、この本の序文に記されています。

　当時アメリカに外交官として派遣されていた森有礼（ありのり）が「日本の教育」という本を出し、その序文で、英語を日本の公用語とすることを提唱したのです。森は日本語を、中国語の助けなしには満足な表現のできない「貧弱で不完全な言語」、「弱くて不確実な通達の手段」だと思っていました。また、英語を話す人々が「商業的実力」をもっていることに注目していました。それで、法律・行政、学術・教育、商業・交易などに使うことばとして、英語を採用することを提唱したのです。

　森は、幕末のころ薩摩藩からの派遣でイギリス・アメリカに留学し、明治維新後すぐに新政府に参加し、「廃刀令」を提唱するなど、西洋の文明を日本に取り入れることに尽力した人です。のちに初代の文部大臣として

「国家のために」という観点に立つ教育行政を推進しましたが、1889年、大日本帝国憲法発布の当日、国粋主義を盲信する暴漢に殺害されました。

　馬場は、森の英語採用論を目にすると、ただちに反論を思い立ちました。日本語の法律などの文章に漢語の借用が必要になるのは、英語の法律の文章にラテン語からの借用が必要になるのと同じで、異なる文化を取り入れるときに、同義語がなければ、借用するのは当然のこと、それをもってことばが「弱くて不確実な通達の手段」と見なすことはできない。「日本語はさほど不完全なものとは思えない。」「普通教育の教育内容としては十分に完全である。」と馬場は主張します。そして、日本語の「話しことば」の文法を示すことで、日本語にととのった体系があることを証明し、森への批判としたのです。

　馬場は、インドを例にあげて、次のように主張します。「征服者が自分のことばを征服された人々に強制するとき、征服された人々は二つのことばを身につけるという困難に出会う。そのばあい、豊かな人々と毎日の生活に追われる貧しい人々とのあいだに、ことばを身につけるうえで大きな格差が生じ、貧しい人々が世の中の重要な問題から締め出され、その国のみんなのものであるべき考えや気持ちが引き裂かれる。森氏の『日本の教育』所収の、ホイットニー氏の森氏あての手紙にあるとおり、私たちがすでに自分のものにしている、この親しい母語を豊かな、完全なものにしていくことこそ望ましい。」

　馬場は、再度の留学ののち、「天賦人権論」にもとづく弁論を展開し、自由民権運動のリーダーの一人として活動しました。投獄され、出獄後、亡命先アメリカで、1886年に貧窮と病苦のうちに死去します。自伝の表紙に書かれた「頼むところは天下の与論　目指す仇は暴虐政府」ということばが馬場の生涯を表しています。

　英語を採用することを提唱して、上からの文明開化を推進し、貧しい人々が世の中の重要な問題に参加することなど考えもしなかった森有礼と、英語の採用が貧しい人々を世の中の重要な問題から締め出すことになると考

えて、日本語をいっそう豊かな、完全なものにしていくことを主張した馬場辰猪。西洋の文化や思想に学ぶという共通点をもちながら、異なる道を歩んだ、この二人は対照的です。

　森の英語採用論は、藩閥政府の側にも自由民権運動の側にも賛同者が少なかったので、実現しませんでした。多くの植民地で宗主国のことばが公用語とされ、人々は宗主国のことばと母語との二重のことばによる生活をさせられましたが、日本の本土はそうなりませんでした。

別記
○参考文献
　「日本文典初歩」馬場辰猪（1873 ﾛﾝﾄﾞﾝ・ﾄﾘｭｰﾌﾞﾅｰ社）……「国語学大系　語法総記二」福井久蔵編輯（1965 白帝社）に収録されています。
　「馬場辰猪」萩原延寿（1967 中央公論社）……馬場の生涯について綿密に調査して書いた伝記です。
　「『国語』という思想　近代日本の言語認識」イ・ヨンスク（李妍淑）（1996　岩波書店）……上田万年と保科孝一について論評することを主要な内容とした本ですが、序章で馬場・森論争について論じています。
○自由民権運動は、圧政からの解放、生存権・参政権をふくむ人権の獲得・擁護をめざす運動で、土佐の立志社が、天皇あてに、議会開設と憲法制定の建白書を提出した１８７７年にはじまり、激しい弾圧や懐柔によって民権派の諸組織が壊滅させられた１８８４年、そのしばらく後までつづきました。この運動は、廃藩置県後の生活の困窮に苦しむ士族と地租改正後の重税に苦しむ豪農を中心に進められたものですが、薩摩・長州出身の主流と対立した政府や地方政治の有力な幹部も参加し、社会に大きな影響を与えました。思想上の啓蒙運動だけでなく、秩父事件など、武力の対決に及ぶこともありました。政府は、議会開設・憲法制定の計画を公表して譲歩を装い、天皇の絶対的な権力を保障する憲法の制定、権限の制約された議会の開設を準備しながら、自由民権運動を弾圧し、壊滅させる政策を進めました。

第4章 「教学聖旨」から「教育勅語」へ

「教学聖旨」と「幼学綱要」

明治天皇が 1879 年に「教学聖旨」という文書を出して、「学制」では徳育が軽視されていたとし、「仁義忠孝」の儒教道徳を子どもの「脳髄に培養する」ことを求めました。この文書の執筆者、天皇の側近の儒者であった元田永孚(ながざね)を中心に、教育を「国家のため」のものに変える動きが強まったのです。元田は 1882 年に「教学聖旨」を具体化した「幼学綱要」という徳育の指導書を宮内庁から出版し、天皇の名で各学校に配布しました。

「教育令」制定とその直後の改正

「教学聖旨」の出された年、「学制」の実施を進めてきた文部大輔(文部卿代行)田中不二麿のもとで「学制」が廃止され、新たに「教育令」が定められました。この時、読み書き関連の教科が「読書(読方および作文)、習字」の2教科に統合されたことについては、すでに述べました。この「教育令」は、「学制」の画一的・強制的なところを緩和して、小学校就学は4年生まででいいとし、民衆が選挙で「学務委員」を選ぶ制度を導入し、人々の教育費負担軽減をはかるものでした。これには自由民権運動の関係者にも共感するものがあり、一方、政府や軍部のなかに不満を持つものが多かったのです。それで、この「教育令」は、就学率低下など学校教育の停滞を招いたとして、わずか1年3か月後に改正され、田中も更迭(こうてつ)されました。

1880 年の「教育令」改正では、「教学聖旨」の趣旨を受けて、諸教科の筆頭に「修身」を置き、これをもっとも重視するようにしました。「学務委員」を今日の県知事にあたる「県令」の任命によるものとしました。1881 年

には「小学校教則綱領」を定め、各府県で進める教育の内容や方法の基準を示しました。教科書の届出制度を発足させ、自由民権や共和政治の主張を容認する書物など「教育上弊害アル書籍」と認めたものの使用を次々と禁止し、文部省作成の修身教科書などを発行し、普及しました。その後、教科書の統制はいっそう強化され、その5年後の1886年には検定制度にされ、1903年には国定制度にされるのです。

「小学校令」制定と教科書検定制度

1885年の年末に内閣制度が発足し、森有礼が初代の文部大臣に就任しました。森は、翌年「帝国大学令」・「師範学校令」・「小学校令」・「中学校令」を制定し、「国家のために」という観点での教育制度の整備を進めました。「小学校令」では「尋常小学校」4年を義務制にし、「高等小学校」4年をその上に置きました。小学校の読み書き関連の教科を「読書、作文、習字」の3教科とし、教科書の検定制度を発足させました。

　この「小学校令」は、1890年に改正されます。その第1条には、「小学校ハ児童身体ノ発達ニ留意シテ道徳教育及国民教育ノ基礎並ニ其生活ニ必須ナル普通ノ知識技能ヲ授クルヲ以テ本旨トス」とあり、「生活ニ必須ナル普通ノ知識技能」に先立って「道徳教育及国民教育ノ基礎」が強調されました。

「教育勅語」の発布

同じ年、1890年に「教育ニ関スル勅語」が発布されました。この勅語は、天皇が道徳の規範を「皇祖皇宗ノ遺訓」として「臣民」に示し、「遵守」を求めるものです。示された道徳の内容は、平時においては、家族友人間の親和・信頼、慎み深い愛情を持った行動、自身の成長、世の中への貢献、法の遵守につとめよ、戦時においては、天皇のために身をささげよ、「一旦緩急アレハ義勇公ニ奉シ以テ皇運ヲ扶翼スヘシ」ということです。

　天皇のことばとして述べられていますが、起草したのは井上毅（こわし）で、元田

永孚の協力を得て、この文章を仕上げました。

　井上毅は、この「教育勅語」の8年前、「陸海軍軍人ニ賜リタル勅諭」の起草にもかかわり、西周(あまね)の書いた素案に山縣有朋・福地源一郎とともに加筆して、これを仕上げました。天皇の名で「軍人は忠節を尽くすを本分とすべし」、「義は山岳より重く、命は鴻毛より軽しと覚悟せよ」と軍人の心がけを諭しています。

　井上についてもう一つあげれば、伊藤博文の指揮のもとに、伊東巳代治・金子健太郎とともに、「大日本帝国憲法」を起草し、「大日本帝国ハ万世一系ノ天皇之ヲ統治ス」、「天皇ハ神聖ニシテ侵スヘカラス」と、絶対主義的天皇制を憲法に規定しました。この憲法の発布は、「教育勅語」の前年 1889 年です。

別記

〇参考文献
　「国語教育史資料第五巻　教育課程史」増渕恒吉編（1981 東京法令出版）
　「学制百年史」文部科学省・学制百年史編集委員会（1981）
　「教科書で見る近現代日本の教育」海後宗臣・仲新・寺崎昌男（1999 東京書籍
　「幼学綱要読本」皇訓成美会編纂部（1931 皇訓成美会）
　「教育ニ関スル勅語」(1890)・「陸海軍軍人ニ賜リタル勅諭」(1882)・「大日本国憲法」(1889)

〇 1876 年から 1880 年にかけて、天皇は、しきりに地方巡幸を行い、全国各地を視察しました。政府首脳はじめ随行者が 300 人、警備の巡査が 400 人という規模で、産業や教育の現場で責任者の話を聞き、先々で孝子節婦を表彰しました。廃藩置県以後、生活に困窮した下級士族の反乱があい継いだこと、さらに、豪農などのあいだに自由民権思想が広がったことへの対応策として、天皇自身が全国の地方有力者と接触するという方策に、政府が力をいれたのです。この巡行で、天皇は、教育の現場が、「学制」の西洋式のやり方を受け入れがたく思っていることを知りました。そこで、側近の元田永孚に対応を命じたのです。元田が執筆して、天皇の名で、首相・文相に示した「教学聖旨」は、800 字ほどの短い文章ですが、「専ラ智識才芸ノミヲ尚トビ文明開化ノ末に馳セ……徒

ニ洋風是競フ」として「学制」以来の教育方針をきびしく批判し、「仁義忠孝……道徳」を「幼少ノ始ニ其脳髄ニ感覚セシメテ培養」せよと主張するものです。教育を国家の統制下に置くことを認めつつ、西洋から学ぶこともたいせつだと考える伊藤博文が、元田に反論し、元田がそれにさらに反論するという激しい論争になりました。文部省は、伊藤博文の影響下にありましたから、ことはただちに元田の思うとおりには進みませんでした。そこで、元田は、宮内省を足場に、「幼学綱要」を発行するという次の手に出ます。

○「幼学綱要」は、徳目20項目をあげて解説し、それぞれにかかわる合計229例の「例話」を加えた道徳教育の読本です。徳目２０項目というのは、「①孝行、②忠節、③和順、④友愛、⑤信義、⑥勤学、⑦立志、⑧誠実、⑨仁慈、⑩礼譲、⑪倹素、⑫忍耐、⑬貞操、⑭廉潔、⑮敏智、⑯剛勇、⑰公平、⑱度量、⑲識断、⑳勉職」です。各学校は、この本を、天皇からいただいた、手を触れるのもおそれ多い宝物として、桐の箱に収めてたいせつに保管したので、元田の意図のように、思想教育に活用されることになりませんでした。私の手元の「幼学綱要読本」は1931年刊のダイジェスト版で、「皇訓成美会」という団体が、教育勅語を補完する副読本として普及しようとして刊行したものです。

○実態に合わないところを是正し、地方の自治権を拡大しながら、柔軟に漸進的に教育の水準を向上させようとする路線と、国家の統制のもとに思想教育を強化しようという路線とのあいだでゆれながら、日本の教育が、国家の管理のもと、国策に沿うものにされていく経過があったのでした。

第5章　言文一致

二葉亭四迷と山田美妙　二葉亭四迷は、1887年に小説「浮雲」を刊行し、翌年1888年にツルゲーネフ「猟人日記」の一部を翻訳した「あひびき」を発表しました。これが「言文一致」による作品として、早い時期に高く評価され、日本の近代文学の文体に大きな影響を残したものです。

　山田美妙も、同じ時期に積極的に「言文一致」の運動に取り組み、「武蔵野」を1887年に、「胡蝶」を1889年に発表するなど、おおいに活躍しましたが、この人の表現の特徴に好感を持たない人も多く、後の時期への影響の大きさでは二葉亭四迷に及びませんでした。

「普通文」と「言文一致」　当時の「書きことば」には、「漢文の訓読」の文体や、「擬古文」と呼ばれる10世紀・11世紀の日本語の文章を模した文体や、「……にてござ候(そうろう)」といった手紙専用の文体などが使われていて、話すことばと書くことばとがかけ離れていました。「日が落ちる。」・「空が青い。」・「あの山は富士山だ。」ということを書きたいとき、「日　落つ。」・「空　青し。」・「かの山　富士山なり。」と書くのがふつうでした。いま私たちは、「日が落ちる。」の方を「口語文」と呼び、「日　落つ。」の方を「文語文」と呼んでいますが、この時期、「文語文」で書くのがあたりまえでした。日常の生活で使う「文語文」は「普通文」と呼ばれ、それが書けるようになるまでには「文法」や「かなづかい」などについて、かなりの学習が必要でした。

　「話すように書くことが必要だ」という「言文一致」の主張は、明治維

新の前後のころから出されていました。前島密(ひそか)は、明治維新の2年前、1866年に「漢字御廃止之儀」という意見書を幕府に提出し、そのなかで「今日普通の『ツカマツル』『ゴザル』の言語を用ゐ、……口舌にすれば談話となり、筆書にすれば文章となり、口談筆記の両般の趣を異にせざるやうには　したきことに奉り存じ候」と述べています。何人もの人が文末の「ナリ」を「デゴザル」に置き換えるようなことも試みてはいました。「文語文」で書く人にも、できるだけ日常の談話に使う語句を使うよう努める人が出ました。三遊亭円朝の「怪談牡丹燈篭」や「塩原多助一代記」の速記も出版されました。小学校の教材の一部に「口語文」が使われることもありました。しかし、「口語文」が、高い評価を受ける文学作品の文体として使われるまでには、かなりの年月がかかったのです。

文学の分野での「言文一致」　二葉亭四迷は、文学は写実であるべきだと主張する坪内逍遥から「円朝の落語どおりに書いてみたらどうか」という助言を受け、円朝の速記本を参考にして「浮雲」を書いたのですが、これに満足できず、「あひびき」では、いっそう的確な表現になるよう、文章をみがきあげました。「あひびき」の、「言文一致」のリアルな描写から国木田独歩や、田山花袋や、島崎藤村は大きな刺激を受けました。

　森鴎外も1889年に「言文一致」の創作を試みたことがあり、尾崎紅葉は1891年に連載中の小説の途中で「言文一致」に切りかえて、1896年には「口語文」で「多情多恨」を書きましたが、1898年の「金色夜叉」では「文語文」に戻っています。ほかにも、「言文一致」の作品を手がけた人はかなりいます。

　しかし、1890年代には、文学の分野では、「言文一致」の文章、「口語文」による作品はまだ少数派でした。森鴎外の「舞姫」(1890年)も、幸田露伴の「五重塔」(1891年)も、樋口一葉の「たけくらべ」(1895年)も、「文語文」で書かれました。「言文一致」の文章が日本の近代文学の文体とし

第 5 章　言文一致

て不動の地位を占めるのは、20 世紀になってからです。

「言文一致」の普及と定着　1900 年に「言文一致会」という団体が発足して、1901 年に貴族院・衆議院に「言文一致の実行についての請願」を提出、両院で採択されました。同年に「全国聯合教育会」で「小学校の教科書の文章は言文一致の方針によること」という意見が満場一致可決されました。1904 年からの国定「尋常小学読本」(「イ・エ・ス・シ」読本)・「高等小学読本」、1909 年改訂の国定「尋常小学読本」(「ハタ・タコ・コマ」読本)・「高等小学読本」には、「口語文」の教材が多くなりました。

　文学の分野では、1900 年に正岡子規が「写生文」を提唱しました。子規本人は文章に文語体、口語体両方を使いましたが、弟子の高浜虚子らは雑誌「ホトトギス」による「写生文」の運動で「言文一致を徹底的に実行」するという立場をとり、1905 年には、この「ホトトギス」に夏目漱石の「吾輩は猫である」が連載されました。その後も漱石の作品は「口語文」です。子規や漱石のもとでその影響を受けた長塚節の「土」が「朝日新聞」に連載されたのは 1910 年です。

　森鴎外は、「舞姫」・「即興詩人」などでは、しばらく「言文一致」から離れていましたが、1909 年「ヰタ・セクスアリス」以後は「言文一致」に戻り、1911 年「雁」、1916 年「渋江抽斎」など、的確な表現の「言文一致」の作品を書いています。

　エミール・ゾラの影響を受けて「自然主義」の文学運動がおこり、多くの作家が実生活をリアルに描き出しましたが、その作品はすべて「言文一致」でした。田山花袋の「蒲団」が 1907 年、「田舎教師」が 1909 年です。島崎藤村の「破戒」が 1906 年、「家」が 1910 年～ 1911 年です。

　「言文一致」の研究者山本正秀は、発表された文学作品の何パーセントが「言文一致」になったかを調べて、「1905 年 78％、1906 年 91％、1907 年 98％、1908 年 100％」という数値を示しています。この時期に文学の分野の「言文一致」の事業は完成したといえます。

ジャーナリズムの分野では、小さい新聞の雑報欄などには早くから「口語体」の記事も現れていたのですが、全体としてはかなり遅れて、「大阪毎日」が1918年に「口語体」化に着手し、1921年に「読売」と「東京日日」の社説が「口語体」になり、1922年に「朝日」の社説が「口語体」になりました。

　もっとも遅れたのが法令や公文書の分野で、戦後の1946年にようやく「口語体」になりました。「浮雲」から「日本国憲法」までに、59年かかったことになります。

別記
○参考文献
　「近代文体発生の史的研究」山本正秀（1965 岩波書店）

第6章　大槻文彦

大槻文彦とそのしごと　大槻文彦は、「言海」（4冊）を1889年、1890年、1891年に刊行し、「広日本文典」を1897年に刊行しました。

　1774年に前野良沢、杉田玄白を中心に「解体新書」が刊行されました。この良沢、玄白の弟子である大槻玄沢が「解体新書」の増補改訂にあたり、「蘭学階梯」を著わすなど、蘭学の発展に大きく寄与しました。大槻文彦は、この玄沢の孫で、祖父から父（漢学者大槻盤渓）へ、父から子へと、学問の家の伝統を継承しました。

（1）「言海」

当時最高峰の辞書「言海」　「言海」は、日本語のできるだけ多くの単語を50音順に配列し、その意味を日本語で正確に記述しようとした「辞書」の最初のものです。収録語数は、はじめ4万語ぐらいでしたが、版を重ねる折に増補したので、6万語ぐらいになりました。

　大槻文彦は、文部省の要請にこたえて、1875年にこの「辞書」の執筆に着手し、11年後の1886年に一応書き上げたのですが、文部省の都合で、原稿が文部省に保管されたまま、出版されない状態が2年半続きました。原稿を返してもらい、多くの人の援助をえて、資金を調達し、自力で刊行することとし、改めて原稿を改訂しながら、1889年から1891年にかけて、ようやく「言海」を世に出すはこびになりました。着手以来16年をかけた大事業でした。

ほかの、いろいろな特色をもった「辞書」とくらべると、群を抜く存在で、何度も版を重ねました。1915年から1919年にかけて、上田万年・松井簡治「大日本国語辞典」が出るまで、「言海」は最高峰の位置を譲りませんでした。なお、上田万年のプロデュースのもとで松井簡治が執筆した「大日本国語辞典」は、20数万語を収録し、的確な意味の説明と用例の引用で、次の時代の権威ある「辞書」になるのですが、それは4分の1世紀ほど後のことです。

（2）「広日本文典」

和洋折衷の到達点としての「広日本文典」

　大槻文彦は、文法書「広日本文典」の執筆に1878年に着手し、その4年後の1882年には一応書き上げていたのですが、「言海」の第1巻を1889年に刊行する際に、「広日本文典」のダイジェスト版といえる文法書「語法指南」を「言海」の巻頭に付録として載せました。その上、さらに改訂の手を加えて仕上げ、ようやく1897年に「広日本文典」を刊行することができました。

　この文法書で、「洋学」系の日本語研究の成果と、江戸時代以来蓄積されてきた「国学」系の日本語研究の成果とを折衷する作業が一応の到達点に達しました。その後の各種の文法書は、かなり多くのものがこの本を出発点として、この本の内容に独自の角度から変更を加えたものです。いま学校で使われている文法教科書の内容も、その後の経過からいろいろと変わった点はありますが、その原形はこの本だということができます。

「広日本文典」の内容の主要な特徴

　「広日本文典」の内容の主要な特徴をいくつかあげてみましょう。

1）この本は「文語文」の読み書きのための文法書です。著者は「言文一致」

の支持者ですが、「文語文」が「普通文」であった時期に、「文章語」の法則を「一種の技芸」として学ぶ必要があるとして、この本を書きました。
2）著者は、「品詞分類」に「洋学」系の用語と枠組みを採用しました。「8品詞」をあげています。「名詞・動詞・形容詞・助動詞・副詞・接続詞・弖爾乎波（テニヲハ）・感動詞」です。「弖爾乎波」は、いまの教科書の用語の「助詞」にあたる、「国学」などで使われてきた用語です。著者は、「国学」系の「体言・用言・助辞」という分類を取り入れませんでした。なお、西洋の文法では「代名詞・数詞」をそれぞれ品詞としているけれども、日本語ではこれを「名詞」の一部とするのがいいとしています。
3）著者は、「助動詞」という品詞を設けました。「助動詞」の名のもとに、「動詞」の「下ニ付キテ更ニ種々ノ意義ヲ添フル」小さいことば 24 個を取り扱っています。（「なり・たり・ごとし」のような、「動詞」でないものにつくものもあると補足しています。）24 個とは、「る・らる・す・さす・しむ・なり・たり・べし・ず・まじ・じ・つ・ぬ・たり・せり・けり・き・む・けむ・らむ・めり・まし・らし・ごとし」です。（著者は「る・らる・なり」を別の意味でもう一度数えて、27 個としています。）著者は、これらのことばを「動詞」の根幹の部分から切り離して、後ろにつく別のことばと認めました。また、「弖爾乎波」の類に入れずに、取り出して、一つの品詞としました。西洋の文法の「助動詞　auxiliary verb」に似たものだと考えたのでしょう。

　英語の文法で「助動詞」といえば、「I will go.」の「will」、「They have done it.」の「have」、「We can do.」の「can」など、文法的な意味を表わしながらも、語としての自立性が高いことばです。（これらの「助動詞」のあとに「not」や「never」を挿入できることからも、自立性の高さを証拠立てることができます。）語としての自立性という点で、日本語でこれに近いのは、「歩いて　いる」の「いる」や「取って　しまう」の「しまう」などではないでしょうか。（前のことば「○○して」のあとに、「＝は」や「＝も」をつけて、そのあとに息の切れ目をいれることができ、

それで自立性があることが証拠立てられます。）それと違って、「つ・ぬ・たり」や「き・けり」などは、自立した「語」としては認定できない小さいことばです。これに「助動詞」という名を与え、「単語　word」として扱うのは、不適切でしょう。

　西洋では、文章を書くのに「単語」ごとに分けて書く「分かち書き」が行われていたので、「単語　word」をことばの単位として認識することが容易でした。日本では、ことばを認識する伝統のうえで、自立性のあることば「単語　word」をことばの単位として認めることが困難でした。単語の意味の探求に生涯をかけた「言海」の著者も、この点では日本の伝統のもとにあったのでしょう。

　山田孝雄（よしお）が1908年刊の「日本文法論」で、大槻文彦がこれらのことばを「助動詞」としたことをきびしく批判し、これを動詞の「複語尾」として扱うことを提唱しました。この「助動詞」批判は的確な指摘だったと思います。

4）著者は、「動詞」の「活用」について、「国学」系の体系を全面的に取り入れました。

　「活用」の種類は「四段・上二段・下二段・上一段・下一段・カ行変格・サ行変格・ナ行変格・ラ行変格」の9種類としました。

　「活用形」については、著者独自の用語と順序で記述しています。「第1活用・第2活用・第3活用・第4活用・第5活用・第6活用」の6種類。いま中学校の教科書で使われている用語と突き合わせると、それぞれ「第1活用」は「終止形」に、「第2活用」は「連体形」に、「第3活用」は「已然形」に当たり、「第4活用」は「未然形」に、「第5活用」は「連用形」に、「第6活用」は「命令形」に当たります。「活用形」の並ぶ順序が、いま中学校の教科書で使われている順序と違います。いま教科書で使われている「未然・連用・終止・連体・已然・命令」という順序は、50音図の「段」の配列の順序ですが、著者はそれを採用しませんでした。文の述語となって文をしめくくる「形」を基本的な「形」と認めて「第1活用」としました。

さらに、「係り結び」で「ぞ・なむ・や・か」を受けて文をしめくくる「形」を「第2活用」とし、「係り結び」で「こそ」を受けて文をしめくくる「形」を「第3活用」としました。文をしめくくる「形」を重視したのです。そのうえで、残りを50音図の「段」の順に並べて「第4・第5・第6活用」としました。

　なお、著者は、「形」という用語と「用法」という用語を区別して使い、「第1活用」の「形」に「第1終止法」という「用法」、「第2活用」の「形」に「第2終止法」という「用法」、「第3活用」の「形」に「第3終止法」という「用法」を対応させ、さらに「第2活用」の「形」に「名詞」にかかる「連体法」という「用法」を追加して対応させました。また、「第5活用」の「形」には「中止法・連用法・名詞法」という「用法」を対応させ、「第6活用」の「形」には「命令法」という「用法」を対応させました。「連用法」は、複合語の構成部分になる「用法」（「吹き散らす」の「吹き＝」など）ですが、これは本来「文法」研究の外で、「語構成」の研究で扱うべきものでしょう。また、「名詞法」は、多くのばあい「名詞」に転成したものとして扱うのがいいのではないでしょうか。この2点を別とすれば、著者は、「動詞」がそれ自体で文の中で役割を果たすときの「形」と「用法」をまず基本の位置に置くよう、知恵をしぼっています。ただし、「第4活用」の「形」に「不定法」という、西洋の文法では違う意味をもつ用語を対応させて、「行か＝・押さ＝・飛ば＝」などの、いわゆる「未然形」に相当する、それだけでは意味を表わさない、ことばの断片を位置づけ、「助動詞・弖爾乎波等ニ連続セシメムガ為ノ一法」として、つぎに続く小さなことばに接することをもひとつの「用法」と認めています。

　著者は動詞について「国学」系の体系を全面的に取り入れたので、日本語の動詞を「ムード（法）・ボイス（相）・テンス（時制）」など、西洋文法のカテゴリーと突き合わせて探求することをやっていません。別冊の「広日本文典別記」で、この点に一応ふれていますが、その内容は

結局「『助動詞』の項を見てほしい」ということであり、日本語の「動詞」の文法的性格をすべて「動詞」の項で探求することにはなっていません。

5）「形容詞」についても、「活用」の扱いは「国学」系の体系によることにしました。

　「活用」の種類は「志幾活用・志志幾活用」の2種類。（「高し／高き」の類が「志幾活用」、「美し／美しき」の類が「志志幾活用」です。）「活用形」は「第1活用・第2活用・第3活用・第4活用」の4種類。いま教科書で使われている用語の「連用形」に相当する「第4活用」の「形」に「中止法・副詞法」の2「用法」を対応させています。（「兎 速く、亀遅し。」の「速く」が「中止法」、「速く 走る。」の「速く」が「副詞法」です。）「高かり」は「高く あり」に引き戻して「形容詞副詞法『高く』＋動詞『あり』」と見ています。（「静かなり」は、「副詞『静かに』＋動詞『あり』」という扱いです。）

6）「弖爾乎波」を「3類に大別」しています。「第1類　名詞ニノミ付クモノ」、「第2類　種々ノ語ニ付クモノ」、「第3類　動詞ニノミ付クモノ」。

　「第1類」の大部分は「格」を表わす「弖爾乎波」です。著者は、これを西洋の「前置詞」のようなものと考え、また、名詞から「弖爾乎波」を切り取って、名詞とは別のところで扱う「国学」系のやり方を取り入れ、名詞の「格」を表わす「形」として、名詞の項で扱うことはしませんでした。

　「第3類」は、今日の文法用語で「接続助詞」と呼ばれているものですが、（たとえば「歩みて」から「＝て」を切り取るなど）動詞から切り取って、動詞とは別のところで扱うやりかたになっていて、（「歩みて」など）動詞についたままの形で、（「歩み」など）「中止法」と同様の位置にならべて扱うことはしませんでした。

7）文の構造については、「主語・説明語・客語」、「修飾語」、「主部・説明部・客部」をあげて、単純な「文」の組み立てを説明し、「聯構文・挿入文」をあげて、複雑な文の組み立てを説明しています。「説明語」はいわゆ

る「述語」のこと、「客語」はいわゆる「目的語、補語」のこと、「聯構文」はいわゆる「重文および複文」のことです。

(3) 文部省国語調査委員会「口語法」

文部省国語調査委員会の「口語法」の起草

後年、大槻文彦は国語調査委員会著作の「口語法」の起草に当たりました。国語調査委員会は、1902年、文部省に国語政策のための調査を目的として設置された機関で、その事業の一つとして、「日本国中の口語の目当て」となる「規則」を示すために、この本の刊行を計画し、大槻文彦に「立案」を担当させました。しかし、この委員会は1913年に「行政整理」で廃止され、この本の最終仕上げ直前に活動できなくなりました。それでも、解散時にこの本の内容を公表ました。文部省がこの本を刊行したのは1916年で、「広日本文典」の19年後のことです。調査委員会の「審議」を経て、別の委員の手で「整理」されたものなので、大槻の意に沿わない部分があるかもしれません。しかし、「緒言」には「尚調査攷究ヲ要スルトコロナキニシモアラザレドモ、姑ク現稿ノママ之ヲ公ニスルコトトセリ」とあります。この本の内容が委員諸氏の合意には至っていないけれども、起草者の考えを尊重してそのまま刊行するということでしょう。全体として、そのなかみは、基本的に「広日本文典」の「口語」版であることに違いありません。

「広日本文典」と「口語法」との比較

「広日本文典」と違う扱い方になったところがいくつかあります。その、おもなものをあげてみましょう。

1）「品詞」を「名詞・代名詞・数詞・動詞・形容詞・助動詞・副詞・接続詞・助詞・感動詞」の10種としました。「広日本文典」では「名詞」に含まれていた「代名詞・数詞」を「名詞」から取り出して、それぞれを「品

詞」としました。(「この・その・あの」などを代名詞に入れています。)「弖爾乎波」という「品詞名」を「助詞(「てにをは」ともいう)」と改めました。「名詞・代名詞・数詞」を「体言ともいう」とし、「動詞・形容詞・助動詞」を「用言ともいう」としました。

2)「動詞」の「活用」の「種類」を「五段活用・上一段活用・下一段活用・カ行変格活用・サ行変格活用」の5つとし、「活用の形」を「第1活用形・第2活用形・第3活用形・第4活用形・第5活用形」の5つとしました。「活用形」の呼び名をいま中学校の教科書で使われている用語と突き合わせると、それぞれ「第1活用形」は「未然形」に、「第2活用形」は「連用形」に、「第3活用形」は「終止形・連体形」に当たり、「第4活用形」は「仮定形」に当たります。「第5活用形」は「書こう・見よう・投げよう」などの形です。「広日本文典」と違って、50音図の「段」の配列を重視した順序にし、基本的な形と認めたものを最初に置くという扱い方をしませんでした。

　「第1活用形」という「形」に対応する「用法」として「れる・られる・せる・させる・ない・ぬ」に「続く」ということをあげています。「第2活用形」という「形」に対応する「用法」として、「形容詞または他の動詞」に「続ける」ということ(例「書き＝つける」)をあげ、次に「たい・た・ます・もうす・いたす・あそばす・なさる・くださる」に「続ける」ということをあげ、さらに「名詞に用いる」ということ(例「ねがい」)をあげ、「上に向かっては動詞、下に向かっては名詞になる」ということ(例「仕事をしに来る」)をあげ、最後に「ことがらを並べていうのに用いる」ということ(例「あそこにもあり、ここにもある」)をあげています。「第3活用形」という「形」に対応する「用法」として、まず「ことがらを言い切る」ということをあげ、次に「名詞・代名詞に続ける」ということをあげ、さらに「らしい・だろう・でしょう・のだ・のだった・のです・のでした」に「続ける」ということ、(「五段活用」の動詞については)「まい」に「続く」ということをあげ、また、「来るから帰

るまでだまっていた」という例文で「名詞のように用いる」ということをあげています。「第4活用形」という「形」に対応する用法として、「ば」に「続いて」、「ことがらを仮に設けていう」ということ（例「書けば、書けるだろう」）などをあげています。（「よく見れば、そうでもなかった」、「字も書けば、絵もかく」など、「仮に設けていう」という「用法」以外のものも、あげています。）「第5活用形」という「形」に対応する「用法」として、「未来の意味」、「推量の意味」を「あらわす」のに「用いる」ということをあげています。（例文「もう一度見よう」、「呼んだら来よう」、「あの人にできようはずがない」など。）「広日本文典」で使われた「終止法、連体法、中止法、命令法」などの用語は使われていません。

　なお、「第2活用形」のところに、「た」などに「続く」とき、「『書きた』・『勝ちた』・『死にた』が『書いた』・『勝った』・『死んだ』とかわる」という記載があります。「音便」という用語は使われていません。

　「動詞」の章の最後に「動詞の時」、「命令の言い方」、「敬譲の言い方」という項を設けています。このうち、「時」については「現在・未来・過去」の三つについて、「＝た」（「助動詞・過去」）を切り離さずに（「書く」・「書こう」・「書いた」というように対比して）扱って、その「形」と「用法」について記しています。「命令の言い方」については、「書け・起きろ・勤めよ・来るな」などの例をあげて、「＝ろ、＝よ、＝な」などのついた形を示しています。この部分は「広日本文典」で本文には取り上げなかった、西洋文典のカテゴリー「ムード（法）・テンス（時制）」に事実上触れたところです。

3）「形容詞」については、「青い」が第1種、「美しい」が第2種と、「＝い」の前に「＝し＝」がないか、あるかで2種に分けていますが、「＝し＝」の有無は「口語」では文法上の違いに当たらないでしょう。

　「活用形」は「第2活用形・第3活用形・第4活用形」の3種類。いま中学校の教科書で使われている用語と突き合わせると、「第2活用形」

は「連用形」に、「第3活用形」は「終止形・連体形」に当たり、「第4活用形」は「仮定形」に当たります。「第2活用形」という「形」に対応する「用い方」として、「動詞または他の形容詞にかかる」ということ(例文「日が<u>高く</u>昇る」など)と、「名詞のように用いる」ということ(「<u>遠く</u>をながめる」)をあげています。なぜか「広日本文典」で「中止法」としている「冬は<u>寒く</u>、夏は暑い」のような例には触れていません。なお、「中止法」・「副詞法」などの用語は使われていません。「第3活用形」という「形」に対応する「用い方」として「ことがらを言い切る」ということ(例文「日が<u>長い</u>。」)、「名詞・代名詞に続ける」ということ(例文「<u>深い</u>井戸」)、「らしい・だろう・でしょう・のだ・のだった・のです・のでした」に「続ける」ということをあげています。また、「<u>うれしい</u>がうれしいにならない」という例文で「名詞のように用いる」ということを書き添えています。「終止法」・「連体法」という用語は使われていません。「第4活用形」という「形」に対応する用法として、「ば」に「続いて」、「条件をあらわす」ということ(例文「値段が<u>高ければ</u>買わないまでだ」)、「ことがらを並べていうのに用いる」ということ(例文「たけも<u>高ければ</u>、力もある」)をあげています。

　なお、「第2活用形」のところに、「あろう・あった・あったら・あったり・あったろう、ございます・ぞんじます」に「続く」とき、「長くあろう、苦しくございます」などが「長かろう、苦しうございます」に「かわる」という記載があり、また、「形容詞」の章の末尾に「=な」がついてなどで「名詞・代名詞に続けて用いられるもの」(「静かな、あらゆる」など)があること、「敬ってまたは丁寧に」いう「用い方」(「<u>お珍しい</u>お品」など)があることを付記しています。

4)「助動詞」については、3類9種に分類し、それぞれの意味・活用・接続について、ひとつひとつ説明しています。3類9種というのは、次のとおりです。

　　　第1類　受身(れる・られる)、可能(れる・られる)、使役(せる・

させる)、希望(たい)、推量(らしい)、打消(ない・ぬ・まい)、過去(た)
　　第2類　敬譲(れる・られる、ます、〔もうす・いたす・あそばす・なさる・くださる・つかまつる〕)
　　第3類　指定(だ・だった・のだ・のだった)
5)「助詞」については、4種類に分類して、ひとつひとつ、例文をあげて、説明しています。4種類というのは、次のとおりです。
　　第1類　体言、用言、または他の助詞につくもの
　　　　　(雨か?、右か左、雨が降る、朝から晩まで、これきりで、三つぐらい残れば、それでこそ男だ、お前の番さ、水さえのどに通らない、五つしかありません、7つだけ持ってきた、食うだけかせぐ、熊の皮である、にぎやかである、茶でも出しましょうか、京都と大阪へ、見ると見ないとは、なかったと思う、行くどころの騒ぎでは、涙を流しながら話す、若いながらよく気がつく、月などあるものか、桃や桜など、一つならあげよう、長いなりで使った方が、1本なり2本なり、学校に入る、紙の筆のといろいろのものを、右は山で左は海だ、私は知りません、見るのはかまわない、雨ばかり降って、1升ばかりください、引きうけるほかあるまい、山ほど積み上げる、朝から晩まで働く、どこも花ざかりだ、梅も桜も、声も立てない、あれやこれや、早くいこうや、槍やら鉄砲やら、山より高い)
　　第2類　用言だけにつくもの
　　　　　(山は高いが木が一本もない、おかしいから笑う、苦しいけれどもやってみよう、読みもするし書きもする、重いぜ、投げるぞ、まだ早いそうだ、見たってつまらない、行ったら帰ってこないだろう、寝たり起きたりして、何もかも知りつつ改めない、花は桜にかぎるて、子どもが泣いている、春がすんで夏が来た、火にあぶると大きくなる、木から落ちると実が二つにわれた、わざわざたずねたところがあえなかった、遅くとも必ずあがり

ます、何をするにも、告げに帰った、行きたいのをがまんして、寒いのに一重ものを着ている、多ければ少し残しておこう、そんなことがあるものか、見せるもんか、そんなことをしようものなら、そうはいうもののなかなかむずかしい、医者でさえ直せんものをしょうがあるものか、音がするようだ、これは重いわ）

第３類　体言または他の助詞につくもの
（水が飲みたい、親子して運んだ、三つずつやろう、日曜日だって休まない、部屋で遊ぶ、筆で書く、試験で忙しかった、兄弟ででかける、風が吹いたのであかりが消えた、友だちと約束する、二人とも休みました、いなかにいます、夕方に帰ってくる、三人にとどける、日に三度飲む薬、あなたの帽子、三円ぐらいのにしましょう、腹の痛いとき、どぶへ捨てた、墨をする、ここを通る）

第４類　用言または他の助詞につくもの
（たくさんあるな、長いね、暑いのう、袋のままやろう、行くよ、だれだえ？）

この分類は、個々の助詞（および、ここでは助詞とされているが、実は助詞と認めるのが不適切なもの）が、どんな語句に接続するかにばかり着目して、その文法的な性格全体に十分な考慮を払っていない、整理されていない分類ですが、おおむね、かなりの部分で、第１類は「副助詞・係助詞」に、第２類は「接続助詞・終助詞」に、第３類は「格助詞」に、第４類は「終助詞」に相当するとみることができます。

「口語法」のほうが国学系寄りの折衷

「広日本文典」と、この「口語法」との、文法についての扱いの違いには、２種類のものがあります。ひとつは「文語」と「口語」との、文法上の違いに対応するものです。「活用」の「種類」や、「用言」個々の「活用形」（「活

用表」に表示される部分)などの違いは、これに当たります。もうひとつは、「洋学」系の日本語研究の成果と、「国学」系の日本語研究の成果とを折衷する作業に当たって、どちらをどれほど取り入れるかの手加減の違いによるものです。全体として、「広日本文典」より「口語法」のほうが、「国学」系の研究成果から多くを取り入れ、折衷の方針を「国学」系寄りにしています。「洋学」系のほうが強まった部分も、(「広日本文典」での主張を取り下げて、それ以前の「洋学」系文典の通例に従ったのか、)「代名詞・数詞」を「名詞」から取り出して、それぞれを「品詞」として認めたこと、「動詞」のところで「動詞の時(現在・未来・過去)」、「命令の言い方」に言及して、「ムード(法)・テンス(時制)」などの西洋文典のカテゴリーに事実上触れたことなど、あるといえば、あります。しかし、「国学」系のほうが強まった部分は、「品詞」のところで、「洋学」系の「名詞・動詞・形容詞」などの用語と、「国学」系の「体言・用言」などの用語とを併記したことや、「活用形」の扱いで、「広日本文典」で採用した、文の述語になる形を基本的な形と認めて最初に置く方式を捨てて、50音図の「段」の配列を重視した順序を採用したことなど、かなり重要な変更とみることができます。

　この本は、この項の冒頭に記したとおり、文部省のもとに置かれた国語調査委員会の著作として、「日本国中の口語の目当て」となる「規則」を示すために企画されたもので、国家の機関の一つが政策上の目的を持って著作した文法書という、特別な性格を持ったものです。だから、国の国語政策とのかかわりでこの本について述べるのであれば、その項は、国の国語政策のスタートに触れた次の章より後ろに置かれるのが当然でしょう。しかし、あえてそうしないで、この章で扱ったのは、大槻文彦の起草によるものであること、のちの中学校などの文法教科書のなかみに大きな影響を与えたものであることに注目し、その内容にある程度踏み込みたかったからです。なお、この本の翌年、1917年に文部省が刊行した、大槻文彦起草の、文部省国語調査委員会「口語法別記」は、日本語の文法の、歴史

的な変化と各地域の方言の実態についての豊富な用例を集めた貴重な資料集であることを付記しておきます。

別記

〇参考文献
　「言海」大槻文彦（1889〜1991）
　「広日本文典」大槻文彦（1897）
　「広日本文典別記」大槻文彦（1897）
　「口語法」文部省国語調査委員会（1916 国定教科書共同販売所）
　「口語法別記」文部省国語調査委員会（1917 国定教科書共同販売所）
〇「言葉の海へ」高田宏（1978 新潮社）
　この本は、大槻文彦の生涯を描き出した伝記です。私は、新潮文庫版で読みました。

第7章　上田万年

上田万年とそのしごと　上田万年(かずとし)は、明治維新の前年に尾張藩士の子として生まれ、帝国大学の文科大学和文学科でバジル・ホール・チェンバレンの指導を受けて学び、卒業したのちに、ヨーロッパに派遣されて、ドイツで3年間、フランスで半年間、近代言語学の水準を代表する研究者諸氏の講義を聞き、その研究成果を学びました。帰国したのは、1894年。ただちに帝国大学教授に任ぜられ、「博言学」の講座を担当しました。(「言語学」のことを当時は「博言学」と呼んでいました。)27歳でした。ちょうど日清戦争開戦直前の時期です。

　上田万年の研究者としての業績では、「ハ・ヒ・フ・ヘ・ホ」が昔の日本語で「パ・ピ・プ・ペ・ポ」であったこと、それが「ファ・フィ・フ・フェ・フォ」になり、「ハ・ヒ・フ・ヘ・ホ」になったことを論じた「P音考」や、18世紀はじめに6代将軍徳川家宣のもとで幕政を取りしきった新井白石が、徳川吉宗の「享保の改革」で幕政から退けられたのち、学問に専念し、言語学に貢献したことを評価した「言語学者としての新井白石」などがよく知られていますが、個別的な研究に力を集中する研究者としてではなく、言語学の発展と「国語」政策の推進に力を注ぐ実践者として生涯を送ったということができます。上田万年の、実践者としての実績は、①ヨーロッパ近代の言語学の導入と普及、②多くの言語学研究者の育成、③日本の、「国家」としての「国語」政策の推進、この3分野で高く評価されています。言語学研究者の育成という点では、保科孝一（言語政策）・新村出（日本語）・安藤正次（日本語）・橋本進吉（日本語）・藤岡勝二（満州語）・金田一京助（アイヌ語）・小倉新平（朝鮮語）・伊波普猷（沖縄方言）・東条操（方

言研究）など、多くの門下生が上田のもとで学び、次の時代の研究活動を担いました。

講演「国語と国家と」　上田万年は、1894年、ヨーロッパから帰国して、帝国大学教授になった年の秋、「国語と国家と」と題する講演をしました。この講演の内容は、1895年刊行の「国語のため」という本の巻頭に収められています。これには、日本「国家」の「国語」政策についての、上田の意見が示されています。要点を抜き出してみましょう。

「言語はこれを話す人民に取りては、あたかもその血液が肉体上の同胞を示すがごとく、精神上の同胞を示すものにして、これを日本国語にたとへていへば、日本語は日本人の精神的血液なりといひつべし。日本の国体は、この精神的血液にて主として維持せられ、日本の人種はこのもっとも強き、もっとも永く保存せらるべき鎖のために散乱せざるなり。ゆゑに大難のひとたび来たるや、この声の響くかぎりは、四千万の同胞はいつにても耳を傾くるなり、死ぬまでも尽くすなり、而して一朝慶報に接するときは、千島のはても、沖縄のはしも、いっせいに君が八千代をことほぎ奉るなり。」

「その言語は単に国体の標識となるもののみにあらず、また同時に一種の教育者、いはゆるなさけ深き母にてもあるなり。われわれが生まるるやいなや、この母はわれわれをその膝の上にむかへとり、ねんごろにこの国民的思考力と、この国民的感動力とを、われわれに教へこみくるるなり。ゆゑにこの母の慈悲はまことに天日のごとし。いやしくもこの国に生まれ、この国民たり、この国民の子孫たるものは、たれとこの光を仰がざる。」

「われわれが幼かりし頃、終日の遊びにつかれはてて、すやすや眠りにつかんとせし折、その母君はいかにやさしき声にて、ねよとの歌を歌ひ給ひしか。頑是なき子ども心に、わるふざけなどして打ち廻りしとき、

われわれの厳しき父君は、いかにおごそかに教訓をたれたまひしか。さては隣家の垣によぢて、栗の実をひらふに余念なく、或は春のうららかなる野辺に、秋さん冬さんもろともに、れんげ草など摘みあるきたる、すべて当時よりつかひ来たれる言葉は、当時の人名、地名ともろともに、何ともいはれぬ快感をわれわれに与ふるなり。」

「この自己の言語を論じてその善悪をいふは、なほ自己の父母を評するに善悪を以てし、自己の故郷を談ずるに善悪を以てするに均し。……かくのごときは真の愛にはあらず。真の愛には選択の自由なし。なほ皇室の尊愛におけるがごとし。」

「ああ、世間すべての人は、華族を見て帝室の藩屏(はんぺい)たることを知る。しかも日本語が帝室の忠臣、国民の慈母たることにいたりては知るもの却りて稀(まれ)なり。……予は国家に対ひて一日も早く、この上に反省するところあらんことを希望す。国家のなすべきところを実行し、その尊厳を維持すべきは、国家の義務なればなり。」

「精神的血液」、「母の慈悲」などという比喩を使って論理的な説明のかわりにし、情感を込めて心情に訴える文章ですが、この文章の提唱していることが次のようなことであることはあきらかです。

① 日本国民が「国体」(世襲の天皇が統治する政治制度)と「国語」(日本人にとって自分の属する国家のことばである日本語)とを一体のものとして認識し、天皇への忠誠と日本語への愛とを「選択の自由」なく自らのものとするように。
② 幼いころからの故郷の思い出や、故郷のことばを身につけた体験と、「国語」に伴う「国民的思考力・国民的感動力」(天皇への忠誠を軸とする愛国心)とを結びついたものとしてとらえるように。
③ 「国家」が上記の考えにもとづく政策を推進するように。

上田万年は、この講演の冒頭で、自分なりの「国家」の定義を示し、「間違っていても、笑わないで、許してくれ」という意味のことを言い添えて

います。

　「国家とは一定の土地に住し居る、一人種或は数人種の結合にて、その結合は生活上共同目的を達するがために、法律の下に統一せらるるものをいふ。」

これが、上田の「国家」の定義です。

　現代の法学・政治学の常識では、「国家 state」とは、一定の領土・領海・領空と、そこに居住して支配を受けることになっている人々とを「統治する」（権力によって支配する）「政治のしくみ」のことであり、「法律のもとに統一せらるる」「一人種或は数人種の結合」（統治される人々）のことではありません。この人々は、「国家」に統治される「国民」であって、「国家」ではありません。もし、統治する権力を実際に行使するものが、特定の一部の人の利益のための政策を進めるならば、「国民」のうちの多くの人々が、自分の生存と利益のために、これと対立する立場に立つこともあるでしょう。同じ日本語を話すものどうしであっても、考えは人それぞれであって、だれもが「統治」する権力に「死ぬまでも尽くす」のが当然ということにはならないはずです。

　上田万年は、「国家」を「政治権力の機構」としてでなく、一つの政治権力の支配を受ける人々の「共同体」として描き出しました。これは、内側に、愛情で結ばれた、もっとも身近な「共同体」としての「家族」、なつかしさに満ちた「共同体」としての故郷の「村」を描き、その外側に、「共同体」としての「国家」を描くという、同心円的な構図を設定し、内側のものと外側のものとの質の違いを無視して、同質のものと見なす考えではないでしょうか。そして、内側の円に満たされている「愛情」や「なつかしさ」を外側の円に及ぼす通路として、「日本語」を話すということの共通性を持ち出したのではないでしょうか。この通路に、「同胞」としての「国民的思考力・国民的感動力」を内包するという「国語」を「精神的血液」として循環させるという筋立てで、「家族や故郷への愛情」と「政治権力への忠誠心」とを結びつける主張を組み立てたのではないでしょうか。

なお、上田万年は、この定義に「人種」という用語を使っていますが、現代の科学では、「人種 race」とは、人が、交流のできない離れた場所で異なった遺伝的進化を経たことによって生じた「生物学的な特徴の違い」にもとづく、人の種類分けを意味します。「日本人」、「ドイツ人」などと、「言語」や「住む地域」や「経済」や「文化・心理状態」などの共通性にもとづいて、人々をまとめてとらえる用語としては、「人種」という用語は使われません。これに相当する用語は「民族 nation」ですが、同じ「民族 nation」に属するものとして生まれた人それぞれ、思想・信条はさまざまであり、たとえば「日本人」であることと、ひとりひとりが「国体」や「皇室への尊愛」などについてどんな政治的態度を持つかということとは、まったく別の問題です。

　なお、上田万年の、この講演「国語と国家と」とそれが収録された本「国語のため」より前の時期には、「国語」という用語は、「ドイツの国語」、「フランスの国語」というような文脈で「言語」というのと同じような意味で使われることや、もとからの古い日本語の単語（「和語」、「やまとことば」）という意味で中国語からの借用語「漢語」と対比して使われることが多く、「日本の国民にとっての、自分の属する国家のことば」という意味で使われることは珍しかったのですが、上田が「国家」とのかかわりで「国語」という用語をこの意味で使って以後、その後学校に「国語」という教科が設けられたこととあいまって、「国語」という用語がこの意味で広く使われるようになりました。

論説「標準語に就きて」　上田万年が「国家」の義務として推進するよう提唱した政策の、中心の一つが「標準語を定むる」ことです。（話すことばが全国で一つになるようにということですが、上田は、「言文一致」の実現ということも視野に入れてこれを提唱しています。）1895 年に「帝国文学」という雑誌に掲載され、論説集「国語のため」に収録された「標準語に就きて」という文章から、上田の、これについて

の考えの要点を抜き出してみましょう。

「標準語とは、……全国内到る処、凡(すべ)ての場所に通じて大抵の人々に理解せらるべき効力を有する……一国内に模範として用ゐらるる言語をいふ。」

「標準語は……もとこれ一個の方言たりしものにて、其方言が種々の人工的彫琢(ちょうたく)(こうむ)を蒙りて、遂に超絶的の地位に達し、同時に其信用と尊厳を高め来りて、漸(ようや)く他の方言をも統括する程の大勢力を得たるものなり。」

「標準語は……必ず実地に話され得べき者ならざるべからず、否(いな)必ず何処かに現在話され居る者たるを要す。」

「更に一層標準語がその地位を確固にする点は、その言語が文章上の言語となることなり。」

「最大多数の人に、最も有効的に標準語を使用せしむるは教育の力なり。」

「現今の東京語が他日其（標準語としての）名誉を享有すべき資格を供ふるものなりと確信す。……東京語とは、教育ある東京人の話すことばといふ義なり。……他日其名誉を享有すべき資格を供ふとのみいふ、……今少し彫琢を要すべければなり。」

上田万年は、東京の教養ある人々の話すことばをもう少しみがきあげて、全国で話され、全国に通じる、模範となることばを創り出したい、その話しことばが文章にもなるようにしたいと考え、そのことばに「標準語」という名前を与えました。そして、「標準語」を現実のものとするために、教育の力に大きな期待を寄せました。

そこで問題になるのが、教育の場での「標準語」と「方言」との関係です。これについて、上田万年は、1895年の講演「教育上国語学者の拋棄し居る一大要点」で、次のように述べています。

「私の主張いたします中央集権主義だとて、決して各地の方言の自由を奪ひ去り、撲滅してしまはうといふ趣旨ではありませぬ。ただ全国の言語を一統する事を目当とし、各地方の方言をば、此(このひとつ)一の中央語に何時でも近づける、また、近づくときにはよくわかるといふ様にさせ

たいのであります。……東西とわかれ、南北と隔りましても、原(もと)が大抵同じことばであります故、これを一致させる事は、あまりむつかしくないのであります。」

　「其の始は教師養成にあります。……（文科大学と高等師範学校で標準語について）教育を受けた人々が、各地方の（師範学校の）教師となって行き、其又弟子が全国小学校の教師となる暁に、全国の学校生徒が画一に近い言語を習ふ様になるのであります。……そして此教育界の言語が、日本全体の言語の上に、尤(もっとも)大なる勢力をもつ者と知ります時は、今より二十年ばかり後……日本社会の言語が、数倍高尚に数倍美麗になる筈であります。」

　「……ある教師は方言をいやしめて無理にそれを取除けようと致しますが、それは極めて不正な事で、なにも知らぬ小児が、それを用ゐたからとて、可愛想に子供の智識感情幷(ならび)に意思などは、此方言にばかり結び付て居りますのに、これを絶対的にいけぬといひ、をかしいと笑ひ、下品だといやしみます時は、小児は手も足も出なくなって仕舞ひます。……善き教師は、いつも其俗語其方言を土台として、……それより普通の言葉を覚えさす様致します上に、国民の思考力国民の感情を養成する手段はあるのであります。」

このように、上田万年は、「全国の言語を一統する」ことによって最後には「方言」が消滅することを予期しながら、それまでの間、各地の「方言」の「自由」を守り、教育の場では「方言」を「土台」として「標準語」教育を進めることを提唱しました。「方言」の研究も重視しました。しかし、その後の「標準語」教育の実情を見ると、「方言」の「撲滅」をめざす主張もあらわれ、学校での「方言」使用を禁じる決まりや、「方言」を口にした子どもに対する処罰なども行われ、上田の思うとおりにはなりませんでした。

日本の植民地政策と上田の説く国語愛

上田万年は、講演「国語と国家と」のなかで、オーストリア帝国がボヘミアのチェコ人、ハンガリーのマジャール人など「幾多の人種」の「それぞれ気儘勝手の振舞をなす事屢(しばしば)」で、「数人種の軋轢(あつれき)」による「困難を感じ居る」ということと対比しながら、日本は「一民族の発達して一国家をなすに至りし処」で、そのような「憂慮」が少しもないと述べ、「言語の一致と、人種の一致とをば、帝国の歴史と共に、一歩も其方向をあやまり退かしめざる様勉めざるべからず」、「かく勉めざるものは日本人民を愛する仁者にあらず、まして東洋の未来を談ずるに足る智者にはゆめあらざるなり」と主張しました。

　この講演は、1894年、日本が朝鮮を支配下に置くことをめざした日清戦争のさなかに行われたものですが、次の年1895年の下関条約で決まったことは、清国が朝鮮の宗主国としての地位を失って、日本に多額の賠償金を支払い、日本が台湾・澎湖諸島・遼東半島を領有することでした。その後、日本は、遼東半島をロシア・フランス・ドイツの勧告によって清国に返還しましたが、台湾を武力で制圧して、植民地支配を始めました。日本は、さらに、朝鮮の王妃を殺害して「親日的」政権を一時期樹立するなど、朝鮮の支配をめざす動きを進め、朝鮮と中国東北部の支配をめぐってロシアと対立し、1904年の日露戦争開戦に至ります。戦争の結果、1905年のポーツマス条約で決まったことは、日本が朝鮮を保護国とすることをロシアが認め、ロシアが遼東半島の旅順・大連付近の清国からの租借権と、旅順・長春間の鉄道およびその支線についての権益を日本に譲渡し、樺太の北緯50度以南を日本に譲渡することでした。さらに、日本は、日露戦争開戦時以来、3次にわたる日韓協約の強要で、韓国皇帝から内政・外交の権限を奪ってきましたが、1910年の「韓国併合」で、朝鮮を植民地として支配する体制を仕上げました。

　朝鮮の人々にとっても、台湾の人々にとっても、「慈母」にたとえられるべきことばは、それぞれの母語であって、日本語ではありません。宗主

国となった日本が、植民地の人々に「帝室の藩屏」としての「国語」を押しつけるとき、宗主国の「国語」は植民地の人々の「慈母」を滅ぼすものになり、上田万年の掲げたスローガンは「国家」全体に通じるものとしては成り立たなくなります。「一民族一国家」をよしとし、「帝国の歴史と共に、一歩も其方向をあやまり退かしめざる様」と願った上田万年の考えは、日本の「国家」によって裏切られたということができるでしょう。日本の「国家」こそ、「日本人民を愛する」ことのない、「東洋の未来を談ずるに足」らぬものだったということになります。

　ただし、上田万年は、1894年の講演「国語と国家と」で、「一国家」には「一の中核ともなるべき一人種」があるとし、「英国議院」がウェールズなどのことばを、「仏国議院」がバスクなどのことばを「採用」しないのは、「国家」の「名誉・秩序・命運」が伴うからだとして、これを肯定しています。「オーストリア帝国」で、ボヘミアのチェコ人、ハンガリーのマジャール人の、民族的な要求にもとづく行動を「勝手気儘の振舞」だとしているのも、すでに記したとおりです。この考えは、日本の「国家」がアイヌ民族に対して同化政策を進め、その結果、アイヌ語がきわめて深刻な危機にたちいたったことについて、それを是認することになる考えでしょう。同じ年の講演「国語研究に就て」で、「国語研究会」という会を発足させた趣意の一つに、日本語を「苟も東洋の学術、政治、商業等に関はる人々には、朝鮮人となく、支那人となく、欧州人となく、米国人となく、誰でも知らんではならぬといふ、言はば東洋全体の普通語といふべき者」にするということをあげました。1996年に発表された論説「今後の国語学」では、「新領地の国語問題」を「将来の為に必ず研究せざるべからざる事」の一つに数え上げています。また、さらに、1902年の講演「国民教育と国語教育」で、「国語が統一したならば、其の言葉を支那に弘める、朝鮮に弘める、印度に弘めるといふことは、一つ考へて見る価値があらうと思ふ」と述べているのも、見逃せません。このような経過に、上田が、思いを国策に沿って修正して

いく道筋を見ることができます。

　なお、植民地への日本語の押しつけについては、改めて第18章で触れることにします。

国語政策の諸課題と上田万年　上田万年は、「標準語」と「言文一致」のほかにも、国語政策の課題として、固有の日本語（和語）の多用（「奇矯にわたらざる範囲に於て純粋の日本語をなるべく用ゐる事」）、同音異議の多い漢語の淘汰、欧米の外来語の自由な借用（専門用語などを難解な漢語に置き換えずにそのまま導入すること）や、「声音字」（発音をあらわす文字）の採用、かなづかい・送りがなの合理化などを提唱し、このような課題に取り組む国家の機関として、文部省などに「国語調査会」を設けることを主張しました。有識者を結集してこの「国家的問題」に当たらせ、「成案を発表して、広く之を輿論に訴ふべし」というのです。

　上田万年本人が、東京帝国大学教授と兼任で、文部省専門学務局長という官職にもついていたという条件のもとで、上田のこの主張が実って、1900年、文部省に「国語調査委員会」が設けられ、上田万年は、その委員として、1913年にこれが廃止されるまで、この委員会の推進役をつとめました。その後、文部省に1921年「臨時国語調査会」が設けられたときにも、委員になり、課題に取り組みました。

　「調査会」の活動については、次章で触れることになります。

別記

〇参考文献
　「国語のため」上田万年（1895初版、1897改訂再販　冨山房）
　「国語のため　第二」上田万年（1903　冨山房）
　復刻版「東洋文庫808『国語のため』上田万年著　安田敏朗校注」（2011　平凡社）を参照しました。同書収録の安田敏朗「解説」も、参考文献として、見落とせません。
　「『国語』という思想　近代日本の言語認識」イ・ヨンスク（李妍淑）（1996　岩波書店）

第8章 「棒引きかなづかい」

「小学校令施行規則」と「棒引きかなづかい」

1900年に、文部省は、文部省令を発し、「小学校令施行規則」を公布・施行しました。その第16条に、「小学校ニ於テ教授ニ用フル仮名及其ノ字体」は「第1号表」によること、「字音仮名遣」は「第2号表」によること、「漢字ハ成ルヘク其ノ数ヲ節減シテ応用広キモノヲ選」び、「成ルヘク第3号表ニ掲クル文字ノ範囲内ニ於テ之ヲ選フ」ことが定められています。「第1号表」には、学校で使う「平仮名・片仮名」の字体が示され、これによって、学校で「変体仮名」を使うことが認められなくなりました。「第3号表」には、学校で使う漢字の範囲(字数1200字あまり)が示され、「成ルヘク」この範囲ですますようにということになりました。そして、翌年の4月から、全国の小学校で、この決まりに沿って授業が行われることになりました。

　「字音仮名遣」は「第2号表」による……ということについて、もう少しくわしく見ていくことにしましょう。「字音仮名遣」とは、「漢語」(中国語からの借用語、「音読み」の漢字であらわされる語)の「読み」を、「かな」でどう書き表すかということです。たとえば、それまでの「字音仮名遣」では「小学校」は「セウガクカウ」と書くのが正しいとされてきましたが、この「第2号表」では「ショーガッコー」と書くように決められています。「発音どおりに」という原則と、母音を長くのばす「長音」の記号に「ー」を使うという決まりとが、この「第2号表」の特徴です。この新しい「かなづかい」は、長音の記号に「ー」を使ったことから、「棒引きかなづかい」という通称で呼ばれました。

「和語」（外国語からの借用でない、もとからの日本語の単語）を「かな」で書くときに、10世紀の人は、当時の発音のとおりに書けばよかったので、どの「かな」を使うかで迷うことはありませんでした。しかし、10世紀の終わりごろからの、日本語の発音の変化によって、「糸（いと）」（イト）の「イ」も、「井戸（ゐど）」（ウィド）の「ウィ」も、「鯉（こひ）」（コフィ）の「フィ」も、同じ発音「イ」になりました。「母（はは）」（ファファ）は「ファワ」になりました。さらに、「枝（えだ）」（エダ）の「エ」、「声（こゑ）」（コウェ）の「ウェ」、「上（うへ）」（ウフェ）の「フェ」が、同じ発音「エ」になり、「沖（おき）」（オキ）の「オ」、「丘（をか）」（ウォカ）の「ウォ」、「顔（かほ）」（カフォ）の「フォ」が、同じ発音の「オ」になったなど、例をあげれば、きりがありません。17世紀には、「シジミ」の「ジ」と、「チヂミ」の「ヂ」とが同じ発音に、夕涼みの「スズミ」の「ズ」と打楽器の「ツヅミ」の「ヅ」とが同じ発音になっていました。（「ジ・ズ」の子音は、舌が上あごに付かず、舌と上あごとのあいだの狭い隙間を声がとおる「摩擦音」でしたが、舌がいったん上あごに付いて、それから狭い隙間をつくる「破擦音」に変わって、ひと足早く「破擦音」になっていた「ヂ・ヅ」の子音と同じになったのです。）それで、10世紀の歌や文章を手本にして、歌や文章を書こうとする後世の人は、たとえば「イ」の音のある語を書くときに、「イ」のところに、「い」か「ゐ」か「ひ」か、どの「かな」を使うか迷ったのです。それで、14世紀に行阿（源知行）が、17世紀に契沖が、18世紀に楫取魚彦などが、どの語にどの「かな」を使うべきかを示す本を書きました。契沖以来の「国学」は、中国の影響を受けていない、日本固有の文化を尊崇し、古い時代のものを手本とする考えでしたから、「かなづかい」についても、昔の文献について調べて、用例を整理し、10世紀の人々の、当時の発音に対応した「かな」の使い分けを明らかにしたのです。「国学」の、この伝統を受け継ぐ人たちは、それを守ろうとしました。これに対して、西洋近代の言語学の知識を背景に「かなづかい」の「表音化」によって学習の負担を軽減したいという主張も強まってきました。しかし、文部

省で表音化を推進した人たちは、ただちに「けふもそらははれでせう」から「きょーもそらわはれでしょー」に切り替えるのは多くの人に理解してもらえそうもないと考えて、このときは「和語」への「棒引きかなづかい」導入を見送ったのです。

　「漢語」の「音読み」については、事情が少し違います。「正」という漢字には「ショウ」という音と、「セイ」という音がありますが、「ショウ」の方は、5・6世紀ごろ中国南部から（おそらく百済を経て）入ってきた音で、この音の仲間は「呉音」と呼ばれます。仏教関係の語に多く使われている音です。「セイ」の方は、7・8世紀ごろ中国北部から直接の交流（遣隋使・遣唐使など）によって入ってきた音で、この音の仲間は「漢音」と呼ばれます。江戸の幕府が推奨した儒教などの漢学に（用語のうえでその影響を受けた、近代の科学や技術にも）多く使われている音です。その後に入ってきた音（たとえば「行燈」を「あんどん」と読むなど）は「唐音」と呼ばれます。このように、日本の漢字の音（「字音」）は、どの時期に、どんな経路で、どんな文化といっしょに日本に入ってきて、どのように日本語化されたかという経過の違いから、複雑な層をなしています。それで、「漢語」の「音読み」を、伝統を尊重する立場に立つばあい、どう「かな」で書き表すかを定めるには、さほど多くない用例を整理するだけではすまない困難がありました。18世紀に文雄が中国語の音韻の研究で成果をあげ、それを土台の一つにして、本居宣長が「字音仮字用格」という本を書き、19世紀の学者がそれを補い、仕上げて、漢字の音を「かな」であらわす方式を定めましたが、それは、昔の中国語の発音を日本語化したものであるのと同時に、昔の中国語にみられる音の差異を反映するものでもありました。「延長」の「延」は「エン」ですが、「円形」の「円」は「エン」です。「家事」の「家」は「カ」ですが、「火事」の「火」は「クワ」です。「各自」の「自」は「ジ」ですが、「政治」の「治」は「ヂ」です。「高校」の「高」は「カウ」で、「合格」の「合」は「ガフ」、「公務」の「公」は「コウ」です。「王宮」の「王」は「ワウ」、「法律」の「法」は「ホフ」、「老

翁」の「翁」は「ヲウ」です。「太陽」の「陽」は「ヤウ」、「利用」の「用」は「ヨウ」、「必要」の「要」は「エウ」、「紅葉」の「葉」は「エフ」です。「勇気」の「勇」は「ユウ」で、「有名」の「有」は「イウ」です。「救急」の「急」は「キフ」で、「救急」は「キウキフ」です。この書き分けかたそれぞれに理由があるのですが、ここではこれ以上深入りしません。「モモタラウ」・「キンタラウ」と書くのだということを知らないと、子どものための文章も書けませんでした。「字音かなづかい」の知識なしでは、漢字にルビ（ふりがな）をふることもできませんでした。「漢語」についても、「国学」以来の伝統をだいじにして、これを守っていこうという主張がありましたが、「表音化」によって学習の負担を軽減しようという主張が有力でした。そして、文部省は、この主張を取り入れて、「和語」については手をつけずに、まず「漢語」に限定して、小学校に「棒引きかなづかい」を導入したのです。

「棒引きかなづかい」使用差し止めの経過

この「棒引きかなづかい」は、小学校の授業で7年半のあいだ使われましたが、1908年の秋に、文部省が突然に文部省令を発し、「小学校令施行規則第16条」全文を削除しました。年度の途中で、「棒引きかなづかい」の使用が差し止められ、以前の「字音仮名遣」に戻ったので、しばらく混乱がつづきました。これには、次のようないきさつがありました。

　文部省内外の「小学校令施行規則第16条」を推進した人たちは、これを起点に「和語」のかなづかいの改定にも進み、それを中等学校以上の教育や社会全般の読み書きに広げようとしました。1902年に、文部省のもとに「国語調査委員会」が設置され、国家の国語政策推進に必要な調査を行う機関として活動を始めました。この機関は、「調査方針」として、「①文字ハ音韻文字（フォノグラム）ヲ採用スルコトトシ、仮名羅馬字等ノ得失ヲ調査スルコト、②文章ハ言文一致体ヲ採用スルトシ、是ニ関スル調査

ヲ為スコト、③国語ノ音韻組織ヲ調査スルコト、④方言ヲ調査シテ標準語ヲ選定スルコト」を主要事業として掲げ、別に「普通教育ニオケル目下ノ急ニ応ゼンガタメニ」として、「漢字節減ニ就キテ」、「国語仮名遣（和語のかなづかい）ニ就キテ」、「字音仮名遣ニ就キテ」など6項目を付け加えました。この「調査委員会」が「かなづかい」改定の成案を仕上げ、社会全般の読み書きで使うようにしようとしました。「今日」（「けふ」）を「きょー」でなく「きよう」とする、「取つた」を「とった」でなく「とつた」とする、「大きい」（「おほきい」）を「おーきい」でなく「おうきい」にする、「うれしうございます」を「うれしゅーございます」でなく「うれしうございます」にするなど、「棒引きかなづかい」に手直しを加えたところもありますが、全体としては、表音化の方向を貫いています。文部大臣が、1905 年に諮問機関の「高等教育会議」にはかったところ、1906 年にこれが可決されました。

　文部省内外の伝統的な「かなづかい」を守ろうとする人々は、この「かなづかい」改定をやめさせようと、天皇の諮問機関「枢密院」や議会の「貴族院」を足場に政府に働きかけ、文部大臣の進退にかかわる政治問題になる様相でした。首相のはからいで、1908 年、両論の主張者を含む「臨時仮名遣調査委員会」が設置され、双方の討論で解決の道を見出そうとしました。その年の夏、首相が、社会主義思想に対する取り締まりが弱いという理由で攻撃されて退陣に追い込まれ、文相も変わり、文部省内で伝統派の中心にいた高官が官僚トップの文部次官になりました。そして、「臨時仮名遣調査委員会」の結論が出ないうちに、新文部大臣の権限で、小学校に「棒引きかなづかい」を導入した「第 16 条」全文削除の文部省令を発したのです。さらに前文相からの「臨時仮名遣調査委員会」への諮問が撤回され、その年のうちに「臨時仮名遣調査委員会」が廃止されました。こうして、「国語調査委員会」の「かなづかい」改定案は実施に至らず、「国語調査委員会」は 1913 年まで活動を続けましたが、行政整理で廃止になりました。

「棒引きかなづかい」は、中等学校以上の教育には持ち込まれませんでしたし、社会全般でも用いられておらず、小学校の授業だけで使われたものでしたから、「小学校では世間で通用していないものを教えている」という批判を受けました。小学校の現場では、「和語」は「伝統的なかなづかい」で、「漢語」は「棒引きかなづかい」だという区別がむずかしく、とまどいました。たとえば、「蝶々」を「和語」だと思った人は「てふてふ」と書き、「漢語」だと思った人は「ちょーちょー」と書くのです。「昨日京都へ行った」を、世間で正しいとされている書き方「きのふきやうとへいつた」でもなく、全部「棒引き」の「きのーきょーとえいった」でもなく、和語か漢語かを見分けて混合する「きのふきょーとへいつた」と書くのは、至難のわざだったでしょう。7年半に及ぶ「棒引きかなづかい」導入の経験は、失敗に終わりましたが、表記法（文字の使い方）の将来に貴重な経験を残したのではないでしょうか。

「かなづかい改訂」と「漢字制限」その後

　ここで「かなづかい」のその後に触れておきます。第1次世界大戦終結のころ就任した文部大臣と次官が、大新聞社などを背景に、漢字制限や「かなづかい」改定に意欲を示し、文部省に、1921年、「臨時国語調査会」を設けました。会長に森鷗外を迎え、翌年鷗外の病没後は次の会長上田万年のもとで、1923年に「常用漢字表」を、1924年に「仮名遣改定案」を公表しました。この「案」の「かなづかい」は1906年「案」の「私わ山え栗お拾いに行きました」という表音式から、「私は山へ栗を拾ひに行きました」へと（助詞「は、へ、を」と、中学校の文法教科書でいう「ハ行5段活用の活用語尾」とを伝統的な「かなづかい」にもどし、「じ・ず」と書くことにした「四つがな」の一部に「ぢ・づ」と書く例外を認めるなどで）伝統的な「かなづかい」に歩み寄りながら、全体としては表音化の方向を守ったものでした。しかし、この「案」も、次期教科書改訂前の1931年に、文相の諮問機関「文政審議会」の同意がえられず、「案」のままで放置さ

れました。

「かなづかい」改定がようやく実現したのは、太平洋戦争終結後の1946年ですが、「現代かなづかい」制定など、戦後の表記法改革については、改めて章を設けて記すこととします。

「漢字制限」のその後についても、ここで触れておきましょう。1900年の「小学校令施行規則第16条」による「漢字節減」は1908年になくなりましたが、1921年設置の「臨時国語調査会」が、新聞社や出版社の支持を受けて、1923年に「常用漢字表」1962字を決めました。新聞社は、使う活字を（「常用漢字表」に新聞に必要なものを多少加えた程度に）大幅に減らして、紙面を読者にわかりやすくし、同時に印刷工場の人員削減を進めようとしたのですが、そのときに関東大震災が起こり、思うようには進みませんでした。「臨時国語調査会」は、1931年、「常用漢字」を1858字にする「案」を決めましたが、この年からの満州事変、1937年からの日中戦争、1941年からの太平洋戦争という経過のなかで、「案」のまま放置されました。「臨時国語調査会」は、1934年に「国語審議会」に改組され、この「審議会」が、日中戦争開戦の年1937年には、「常用漢字」に「準常用漢字・特別漢字」を追加し、太平洋戦争開戦の翌年の1942年に「常用漢字表」を廃止し、「標準漢字表」2528字を決定、文部省がこれに修正を加えて2669字にし、これを義務教育で学ばせるよう求めました。これは「漢字制限」に逆行する動きで、「時運ノ要求ニ応ジ」て、詔勅（教育勅語や開戦の詔勅など天皇の名で発せられた文書）や「大日本帝国憲法」や歴代天皇の名前などに使われている漢字を盛り込んだのです。1946年の「当用漢字」制定については、戦後の表記法改革の章で触れることにします。

保科孝一のしごと　　以上の経過のすべてにかかわってきた人がいます。50年にわたり文部省嘱託として国の「言語政策」にたずさわってきた保科孝一です。

保科孝一は1872年山形県米沢の生まれ。ヨーロッパから帰ったばかりの上田万年教授のもとで学び、卒業後は東京帝国大学国語研究室で助手として、助教授として、上田の定年退職まで上田を支え、東京高等師範学校・東京文理科大学の教授をつとめました。1898年に「小学校令施行規則第16条」のためのスタッフとして文部省の嘱託となり、上田門下の藤岡勝二・岡田正美(まさよし)とともに3人で、「棒引きかなづかい」導入や「漢字節減」着手などを推進しました。藤岡は、間もなくヨーロッパ留学に派遣され、帰国後、上田の後を継いで東京帝国大学言語学科の教授になり、岡田は東京外国語学校と早稲田大学の教授になって、文部省嘱託の席を離れましたが、保科は、戦後の1947年までずっと文部省嘱託として国の「言語政策」の推進に当たり、上田万年の「言語政策」分野の後継者として生涯を送りました。保科の取り組んだしごとは、漢字や「かなづかい」など「表記法」を合理的なものに改革して、人々の学習の負担を軽減することであり、もう一つあげれば、国の要請にこたえて、ヨーロッパの大国を支配する勢力が支配下の諸民族に対してどのような「言語政策」をとったかを研究して、日本の植民地支配・アジア進出の「言語政策」に寄与することでした。保科は、「表記法」改革を敵視する国粋主義者から非難されて、生命の危険を感じながら、しごとを続けてきました。戦後の「表記法」改革に大きな足跡をのこした人です。

戦前の時期の国字問題の全経過
　明治維新2年前の1866年に前島密(ひそか)が将軍徳川慶喜に建白書「漢字御廃止之儀」を提出して「かな」専用を主張し、明治維新翌年の1869年に南部義籌(よしかず)が土佐藩主山内容堂に建白書「修国語論」を提出して「ローマ字」の採用を主張したのが、「国字問題」のはじまりです。1873年には福沢諭吉が漢字制限を提唱しました。
　1883年には「かなのくわい」が、1885年には「羅馬字会」が発足し、それぞれ「かな」専用、「ローマ字」専用をめざして運動を展開しました。

この運動は「仮名文字協会・カナモジカイ」や（ヘボン式の）「ローマ字ひろめ会」・（日本式の）「日本ローマ字会」に引き継がれて、続けられましたが、「かな」専用・「ローマ字」専用の主張が「国家」の「言語政策」に採用されることにはなりませんでした。

　なお、「ローマ字」化を主張した人たちは、「ヘボン式」支持者と「日本式」支持者の２派に分かれて、はげしく対立しました。「ヘボン式」は、子音を英語の、母音をイタリア語の書き表し方で表現する方式で、医師・宣教師ヘボン（James Curtis Hepburn）が1867年刊行の和英辞書「和英語林集成」に使ったものをもとにして、1880年代に仕上げられたものです。「日本式」は、「50音図」をベースに、音を日本語の音韻組織に沿って書き表す方式で、田中館愛橘・田丸卓郎が、同じ時期、1880年代に提唱したものです。（たとえば「新橋」は、「ヘボン式」では「shimbashi」、「日本式」では「sinbasi」です。）鉄道省などは「ヘボン式」を使い、気象庁や陸海軍などは「日本式」を使い、不統一でした。そこで政府は、1937年に「日本式」を多少手直しした方式を公認する「内閣訓令」を発し、統一をはかりました。この方式は「訓令式」と呼ばれています。しかし、戦後すぐの時期に占領軍が「ヘボン式」の使用を求めたので、ふたたび両方式が並立することになりました。

　戦前の時期の「国の言語政策」の「表記法」をめぐる全経過は、「表記法の表音化・漢字制限」推進派と「伝統」擁護派との「内輪もめ」でした。天皇の統治を支えて国家を運営する勢力のなかで、商工業や金融を握る人たちは、全国を一つの市場として産業を発展させ、労働力を全国から集めて生産に結びつけ、さらに、武力による海外侵攻と一体になって、産業でアジア諸国に進出することをめざしていましたから、全国に通じることばを確立し、学習の負担を軽減して労働力の質を少ない費用で高め、日本語の海外普及を進める「言語政策」を求め、「表音化・漢字制限」推進派の立場を後押ししていました。戦時の陸海軍も、全国から集めた兵士を

指揮し、兵器弾薬を効率よく管理運用し、戦争を進めるのに、この「表記法」改革の成果を活用する立場に立ちました。一方、同じく天皇の統治を支えて国家を運営する勢力のなかに、地方の大地主層を背景に、華族・士族、官僚上層部などに「天皇が統治する」という「国体」の思想の権威・尊厳を何よりも重視し、その思想を徹底するために、「表記法」の伝統を守ろうとする人たちがいて、この人たちは、「表音化・漢字制限」推進派の人たちを敵視し、「国体重きか仮名遣案重きか」と詰め寄るなどしました。戦後、この後者の勢力が解体したことで、「表記法」改革が一歩前進することになったのです。

別記

〇参考文献
　「国語問題五十年」保科孝一（1949 三養書房）
　「国語国字問題の歴史」平井昌夫（1948 昭森社）
　「教育文庫12 国語国字問題の理論」鈴木康之編（1977 麦書房）
　「『国語』という思想　近代日本の言語認識」イ・ヨンスク（李姸淑）（1996 岩波書店）
〇「かなづかい」の表音化を推進したのは上田万年門下の保科孝一らです。「棒引きかなづかい」使用を年度途中で差し止める動きの中心になった、文部省の高官は、のちに文部大臣になった岡田良平です。軟弱だと攻撃されて退陣に追い込まれた首相は政友会の西園寺公望で、そのもとで保科らに好意的な施策を進めた文部大臣は薩摩大久保利通の次男で外交官出身の牧野伸顕です。次の内閣は長州山形有朋系の桂太郎を首班とする第2次桂内閣。この内閣のもとで「大逆事件」ということになります。なお、牧野文部大臣のときに（1907年）、義務教育の期間が2年延長されて、小学校6年までとなりました。その後、桂と西園寺との妥協が成り立ち、桂・西園寺が交代で首相をつとめる「情意投合」の「桂園時代」が「憲政擁護運動」が高揚する時期まで続くことになります。第一次世界大戦後に表記法改革に尽力した文部大臣は大阪商船社長・日本窒素重役だった中橋徳五郎、中橋に協力してしごとを進めた文部次官は内務官僚出身の南弘です。

第9章 「国語」科の登場と「教科書国定制度」

小学校の教科に「国語」科が登場

小学校に「国語」という名前の教科が設けられたのは、1900年のことです。(小学校の時間割に載るのは、その翌年の新学期ですが、……。)1900年の夏に出された「小学校令」で、「読書・作文・習字」の3教科が統合されて、「国語」とされました。

中学校では、「学制」の時期(1872年～1879年)に「国語」または「国語 古言」という名前の教科が設けられました。しかし、「学制」は、教育を「人々」が「生ヲ遂ル」ためのものとし、「国家ノ為」のものではないとしていましたので、この教科名のなかの「国」という字が政治のしくみとしての「国家」との関係をあらわすものとは考えられません。「和」というのと同じような、「日本の」というぐらいの意味で使われているのではないでしょうか。「学制」の次の「教育令」の時期(1879年～1886年)に、この教科は「和漢文」という名になりますが、この教科名には「国」の字が使われていません。ところが、1885年に内閣制度が発足し、森有礼が文部大臣になって、「帝国臣民タルノ義務ヲ充分ニ尽スモノ」を養成するためにという観点で教育制度改定をすすめ、そのなかで、1886年の「中学校令」では、「和漢文」という教科名を改めて、「国語及漢文」(1931年から1943年までは「及」の一字を除いて「国語漢文」)としました。小学校の時間割に「国語」という教科名が載るのは、中学校より14年も遅れて、20世紀になってからですが、読み書きの学習を、「人々」の人生を豊かにするためのものから、「国家」を富ませ強くするためのものに改めるという動きのなかで、「自分たちを統治する国家のことば」という意味の「国語」

という教科名が登場することになったと見ることができます。

　なお、日本の歴史についての教科を見ると、1900年の「小学校令」で「日本歴史」という教科名が定められましたが、その後、1911年の「南北朝正閏（せいじゅん）問題」、その翌年の国定教科書「尋常小学日本歴史」南北朝関連個所部分修正という経過を経て、1921年に国定教科書「尋常小学国史」が使われるようになり、教科名も1926年の「小学校令」で「国史」と改められました。「国家」との関係で「国」の字が教科名に入れられることは、「国語」科が先行し、「国史」科があとにつづいたということになります。

小学校教育の「本旨」と「国語科」の目標

　「小学校令」（1890年）で、小学校の教育について、「児童身体ノ発達ニ留意シテ道徳教育及国民教育ノ基礎並其生活ニ必須ナル普通ノ知識技能ヲ授クルヲ以テ本旨トス」と規定したことについては、第4章で触れましたが、「小学校令施行規則」第3条（1900年）では、「国語」科の目標について「普通ノ言語、日常須知ノ文字及文章ヲ知ラシメ正確ニ思想ヲ表彰スルノ能ヲ養ヒ兼テ知徳ヲ啓発スルヲ以テ要旨トス」と規定しています。「其生活ニ必須ナル普通ノ知識技能」の前に「道徳教育及国民教育ノ基礎」を置いて強調し、「普通ノ言語、日常須知ノ文字及文章ヲ知ラシメ正確ニ思想ヲ表彰スルノ能ヲ養」うことと「兼テ知徳ヲ啓発スル」ことを合わせて記していることに、教育を、また、読み書きの指導を「国家のため」のものにしようという意志が表れており、これ以後、教材にも指導の方法にもそれに対応する変化が起こってくることになります。

「教科書疑獄」と教科書国定制度制定

　1902年の暮れに、文部省検定の教科書を発行している出版社が多くの教育行政関係者に賄賂（わいろ）を贈ったという、大規模な贈収賄事件が明るみに出て、金港堂・集英堂・普及舎など多くの出版社が捜索を受け、贈賄側の出版社社長、収賄側の県知事、文部省の視学官・審査官、府県や郡の視学官、

師範学校校長、小学校長など、40道府県にわたって、200人ほどに及ぶ関係者に対して事情聴取や検挙が行われ、116人が有罪判決を受けました。

この「教科書疑獄」をきっかけとして、教科書国定制度制定への動きが一気に進み、翌年1903年の4月には「小学校令」が改正されて、「小学校ノ教科用図書ハ文部省ニ於テ著作権ヲ有スルモノタルヘシ」という規定が書き込まれました。1981年文部省編集の「学制百年史」は、1903年6月の菊池文相の次のような演説を紹介し、「……普通ならば……急速には実行することのできない国定制度への移行がこの教科書事件を機会に一挙にして実行されたのである」と記しています。

「御承知ノ如ク昨年ノ冬ニ至リテ審査会ニ関スル収賄ノ証拠ノ手掛リガツキ家宅捜査トナリ終ニハ十分ナル証拠ガ挙ツテ御承知ノ如ク多数ノ者ガ検挙ニナルトイフ次第ニナツタ。之ハ甚ダ不詳ナ事デアルケレドモ多年ノ積弊ヲ一掃スルニ於テハ誠ニ好時期デアルト認メ、又予テ私ノ是非実行シナケレバナラヌト思ツテ居タ国定ノ儀ハ此際一日モ猶予スベカラザルモノダト考ヘ教科書国定ノ儀ヲ直ニ閣議ニ提出シテ同意ヲ得タ。」

「待ってました」とばかり、喜んで教科書国定制度制定を一挙にすすめたようすがこの演説の文言から読み取れます。

小学校国定教科書「読本」の編纂と改訂

小学校の国定教科書は、日露戦争開戦直後の1904年新学期から使われることになりました。「国語」科の教科書には、「読本」と習字の「書キ方手本」とがありますが、「読本」の方について見ると、「尋常小学読本」8巻・「高等小学読本」8巻が発行されました。この「尋常小学読本」の1年生の前期用は、「イ」・「エ」、「ス」・「シ」という文字（「椅子」・「枝」、「雀」・「石」の絵）からはじまっていて、入門期の学習を、方言で区別しにくい発音に目を向けつつ、一字ずつ文字を学ぶことからスタートし、単語の読み、文の読み、文章の読みへとすすむようになっています。この読本が「イ・エ・ス・シ読本」です。

この第1期「イ・エ・ス・シ読本」以後、小学校の国語読本の改定は3度行われました。
　最初の改定は、義務教育の年限が4年から6年に延長された年1907年に着手され、その読本は韓国併合の年、1910年から使われました。第1期の読本に使われていた「棒引きかなづかい」が、この第2期の読本では、すべて伝統的な「字音かなづかい」に戻されました。この読本は、1年生の前期用が「ハタ、タコ　コマ」という単語（「日の丸の旗、凧・独楽」の絵）からはじまっていて、文字からではなく、単語からスタートして、やがて文の読み、文章の読みにすすみ、単語や文や文章の読みの際にそこに出てきた文字を学ぶ方式になっています。この読本が「ハタ・タコ・コマ読本」です。
　次の改定は、第1次世界大戦（1914年～1918年）の終わるころから行われ、第3期の、白い表紙の「尋常小学国語読本」・「高等小学国語読本」は、黒い表紙の前読本改定版と並行して、1918年から使われました。この読本は、1年生の前期用が「ハナ、ハト　マメ　マス、ミノ　カサ　カラカサ」（「桜の絵」、「子どもが鳩に升の豆を与えている絵」、「雨のなか雨具をつけて歩く人々の絵」）、「カラス　ガ　ヰマス。スズメ　ガ　ヰマス。」（「烏・雀の絵」）ではじまっていて、単語から入って文、文章に進み、その読みの際にそこに出てきた文字を学ぶ方式という点では「ハタ・タコ・コマ読本」と同じですが、かなり多くの語句の読みのあとで文の読みにすすむ前読本と違って、単語の読みを3ページ7語にとどめ、早めに文、文章の読みに入るようになっています。これが「ハナ・ハト読本」です。
　3度目の改定は、満州事変（1931年～1932年）後の時期で、第4期の、茶色の表紙、色刷りの読本「小学国語読本　尋常科用、高等科用」は1933年から使われました。この読本は、1年生の前期用が「サイタ　サイタ　サクラ　ガ　サイタ」、「コイ　コイ　シロ　コイ」、「ススメ　ススメ　ヘイタイ　ススメ」、「オヒサマ　アカイ　アサヒ　ガ　アカイ」、「ヒノマル　ノ　ハタ　バンザイ　バンザイ」ではじまっていて、文字や単語や文からではなく、文

章から入って、文章の読みの際に、そこに出てきた文字や単語などを学ぶ方式になっています。これが「サクラ読本」です。この読本は、太平洋戦争開戦の年1941年に「国民学校」が発足する前夜まで使われました。

「ことばと文字」の教材と「文章」の読本との関係

入門期に着目して見ると、3度にわたる改定の経過には、ふたつの面があります。ひとつは、寺子屋以来の伝統で入門期に限って残されてきた、「ことばと文字」について系統的・順次的に学習するための教材がしだいに「読本」から排除されたことです。同じことを別の面から見れば、「読本」が「読本」としての完成度を高めたことです。

第1期では、入門期に限って、「ことばと文字」が持つ性質・体系や学習の難易を基礎にした、系統性・順次性のある「ことばと文字」の学習を、「文章を読む」学習に先立って行うという観点で、教材が配列されていますが、その後の改定で、文字、単語・文・文章の提出が、「文字→単語→文→文章」という順序から、「単語→文→文章」という順序に、さらに、「はじめから文章に」と改められ、第4期では、「ことばと文字」についての学習は「読本」に出たところ、出たところで個別的に学習することに限定されるようになりました。「国語」科には「読み方・書き方・綴り方・（尋常科に限って）話し方」の各分野しか認められていませんから、「読み方」の「読本」から排除されるということは、系統性・順次性のある「ことばと文字」の学習が「国語」科の教育課程から締め出されることにほかなりません。

入門期の「かな」の学習を例にとって、すこし立ち入ってみますと、その指導の系統性・順次性という点では、ふみはずせない原則がいくつかあります。第1に、「文字」は意味と音とをもつ「ことば」を表すものであり、「かな」は基本的には「音節に対応する表音文字」であるので、「ことば」、その単位である「単語」から「意味」を捨象して「音」に着目し、それを「音節」に分解することや、その「音節」を組み合わせて、「単語」の「音」を構成し、その「単語」の「意味」を理解することができなければ、「か

な」の学習の前提が成り立ちません。「い」は、「いえ」・「いと」・「いぬ」の「い」だということを知ったうえで、その「い」の字の「字形」と「読み」を覚えるようにするのが常道だということです。第2に、短い直音の音節を表す、濁点・半濁点のついていない（「を」・「ん」以外の）「かな」44文字を先に学び、濁点・半濁点のついた「かな」をあとにまわすこと。拗音（「きゃ」・「きゅ」・「きょ」など）は「かな」2文字を組み合わせて表すものなので、短い直音を表す文字よりあとで学ぶようにすること。さらにそのあとで、長音（のばす音「おばあさん」など）、促音（つまる音「ねっこ」など）、撥音（はねる音「はんこ」など）の表し方を学ぶようにすることです。第3に、そのあとで、「単語の後ろにくっつく小さいことば」を見分けながら、助詞「は」・「へ」・「を」の読み書きができるようにすることです。こうした学習は、1字ずつ学び、順を追って進むのでなければ、確実に身につくという結果に到達しません。「読本」の文章を読む学習の途中で、出たところ、出たところで、個別的に「かな」の字形と読みを学ぶことは必要なこと、だいじなことですが、それだけでは、不確実な結果にとどまることになります。学校の教育課程から「かな」を順序よく1字ずつ学ぶことが締め出されて以来、子どもが「かな」を学ぶ場は、主として家庭ということになり、「かるた」のような木片や紙片で遊びながら「かな」を覚えることが広がりましたが、その機会に恵まれた子どもと恵まれなかった子どもとの格差が生まれました。44文字を覚えてから先については、ひとつひとつ順序立てて学ぶことは、家庭の手に余ることでしたから、特別にそのことを意識して指導する教師に出会わなかったばあい、子どもがみずから学校の「読本」や絵本などで、出たところ、出たところで、個別的に覚えていくほかありませんでした。

　本来、「ことばと文字」が持つ性質・体系や学習の難易を基礎とした、系統性・順次性のある「ことばと文字」の学習は、入門期に限らず、どの時期にも必要なことです。

　たとえば「漢字」についても、「読本」の文章に出たところ、出たところで、

偶発的・個別的に覚えるだけでなく、あわせて、小学校高学年や中学校など適切な時期に、おおむね次のような内容の学習を、十分な用例を参照しながら、体系的・順次的に進めれば、「漢字」の習得がいっそう確実になるはずです。①漢字は、むかし、中国で、中国語の単語を表す文字としてつくりだされたこと。②漢字のなりたちを見ると、ものの形を表す「象形文字」（「山」・「木」など）、抽象的なことがらを記号のように表す「指事文字」（「三」・「中」など）、二つ以上の文字を組みあわせて一つの文字にして、それぞれの文字が表す意味の組み合わさった意味を表す「会意文字」（「林」・「鳴」など）があること。また、漢字の９割ほどが、(中国語の単語の)「音」を表す文字（「音符」）と「意味の種類」を示す文字（「意符」）とを組み合わせてつくられた「形声文字」（「銅」・「悲」など）であること。③中国語の単語（または単語を構成する部分）が借用語（外来語）として日本語に入ってくると、それ（漢語）を表す漢字は中国語の発音を日本語化した読み方で読まれた。その読み方を漢字の「音」ということ。漢字の「音」は、日本に入ってきた時期・経路の違いにより、「呉音」・「漢音」・「唐音」に分けられること。（「明……呉音ミョウ・漢音メイ・唐音ミン」など。）④むかし、日本語のもとからの単語を書き表すのに、漢字を利用した。それには、二つの方法があった。一つは、漢字が表す意味を無視して、漢字の「音」を使って、日本語の単語の音を書き表す方法。（「夜麻」・「美夜故」など。）これが「かな」の起源になった。もう一つは、日本語の単語と同じ意味の中国語の単語を表す漢字を、漢字の「音」を無視して、日本語の単語を表すのに利用する方法。（「山 やま」・「都 みやこ」など。）このばあい、漢字に対応する和語の読み方を漢字の「訓」ということ。⑤画数、部首、漢和辞典について。⑥筆順の原則。⑦どんなことばを「漢字」で書き、どんなことばを「かな」で書くのが適切か。⑧送りがなのきまり。

　同じようなことが、語彙についても、文法についてもいえるのですから、「ことばと文字」が持つ性質・体系や学習の難易を基礎にした、系統性・順次性のある「ことばと文字」の学習は、入門期に限らず、教育の全期間

にわたって、だいじにされなければなりません。そのための教材は、「読本」の外に別に用意されるのであれば、「読本」に載らなくてもいいし、そのほうがいいのですが、そのような扱いもしないで「読本」から締め出されたということは、系統性・順次性のある「ことばと文字」の学習が、小学校の「国語」科の教育課程からすべて排除されたということです。極端ないいかたをすれば、「国語」を教えない「国語」科になったとさえいえるのではないでしょうか。

　ところで、「読本」には、「読本」に必要な条件があります。「読み」の学習は、文章を読んで、その文章の内容を理解し、それによって知識を広げ、感性を豊かにし、同時に、その文章に出てきた語句や表現のしかたについての個別的な知識を積み上げていくことですから、その教材の文章の選定と配列は、文章の内容・表現が、全体として、学習する子どもの健全な発達に寄与するように、総合的な観点でされなければなりません。この基準と、「ことばと文字」の学習の系統性、順次性という基準とを、ひとつの「読本」のなかで両立させることはかなりむずかしいことではないでしょうか。採録される文章について表現の難易という面からの配慮を加えつつ、「ことばと文字」の学習の系統性、順次性という観点を取り除いていくことは、「読本」が「読本」としての完成度を高めるうえで、避けられない道だということができます。第４期の「読本」はこの経過の一応の到達点として、高い評価を受けています。そのことを紹介する記述を山住正巳「教科書」(岩波新書)から引用しましょう。

　　「それ(「サイタ　サイタ」にはじまる通称「サクラ読本」)は、かつての、単語から句へ、句から文へという語法の順序にしたがい、論理的段階をおって配列された教科書に疑問をもった人たちの手でつくられた。……子どもの興味をひくことができない文が教材となっていたのでは、教師はうまく教えることができない。単純から複雑へというように段階をふんだからといって、それは、かならずしも子どもが理解しやすい順序と

第9章 「国語」科の登場と「教科書国定制度」

は一致しないのだから、子どもの精神発達について考慮し、心理的に未分化の幼児期にはそれに適した教材を用意すべきだという提唱が、しだいに力をえてきた。その背後には、欧米の児童心理学説についての理解があった。この未分化な子どもたちになにをあたえたらよいか、編者たちは苦労をかさね、巻一のはじめの部分には、もっぱら感情のうごきを表現したことばがあつめられることになった。編者のひとり井上赳は、その特徴について『どこまでも原始言語的であり、叫喚的律動的である』と説明……童謡作家の葛原䓢は、『児童の、おのずからなる叫び――満開の桜を見た時の心の躍動のまゝに、おのずから発せられた叫びを、そのまゝ文字に写したのである。その自然を尊ぶ』と称賛している。」山住の記述は、これに続いて、編者の労苦などにもかかわらず、満開の桜を題材とした授業を吹雪が吹き荒れる北国で行う教師を例に、国定教科書が地域性への配慮を欠いたものになることを指摘し、さらに、巻1の巻頭で「サイタ　サイタ」を学んだ子どもが、巻12の巻末で「山ざくら花」の和歌を学んで卒業することをあげて、国定教科書が「国がつくりあげた一つの像を子どもに強制」するためのものであり、その基礎に桜に象徴される「国民精神」が置かれていることを指摘しています。

国定教科書に国策に沿った内容が

はじめは文部省内の「教科書調査委員会」（のちに「教科用図書調査委員会」）が国定教科書の編集・執筆に当たっていたのですが、南北朝正閏問題のあと、1920年に制度が改められ、文部省の図書監修官が提出した原稿を文部大臣の諮問機関「教科書調査会」が審査することになりました。第3期以後の国定教科書作成に長くかかわり、「サクラ読本」作成の中心になった図書監修官井上赳は、この「調査会」について、「各政党を代表する老政治家がある。陸海軍を代表する本部長、教育部長がある。政治経済教育文学歴史科学を代表する大学教授がある。貴族院を代表する華族さまがある。」こうした人たちの「雑多な議論にもみくちゃにされながら」審査が

73

進んでいったと回想しています。図書監修官を2年間つとめ、「ハナ・ハト読本」編集・執筆の中心になった高木市之助は、この「調査会」に「教科書を否定するとしか言いようのない人物が幅をきかして」いて、「この小姑(こじゅうと)的連中のおかげで、私の抱いていた教科書への夢がみごとにしぼんでしまった」と述懐しています。

　読本には、文学的な感性を豊かにし、あるいは自然や社会についての初歩的な知識を身につけるのにふさわしい文章も集められていて、田園の自然の描写と抒情、古今の文学作品のリライト、動植物や地質天文などの解説、都市や名所の案内や紀行など多様なものがあり、執筆・編集に当たった人の努力のあとが感じられるのですが、貧困・格差・人権など社会の本質的な諸問題をふくむ生活の姿がリアルに描き出されている文章のあるはずがなく、建国神話や楠公の逸話をはじめとして、「忠君愛国」・「富国強兵」のために献身することをたたえたり、求めたりする文章がたくさん集められています。

　第1期の「読本」には、日清戦争や義和団事件での日本軍の行動を正当化し、賛美する教材が目立ちます。第2期の「読本」には、日露戦争をたたえた教材が加わり、獲得した植民地を紹介する教材、貿易の発展を「平和の戦争」と称してすすめる教材も載っています。第3期の「読本」では、いくらか軍事的な色彩を弱めた感があり、第1次世界大戦の戦禍についてふれた「ああ、此のむざんな光景を御らんなさい。山も森も皆焼野が原と変ってゐます。」という文章もあります。第4期の「読本」には、満州事変での軍犬や伝書ばとの活躍、勇壮な爆撃行や戦車隊の奮戦、「満州」・「支那」の印象記、ヒトラー青少年団の登場などにこの時代の特徴が示されています。

　こうして、1941年の国民学校で使われる第5期の読本「初等科国語」に至ります。これについては、第17章で改めて触れることになりますが、この「読本」では、多くの教材が第2次世界大戦の遂行、東アジア全域への侵略に向けての国民精神総動員のために集められていて、戦時色がみな

ぎっています。

別記

〇参考文献

「国語教育史資料第五巻　教育課程史」増渕恒吉編（1981 東京法令出版）

「日本教科書大系　近代編第4～9巻」海後宗臣・仲新編（1963～1964 講談社）

「教科書で見る近現代日本の教育」海後宗臣・仲新・寺崎昌男（1999 東京書籍）

「学制百年史」文部科学省・学制百年史編集委員会（1981）

「国語教育講座・国語教育問題史　国語教育の回顧と展望（二）――読本編修三十年――」井上赳（1950 刀江書院）

「中公新書423　尋常小学国語読本」高木市之助述・深萱和男録（1976 中央公論社）

「岩波新書758　教科書」山住正己（1970 岩波書店）

「全書＊国民教育3　教科の歴史　第三章　国語入門教科書の史的分析」国民教育研究所編（1968 明治図書出版）第三章執筆は柴田義松

〇入門期の教科書に、文字やことばを系統的・順次的に指導するための教材を位置づけることを「論理主義」と名づけ、それを子どもの心理を顧みない誤りだと論断し、「心理主義」の名のもとに、そのような教材を排除して、子どもの心理に合った文章で教科書を埋めつくすことを主張する人がいまでも多いようです。「国語教育」の研究者にも、教科書から体系的・順次的な「文字とことばの指導」を排除していく過程を「語学的国語教育の誤謬」を取り除いていく過程として高く評価する人が少なくありません。

　本来〈指導事項の体系性・順次性を重視すること〉と〈子どもの心理に合う教材を提示すること〉とは、石山脩平が「岩波講座・国語教育」（1936）所収の論文「論理主義と心理主義」で「止揚綜合」すべきことだと指摘したとおり、両立させるべきことです。この問題の本質は「論理」か「心理」かではありません。「ことばと文字の（体系的・順次的な）指導」と「読み書きの指導」とを区別して、双方を重視し、どちらもその「論理」と子どもの「心理」の両方をだいじにして充実させることこそ、この問題の解決の道だと私は確信しています。

〇「読本」として高い評価を受けている第4期の「サクラ読本」ですが、私は、その冒頭に「サイタ　サイタ　サクラ　ガ　サイタ」で、「カ」の字を知らない子どもたちに「ガ」の字を提示するのは、乱暴だと思いました。これは「心理主義」の、「論理主義」に対する挑戦でしょうか。第5期の「アサヒ読本」では、「アカイ　アカイ　アサヒ　アサヒ」よりあとに「ガア　ガア　アヒル」が出てくるようになっていて、この点は是正されています。

〇50年ほど前のことですが、私の長男が小学校に入学したとき、父母会で担任の先生が「『かな』は家庭で教えてください」といわれたということで、驚いたことがあります。学校は何をするところなんだろうと思いました。しかし、考えてみると、その先生に罪はありません。日本の「国語科」の問題点が顔を出したということだと思います。

〇この本の名前を「国語教育の近代史」としなかった理由も、この章に書いたことから、お察しいただけると思います。

第 10 章　芦田恵之助

芦田恵之助のしごと　芦田恵之助（あしだえのすけ）(1873 〜 1951) が「綴り方教授」を刊行したのは 1913 年、「読み方教授」を刊行したのは 1916 年です。

芦田は、京都府・兵庫県の小学校・中学校、東京高等師範学校付属小学校の教師として、綴り方・読み方の指導に実績を残しました。その経験と主張を書き記した代表的な著作が、上記の 2 冊です。芦田は、その後、文部省・朝鮮総督府・南洋庁の嘱託として、小学校用の読本の編集にたずさわり、退職後は全国各地の小学校で公開授業・講演を行う「教壇行脚（きょうだんあんぎゃ）」を続けました。

「綴り方教授」と「芦田・友納論争」　芦田の「綴り方教授」の刊行は 1913 年。芦田が「随意選題」を「綴り方教授の根幹となるべき方法」として提唱するのは、この本の刊行より数年後のことですが、この本に記録されている豊富な実践例には「自作は綴り方の本幹」、「綴り方教授の意義は、……児童の実生活より来る必要な題目によって、……実感を綴らせる」こと……という観点が貫かれています。

少し前の時期の「綴り方」指導の一般的な方法は、文字を並べて単語を表し、単語を連ねて短い文をつくるなど、入門期の文字とことばの練習をさせることと、手本になる文章を示し、似通った条件を設定して、手本をまねた文章を作らせ、文章の形式や表現の技法を学ばせることでした。文章の「自作」は困難なことと思われていて、もしできれば高学年で時おりやってみてはどうかというほどのことでした。しかし、芦田は、東京高等

師範学校付属小学校の教師で芦田を同校に呼び寄せた樋口勘次郎の、子どもに服従を強制する「管理」に反対し、自覚的な規律を持たせることを重視する観点、子どもの「自発活動」を尊重する考え、「思うことは語りうべく、語りうることは文章に写しだすことをうる」はず、そのように指導すべきだという主張に共感し、その影響を受けて、「実生活」の「実感」を綴る「自作」の指導を積み重ねました。
　芦田は、その後、子どもがみずから自由に題材を選ぶ「随意選題」を「綴り方指導の根幹」として提唱しました。これに対して、広島高等師範学校付属小学校の教師だった友納友次郎は、文章表現の技能を系統的に練習させることを重視し、どんな技能を練習するのかという目的を明確にして、その「練習目的」にとって適切な「課題」を与えることの有効性を主張しました。この両者の主張を対比して「芦田・友納論争」といいます。両者の主張は、自分の書きたいことを、自分のことばで綴る「自作」を、入学当初から指導するという点では共通していますが、指導の方法には大きな違いが見られます。
　友納の方法では、教師が、たとえば「静的記述」・「動的記述」・「説明的記述」、「人物描写」・「気分描写」・「評論的記述」などのような「練習目的」を持って教室に臨み、それぞれに対応する「植物園」・「機会体操」・「ぼくの学園」、「妹」・「遠泳」・「広島市と宇品港」などのような例題を示します。そして、子どもたちそれぞれにどんなことを書くか考えさせ、練習目的にかなう「題」を課して、実作に取りかからせます。記述前にも記述中にも記述後にも、「練習目的」に即した指導を行います。何年生のどの時期には、どんな「練習目的」……という計画を立てて、難易度や論理的順序を考慮した「系統性」を追求します。
　芦田の方法では、教師の側から例題を示したり、課題を与えたりせず、「題を十くらい言わせ」て、いちばん書きたいことを選ばせ、「記述」に入らせます。教師が全作品を通読して、ほめるところ、注意するところにしるしをつけ、ひとりずつ呼んで話し合い、推敲させます。よい作品を5編

ぐらい選んで読みあげます。1作品を黒板の上に書き出し、美点の発見を主に、ほめるところ、直すところについて話し合いをさせます。「系統案」など考えないで、それぞれの子どもに自分の「文の発達」を自覚させ、「学級の発達していくあとに注意して」指導を行います。

　友納は綴り方の指導を、教師が子どもに文章表現技能を教えることと考えていましたが、芦田は綴り方の指導を、子どもに実生活の実感を自覚させ、その人格の成長発達をはかるためのものと考えていました。友納にとっては、「何を書くか」は「従属的」な問題に過ぎず、どう書くかが重要な問題だったのですが、芦田にとっては、その「何を書くか」も、「それをどう書くか」も、子どもの発達にとって重要な問題だったのです。なお、芦田は、教師が「自分で本気に文を綴」って、「自己の進歩発達」を自覚し、「修養」を深めることをすすめています。

「読み方教授」と「自己を読む」こと

芦田の「読み方教授」の刊行は1916年。芦田は、この本で、読むことは「自己を読む」ことだと主張しました。

　「文章はすべて作者が伝へんとする思想・感情を洗煉して書き現はしたものである。……吾人が内容を会得するのは、……文字の現はす語句に相当する自己の観念を思ひうかべ、それを文字の示す文の形式に連ねて、『作者の思想・感情はかくあるべし』と想定するのである。……果して作者の思想・感情と一致するか否かは疑問である。……故にある文章に対して読者が百人居れば、解釈は百色である。」

　「余は今を去る二年以前、文章研究録の第一期第一号に、読み方教授の意義を次のやうに述べた。『読み方教授の意義は、教師の取扱によって、作者と同一の思想感情を会得させるのが第一の眼目で、之によって養はれた読書力によって、いかなる文章をも、読破する努力を喚起することが第二の眼目である。』今之を見ると、根柢が薄弱で、実に面目次第もない。……第一の眼目としている『作者と同一の思想感情を会得さ

せる』といふことは、いかに教師の取扱によっても、なし得ることではない。作者と教師、作者と児童、その境遇もちがひ、その修養もちがふ。故に作者よりも高い解釈をすることもあれば、又低い解釈しか出来ない事もある。到底自己以上、又は以下の解釈は出来るものではない。……第二の眼目とする『いかなる文章も読破する努力を喚起する』といふことも疑はしい。本来文章を読むのは努力にまつものではない。作者の人格や文章の妙味に引きつけられ、自己の覚醒せられ、慰撫せらるる嬉しさに、知らず知らず読むのである。」

「読み方教授は自己を読ませるのが目的である。自己を読むとは他人の文章によって、種々の思想を自己の内界に画き、未知の真理を発見しては、之を喜び、悲哀の事実には同情の涙を灑ぎ、かくして自己の覚醒せらるるを楽しむ義である。」

芦田の、この「自己を読む」という主張については、次の2点に注目する必要があると思います。

第1点は、文章の内容について読者が「百人百色」の解釈をすることを、芦田は当然のこととしているということです。文章の読者は「境遇」も「修養」も違うから「作者と同一の思想感情を会得」できるはずがない。「自己」の力量に応じて「余はかく解した」と「想定する」だけである。この芦田の考えは、子どもひとりひとりの、自分なりの文章の受けとめ方をだいじにする考えだということができます。芦田は、教師が、不明箇所を解明し、誤解箇所を訂正し、着眼点を発見させることなどによって、子どもの読みを助ける「自然の幇助者」として授業に臨むよう求めています。「作者の思想感情」などを押しつけるかのように「教え込む」ことを拒んでいます。「政治・海事・軍事・実業」に関することは「十五六歳に到達」して「何を一生の職業とすべきか」という問題に直面する時期に達するまでは「身にひしと感ずるような内容」ではないとしています。「国家」が、読み書きの学習を、「人々」の人生を豊かにするためのものでなく、「国家」を富

ませ強くするためのものとしていた時期に、文章の読み方について、子どもひとりひとりの考え方、感じ方をだいじにする考えを提唱したということは、たいへん貴重なことではないでしょうか。

　第2点は、芦田が、「文章はすべて作者が伝へんとする思想・感情を洗煉して書き現はしたもの」として、文章の内容を、もっぱら作者の心の中の世界を表したものと見ているということです。現代の常識では、文章の内容は、作者の認識の対象となった外の世界、客観的な現実を、作者なりのとらえ方でとらえ、それを、それに対する作者の態度とあわせて表現したものだといえるのではないでしょうか。したがって、文章の内容には、客観的な側面と主観的な側面とが結合しています。芦田は、この客観的側面を捨象して、もっぱら主観的側面だけに着目し、読むことを「作者の思想・感情はかくあるべし」と想定することだとしています。作者の心の内面は外からは見えませんから、想定することしかできません。それで、読みの方法は、作者の心の中の世界に対応するものを「自己」の心の中に求める「内省」だということになります。しかし、芦田自身、夕刊の米相場についての新聞記事について、筆者の心の中に対応するものを「自己」の心の中に求めえないことを例に、「内省」の困難、限界に言及しています。

　文章の内容が外の世界に対する筆者の認識の成果を表出したものである以上、読むことは文章に表現された筆者の思想・感情を想定することにとどまりません。読むことは、読者が筆者の文章をなかだちにして、間接的に外の世界を認識する働きだということができます。米相場の新聞記事を読むことは、その取り引きにかかわる人にとっては、執筆した新聞記者の心の中の世界ではなく、取材の対象になった外の世界で行われる取り引きについての情報をえることです。抒情的な文章を読むばあいも、表現された心情が外の世界のどのような状況からひきおこされたかを知ることによって、その心情の普遍性に触れ、理解したり共感したりできます。直接的か、間接的かという違いをおいて考えれば、作者の認識の対象も、読者の認識の対象も、同じ外の世界です。しかし、その外の世界を見る目に、作者・読者それぞれの「境

遇」と、それに規定されたものの見方・認識の発達の度合いから一定の制約が加えられ、その結果として、さまざまな表現も解釈もなりたちます。だから、文章の内容の質、読者の解釈の質の「高い・低い」を見分ける基準の一つは、どれだけ対象となった外の世界の姿を正確に反映しているかに置かれるべきではないでしょうか。文章の内容の客観的側面を無視することは、読みについての正しい態度とは言えないと思います。

静座と内省、教師の修養を重視

なお、芦田は、「教育の結果を有効ならしむる唯一の道」として、子どもが「発動的態度」で学習に臨むためにも、子どもが読みについて「自己の向上発展」をはかるためにも、教師のありかたがだいじだとして、教師の「修養」の必要性を力説しました。芦田は、「修養」とは、「内省によって自己に行はるる自然の法則を会得し、天地間の万物悉く同一法則に支配せらるるものと信じて、安んじて日々の生活を楽しむこと」だといいます。芦田は、岡田虎次郎のもとで「岡田式静座法」の静座に参加し、この考えに到達しました。鶴見俊輔は、岩波新書「現代日本の思想」に、岡田虎次郎が「来る人といっしょにすわって、気持ちをととのえることを教え」、「ひとりひとりの問題について、いっしょに話を」し、「問題の出し手が自分で解決のいとぐちを発見するのを助ける」……これは「禅宗の方法」、「ノンディレクティブ・カンセリング」と同じだと書いています。この岡田のもとで、芦田は外の世界を直視するのでなく、「内省」によって精神の安定、宗教的な確信を得ました。この体験にもとづき、教師の「修養」を重視する考えを強調したのです。

芦田の教材論と読み方の読本

芦田は、「読み方教授」で、国定教科書制度を「徳川三代将軍の鎖港の挙」にたとえ、制度発足以来、読み方教材のあり方についての研究がなおざりにされていると嘆きました。芦田の「持ちたいといふ読本」は「児童のための読本」、

「児童の引付けられる読本」であり、その内容は、「児童の生活に接触するもの」、「文の真意義にかなった文章」です。芦田は、現行読本（第2期の「尋常小学読本」）についても、編纂者の苦心の跡を評価しつつ、部分によっては「『児童のため』といふよりも、国家の要求の方が強いのではあるまいか」と疑問を呈しています。「よし解らなくとも、国民として知らせておくべき智識がありはすまいか」という意見にたいして「きはめていはれなきこと」と主張しています。「優良の読本を持ち得ないといふ事は、国民教育の大なる欠陥である。心あるものは之に向かって、すこしでも貢献する事をつとめなければならぬ」と述べています。

　漢字の出し方・字数についてのくふうのために「文章が多少でも拘束せらるるやうなこと」があるのではないか。「限られたる文に、多くの内容をさし込まうとするから、文が概括的に」なり、「面白味は全く剥ぎとられてしまふ」のではないか。「断片的」なのは限りある紙数に広い知識を記載しようとする要求が「禍してをる」のではないか。「余裕が乏し」く「砕けた気持ちが足らぬ」ではないか。「児童らしい文章」が少ないではないか。……固有名詞が一つも出ない遠足の文章など、いくつかの例をあげながら、問題点を指摘しているのですが、どれもだいじな指摘だと思います。こういう「読本調」をなくして、もっと子どもが引きつけられるような、りっぱな文章で書かれた読本を子どもに持たせたいと、芦田は願っていました。

　「読み方教授」刊行の翌年、文部省から声がかかり、1917年、芦田は文部省の嘱託として国定教科書の編纂に参加することになりました。さらに1921年からは朝鮮総督府の編修官として「朝鮮国語読本」の、1924年からは南洋庁嘱託として「南洋群島国語読本」の編纂にあたりました。自分の教科書についての思いを何ほどか実現する機会を与えられたのですが、結果はどうだったのでしょうか。

　「読み方教授」刊行の9年後の1925年に刊行された「第二読み方教授」に、芦田は、教科書編纂の経験について書き記していますが、ここでは「読み方教授」に書いたこととはかなり違う意見を述べています。芦田が、教材

を選ぶ視点として挙げている項目をいくつか書き抜いてみると、次のようなものが並んでいます。

「いかなる国民が今後最も幸福なるべきかといふ見地から材料を精選」すること。

「文中に響く作者の魂の叫びをいよいよ鮮やかならしめるやうに工夫」すること。

「皇室の御上を思ふ時……感謝の念が湧くと共に、皇室のいよいよ栄えさせ給ふやうにと」願い、「上下心を一にして、この国家を擁護する」よう努める心を育てる文章を載せること。「皇室に関する材料」は「深き親しみを持つやうな、」「人間味の豊かな上に神性の輝いてゐる」、「児童の共鳴できる底のものでなければならない」こと。

「満州・シベリヤは」「日本民族の東亜に於ける発展すべき地として、特に注意を要するところ」であること、「朝鮮は大陸へかけた長い橋」であること、「台湾は表南洋へ飛ぶ足だまり」であること、「樺太は」「北進する実習地」であること、「南洋は」「南進する飛石」であることを理解させる文章を載せること。

芦田は、国定教科書の内容について積極的な提言をしたことをきっかけに、国定教科書を作るスタッフに組み込まれ、国策の推進、植民地政策遂行の前線で働かされました。芦田は、子どもひとりひとりの心をだいじにしたいという思いと、この国策遂行のしごととが両立すると考えていたのでしょう。

忠君愛国、アジア諸国への進出などの国策にそった文章を含め「文中に響く作者の魂の叫びをいよいよ鮮やかならしめるやうに工夫」した教材が子どもたちに与えられ、子どもひとりひとりの力量に応じた到達点に向かって、文章の内容の主観的側面に集中して「作者の思想感情の想定」を助ける指導が行われるならば、子どもたちがどんな考えに導かれるか、これはいうまでもないことでしょう。

芦田の読み方指導の手順「七変化の教式」　芦田の読み方教授法としては、世に「七変化の教式」と呼ばれた7段階の「教式」が広く知られています。「読み方教授」刊行の時期には、まだこの「教式」はできていませんでした。1922年に垣内松三の「国語の力」が刊行されて以来、芦田は、垣内の理論の影響をつよく受けました。そのうえで、「教壇行脚」を続けながら、読み方指導の手順を定式化していったのです。

その「教式」は、次のようなものです。

1. 子どもが読む。
2. どんなことが書いてあったか、話しあう。
3. 教師が、注釈や感想をみじかくつけくわえながら、読む。
4. 教師が、段落ごとに、だいじな語句を、文章の組み立てが一目でわかるように、黒板に書きしるす。子どもは、それをノートに写していく。
5. 黒板に書かれたものを読む。
6. 文章について、さらにくわしく話しあう。
7. 子どもが読む。

「読み方教授」で芦田が提唱した方法は、まだこの手順の形に固まってはいませんが、この手順のなかには、「読み方教授」で芦田が提唱した指導の方法が織り込まれています。第1段では、子どもがめいめい自席で教材を通読します。黙読してもいいし、小さい声で音読してもいいとしています。この第1段と第2段・第3段で「児童をして教材に直ちに接せしむる」こと、「とにかく教師・児童といふ一団の上に教材として或る文章が提供せられたといふ状態」を作り出し、「不明の箇所」、「誤解の箇所」の一部を解消させながら、いっそう深い読みへ進む土台を築いていきます。第4段・第5段では、教師が、黒板上部いっぱいに文章全体を象徴する横線を引き、各段落の位置・大きさに対応するスペースに、教師が事前の教材研究で選び抜いた各段落のキーワードをひとつずつ書いていきます。それを

確認することが、文章の各部分の大意と、各部分のあいだの関係、文章全体の構造をとらえながら、文章を読み直す条件を作ることになるのでしょう。これは、教師がこどもの読みの「幇助者」としての役割を果たすことのひとつなのでしょう。第6段では、「作者が工夫したこと」など「着眼点」の指導を重視します。第3段・第4段・第5段・第6段をとおして、教師が「児童のいかに解釈するかを察し、かつ、自己の解釈する真意義の上に立って、之を誘導する」のです。第7段の子どもの読みがこの授業の到達点です。

　芦田は、子ども自身が「発動的」に、教師に助けられながら、読みを深めていくところに、読みの指導の本来の姿を見ていました。芦田は、「第二読み方教授」で、江戸時代の藩校などで行われた、教師の音読につれて子どもがあとからついて読み、教師の解釈のことばを子どもが復唱するといった方法には、引きずっても教師の思うところに子どもを引っぱっていく欠点があり、子どもの自習と子どもどうしの話し合いにまかせる方法には、子どもの行くがままに教師がついていく欠点があるとして、「師弟ともに向上の一路をたどる『師弟共流』の教授法」をうちたてたいという考えを述べています。子どもの自発性と教師の指導性を統一しようという考えは正当、かつ貴重だということができます。しかし、やはり、教師が「自己の解釈する真意義の上に立って」子どもの読みを「誘導する」という、その誘導先が問題です。教材が国策にそって統制されており、しかも、「文中に響く作者の魂の叫びをいよいよ鮮やかならしめるやうに工夫」されているとすれば、「作者の思想・感情の想定」、文章の内容の主観的側面に集中して理解を求める指導は、その「魂の叫び」なるものに共感するように誘導することになってしまうでしょう。教材として与えられる文章は、自然・社会についてのだいじな事実とそこに内在する諸関係・法則を正確に表し、あるいは、社会のなかで生きる人間の生活の真実の姿を情感を込めて表すものであってほしいと思いますし、読みの指導は、文章の内容の全体を正確に、豊かに読み取らせることをとおして、自然・社会、人間の生

活の真実を見る子どもの目を育てるものであってほしいと思います。芦田は、授業の実践をとおして、継承すべき多くの有意義な提言を残していますが、その一方で、この基本的な問題点では、時代の制約のもとにあったということができます。

別記

○参考文献

「綴り方教授」芦田恵之助（1913 香芸館出版部）

「読み方教授」芦田恵之助（1916 育英書院）

「第二読み方教授」芦田恵之助（1925 芦田書店）

「綴方教授法の原理及実際」友納友次郎（1918 目黒書店）

「小倉講演綴方教授の解決」白鳥千代三編（1921 目黒書店）

「近代国語教育論大系4・5・6」井上敏夫・倉沢栄吉・野地潤家・飛田多喜雄・望月久貴編（1975 光村図書）所収の解説（4の解説を野地が、5の解説を飛田が、6の解説を井上が執筆しています。）

第11章　垣内松三

垣内松三と「国語の力」　垣内松三(かいとうまつみ)(1878～1952)が「国語の力」を刊行したのは、1922年です。この本は、多くの人に読まれ、国語科、とりわけ読み方の指導に大きな影響をあたえました。

垣内は、岐阜県の出身で、東京女子高等師範学校・東京高等師範学校の教授、東京文理科大学の講師などを歴任しました。垣内は、日本の「言語文化」を統一的にとらえる理論を示すことをめざして、「形象理論」と呼ばれる学説を提唱し、多くの著作を出しました。垣内の学説は、当時の国語科の教育を指導する代表的な理論とみなされ、多くの教師に指針として受け入れられました。

この章では、垣内の代表的な著作である「国語の力」の、「文」の「解釈」についての所説の大要を私なりに紹介し、検討することにします。

解釈の手順についての垣内の考え　垣内は、「読方」と「解釈 インタープレテーション」と「批評 クリチック」とを「その本質に於ては同一の作用」だとし、そのうえで、主として「解釈」について意見を展開していきます。垣内は、「解釈」といえば、古代ギリシャ以来、語句や文法的事項や表現技法の意味を明らかにして、「文」の内容の理解に到達するものとされてきた、その手順に強く反対して、次のような手順を提唱します。第1に、「作者の意識の流れ」を表出した「文の形」を「直観」し、第2に、その「作者の意識の流れ」にかかわる「言語の活力」を解明し、第3に、その「作者の意識の流れ」を「内視」しつつ、「作者の意識の律動」を表出した「文の律動」を「内聴」する……これが、その手順です。

このような手順を提唱する根拠となる垣内の考えを2点あげることができます。一つは、「言語表象」の「産出点」において、「文」の「作者」の「意識」の「広大なる世界」から「深い内面」が「内より外に滲透」して「表出」されたものが「文」であるという考えです。「文」の内容はすべて、作者の心のなかの世界から、その心の動きが外ににじみ出たものだというのです。（なお、垣内のいう「文」は、文法でいう「文　センテンス」のことではありません。文字で書き表された、その前後に文脈の連続が想定されない、ひとまとまりの完結した表現である〝文章〟のことを、垣内は、「文」と呼んでいます。）もう一つは、「文」が「同時的継続的全一 simultaneous and successive whole」だという考えです。これは、一つの「文」が、ひとまとまりの内容を表す統一的な存在としての全体（「同時的全一」）であるという側面と、書く人にとっても、読む人にとっても、冒頭から時間の流れに沿って一語ずつ進んでいって末尾に至る、部分の集積としての全体（「継続的全一」）であるという側面と、このふたつを同時に持っているということでしょう。

　以上のことを前提として、垣内は上記の3段階の手順を示すのです。第1に、垣内は、「文に面して」「もし文字に泥むならば、そこに在るものは、既に生命の蒸発し去った文字の連り」であるとし、「文の真相を観るには文字に累はさるることなく、直下に作者の想形を視なければならぬ」として、まず「同時的全一」としての「文」を「黙会　implicit apprehension」する（直観で受け止める）ことを「解釈」の「第一着手」に位置づけます。もし、まず「継続的全一」の部分部分に着目すると、作者の「意識の流れ」から離れてしまうことになるから、そうならないように、作者の「意識の流れ」を「表出」した「文の形」全体に対する「直下の会得」からスタートするのだというわけです。第2に、しかし、第1段階で得たものは「一の仮定に過ぎない」からということで、「文の全意をよく見定めて、その部分部分に於て、それを明らかに空着フィークス（「定着フィックス」の誤植？）せしむる言語を全体から発見する学習」を第2

段階に位置づけます。「継続的全一」の各部分の語句や文法的事項や表現技法を、全体との関連を意識しながら精査し、第1段階で得たことを（否定し修正することになるかもしれないし、肯定し深めることになるかもしれないが）たしかめていくというのです。第3に、そのうえで、「同時的継続的全一」としての「文」を「熟読」するとき、直観と分析によって得られた結果が総合されて、「作者の思想の形が内観され」、「作者の思想の律動が内聴せらる」ることになるというのです。

　垣内は、上記の手順の各段階で、なにを「目標点」とするかということについて、第1に、「作者が何を書かうと思ったか」という問いに答えることをあげています。このことについて、手順の第1段階で、「自分はかう読んだ、かう思ふ、かく感じた」という「印象」を持つことが「解釈の生ずる基点」であり、このとき読者の「心の面前に現前するものが作者の思想の姿即ち文の形」であって、そこからはじめるのが「最も確実なスタートの切り方」だといいます。第2に、「作者が、どこまで書かうと思ったことを書き得たか」という問いにこたえることをあげています。第2段階で、「作者が何を書かうと思ったかといふことが分って居たら、それを凝視しながら其の部分部分を見る時表現の展開が一層に明かになって来ると共に、作者が、どこまで、書かうと思ったことを書き得たかといふことも考へられる。言語の生命が、その文の全体との関係に於て、真に理解せられるのは、その立場から、解釈が自然に生ずる時に於てのみ見られるのである」と垣内はいいます。第3段階に至れば、第1段階で「直観」された第1の目標点についての結果が修正、深化、確認され、第2段階で得られた第2の目標点についての結果と合わせられて、解釈の作用が「究竟点に近接する」ことになるというのです。

　なお、垣内は、第1段階の「直観」について、「最も自然な態度である時に克く文字の中を流れて居る意識の流れをやすやすと見つけることができるやうだ」といい、「解釈の第1着手は、自己を主観を雑へざる純真なる自然の態度に置くことであって、『文の形』を見る力は、自らそこか

ら湧き出づるのではあるまいか」と述べています。また、垣内は、第2段階で「単語の研究、文章法、措辞法等は言語の活力、芸術的表現と思想との関係に於て研究することとなって居る。言語は、個性の内面に於ける直観を整理し、それを純一にし、定着せしむる作用であって、それを形に見せるものであるから、この立場からのみ言語の意味が解釈せらるるのであり、またさうした解釈のみが言語を研究することを意義あらしむるのである」と述べています。(ここで垣内は、「言語」・「単語」・「文章法」・「措辞法」などということばを、文章のなかの個別の語句や文法的事項を表すものとして使っていて、「解釈」においては、その個々のことばの一般的な意味についてではなく、それが置かれた文脈のなかでさししめすことがらや、そこで帯びるニュアンスなどに注目する必要があることを強調しているのです。)さらに、垣内は、第3段階にかかわって、韻文にも散文にも、作者の「心の律動」に対応して、「文」に「節奏」があることを指摘し、声に出して(「外辞」として)読むにせよ、声に出さずに心の中で(「内辞」として)読むにせよ、その韻律や「抑揚緩急」や間(垣内の用語では「停音」)や「強勢」(文中の特定の語句を強くいうこと)などを感じ取って「想韻を味ふ」ことを重視しています。もう一つつけ加えると、垣内は、「謙虚にして道を求むる心を内に旺んにして、不断の精練を積む自律的なる精神」によって「真の解釈力を自己の所有とすること」が「自己の確立」、「自己の内面に於ける文化意識の向上」になるといい添えています。

おおむね以上のような垣内の所説を、4つの角度から検討していくことにします。

文章を読むということについて

第1は、「文章を読むということは、どういうことか」ということについての、垣内の所説の検討です。

前章に書いたことの繰り返しになりますが、文章は、自然や社会の諸現象、そこに内在する諸関係、法則、あるいは、人間

の生活の姿を、書き手なりのとらえ方でとらえ、その結果を、それに対する書き手の態度と合わせて書き表したものです。文章の内容は、書き手の心にとって「外の世界」に当たる「対象」についての、書き手の認識の成果を客観化したものですから、そこには「対象」となった「外の世界」の一面が焼きつけられています。心の動きを表現した抒情詩も、人の心の動き、その心の動きを起こさせた「外の世界」のようす、その心の動きを体験している人の姿を、「対象」としてとらえて描き出し、それに対する書き手の態度を合わせて書き表したものではないでしょうか。その書き表されたことがらや感情が多くの人に共通するものであるときに、読み手に理解され、共感されるのだと思います。文章の内容には、「外の世界」が焼きつけられているという「客観的側面」と、それが書き手なりのとらえ方でとらえられ、書き手のそれに対する態度と結びついた姿で表現されているという「主観的側面」との両側面があります。文章を読むということは、この両側面を合わせて受けとめることだということができます。

　しかし、さきに紹介した垣内の考えは、文章の内容を、すべて作者の心の中の世界から、作者の心の動きがにじみ出たものだと見なしています。文章を読むということを、その作者の心の動きを感じ取り、味わうことに絞りこんでいます。この、文章の内容の「客観的側面」をまったく無視して、読みの作用を「主観的側面」の受容に限定するという考えは、一面的な、かたよった考えではないでしょうか。

解釈の目標点ということについて

　第2は、「解釈の目標点は何か」ということについてです。垣内は、「解釈の目標点」として、ふたつの問いに答えることを提唱しています。一つは、「作者が何を書かうと思ったか」という問いです。もう一つは、「作者が、どこまで書かうと思ったことを書き得たか」という問いです。これは、読みの目標を「作者の心」を推測することに限定し、文章の内容の「主観的側面」に意識を集中することを求めることです。これは、違うのではな

いでしょうか。読みの目標は、「その文章に、なにが書いてあるか」、「そのことがどのように書いてあるか」を正確に、深く豊かに受けとることだと、私は思うのですが、……。

　文章は、紙に書き記されたり、印刷されたりした文字の連続、墨やインクなどの図形にはちがいありません。しかし、それを書き手の心の動きがにじみ出たものと見るか、「外の世界」を書き手なりのとらえ方でとらえて、書き手の態度を合わせて客観化したものと見るかで、読みとる目標が違ってきます。垣内の考えによれば、この文字の連続は、書き手の心のなかを推測するための手がかりだということになります。書き手の心のなかは外からは見えません。それで、まずは、これを手がかりに「直観」によって書き手の心を想像します。それから、文章のすみずみを探って、その「直観」が当たっているかどうかをたしかめます。読みとろうとめざすのは、その文章に「書いてあること」ではありません。書いてあろうが、なかろうが、書き手の心のなかにある「書き手が書こうとしたこと」です。さらにいえば、そのようにして推定された「書こうとしたこと」を基準にして「書いてあること」の〝できふでき〟まで評価します。そして、達意の文章にであえば、その〝よさ〟を味わい、書き手の心情に共感するのです。このような、文章の「客観的側面」を無視して、「主観的側面」に関心を集中する読みは、その「主観的側面」の読みとりに一定の成果をあげることができたとしても、全体としては、かたよった結果に陥ることになるのではないでしょうか。文章は、読み手が読むときには、すでに書き手を離れて、それ自体として客観的に存在するものになっています。その文字の連続は〝ことば〟を表しており、その〝ことば〟の一般的な意味は社会に共通です。だから、「なにが書いてあるか」をたしかに受けとめる基盤があります。ただ、その〝ことば〟が、その文章のなかで文脈に規定されて指し示すことがらや、そこに込められた感情は、読み手の経験や力量の違いによって、ある程度の差異をもって受け止められることになるでしょう。それでも、文章の内容の全体、「書いてあること」を、その「客観的側面」・「主観的側面」両

者を合わせて、できるかぎり正確に、深く豊かに受け止めることをめざすことがだいじなのではないでしょうか。読み手は、読むことによって、書き手の認識の成果を受けとめ、これまでの自分の認識の成果と突き合わせながら、「なにが、どのように書いてあるか」を評価し、自分の「外の世界」に対する認識を豊かにしていくのです。読みの目標は、〝書き手が書きたかったこと〟を推測し、それに共感することではなく、〝書き手が書いたこと〟を受けとめることでなければなりません。

　さらに付け足せば、国策にそって「忠君愛国」の心情や、侵略戦争や植民地支配を推進するような心情を盛り込んだ文章を子どもに与えたうえに、読みの指導で「作者の書こうとしたこと」に子どもの気持ちを集中させ、しかも、それに共感するように誘導したならば、その害悪ははかりしれません。そして、現実はそのように進行したのでした。

解釈の手順ということについて

　第3は、「解釈の手順はどうあるべきか」ということについての、垣内の所説の検討です。

　はじめに通読して文章の大意をつかみ、次に細部を精査していっそう正確で豊かな読みとりになるよう努め、最後に到達点を確認する読みでしめくくるという手順は、多くの人が日ごろ経験している読みの手順でしょう。文章の難易度や読み手の力量などによって、この手順の一部が省略されたり、優先されたりすることもあり、この手順を絶対のものとすることはできませんが、この手順は評価され、尊重されていいものだと思います。しかし、問題は、手順を決める根拠になる理論の当否です。また、その理論によって読みに加えられる制約や方向性の当否です。

　垣内は、第1段階で、「同時的全一」としての「文」に対する分析を禁じます。これについて述べた「雪の結晶」の比喩を見てみましょう。

　「雪片を手に執りて、その微妙なる結晶の形象を見んとする時、温い

掌上に在るものは、唯一滴の水である。文に面して、作者が書かうと思つたものを捉へやうとする時もし文字に泥むならば、そこに在るものは、既に生命の蒸発し去った文字の連りである。微妙なる結晶を見るには、硝子板に上ぼせて顕微鏡下に結晶の形象を視なければならぬやうに、文の真相を観るには文字に累はさるることなく、直下に作者の想形を視なければならぬ。文の解釈の第一着手を、文の形に求むるといふ時、それは文字の連続の形をいふのではなくして、文字の内に潜在する作者の思想の微妙なる結晶の形象を観取することを意味するのである。」

「文字に泥む」ということは、個々の語句や文法的事項や表現技巧に注目すること、文章の部分部分に目を奪われることを意味します。部分に目を向ければ、全体が見えなくなり、「作者の心の動き」を感じとることができなくなると、垣内は思ったのでしょう。それで、「直観」によって「直下に作者の想形を視」ること、「作者の思想の微妙なる結晶を観取する」ことを求めるのです。それには「不断の精練」によって「自己を主観を雑へざる純真なる自然の態度に置く」ことが必要だとします。文章の部分部分を顧みずに一挙に「作者の思想の微妙な結晶を観取する」という超能力を修行で身につけろというのは、無理な注文でしょう。読みの実際では、最初の通読で文章の大意をつかもうとするときにおいても、垣内の用語を使っていえば、「継続的全一」としての文章の〝ことば〟をたどりながら、ある程度の分析と総合を繰り返しつつ、「同時的全一」としての文章の内容をとらえようとしているのではないでしょうか。「直観」によって得たものは、情緒的な知覚であると同時に、知的なとらえ方だと自覚せずに行った不確実な分析・総合の結果であると見ていいのではありませんか。「雪片」は「温い掌上」に置けば溶けて消えますが、文章全体の内容は分析・総合の対象になってもこわれません。だから、「雪の結晶」の比喩は成立しません。

第1段階の到達点が文章全体に対する情緒的な知覚と不確実な分析・総合の結果であるならば、その不確実さが、第2段階での読みを、文章の内容を正確に受け止める方向へでなく、「作者が何を書かうと思ったか」をさぐり、やがては〝作者の心情〟への共感を求めるという方向へ誘導するのにもってこいの条件になるのではないでしょうか。もちろん文章全体に対する情緒的な知覚と不確実な分析・総合とから出発すること自体がまちがっているわけではありません。次の段階で、読みが文章の内容を正確に受け止める方向へ進められるならば、それはそれで、よしとしなければなりません。

　第2段階で時間の流れに沿って〝作者の心情〟にかかわる〝ことば〟の吟味を中心に部分の精査を行い、第3段階で文章全体に戻ってきてからは、文章全体に対する情緒的な受容がもっぱら求められ、もはや文章全体に対する知的な分析・総合は許されません。垣内にとって、「同時的全一」に対する知的な分析・総合はタブーなのです。しかし、神羅万象に知的な分析・総合による解明の許されない聖域はありません。文章は、通常いくつかの部分で構成されており、そのそれぞれの部分の内容、部分間の相互関係、全体の中ではたしている各部分の役割などを正確に把握することは、文章全体の理解のうえで不可欠です。たとえば、短編小説のばあい、その構成をしらべ、発端から展開部を経て頂点に至る事件の展開が社会や人生のどんな問題を代表しているかを考え、頂点から結末への展開がその問題に対して作品がどんな評価を示しているかを考えるなど、文章全体に対する知的な解明は必要なことではないでしょうか。そして、文章全体に対する知的なとらえ方は、決して情緒的な知覚をこわすものでなく、むしろ、裏づけ、強めるものではないでしょうか。

読みの指導での「ことば」の扱い

　第4は、「読みの指導での語句や文法的事項の扱いはどうあるべきか」ということについての、垣内の所説の検討です。

　語句や文法的事項の一般的意味は、その言語のわかる社会の成員みんな

に共通です。文章のなかの語句は、その一般的意味を表しつつ、同時に、その文章のなかの文脈に規定されて、その一般的意味をもつ、具体的なものやことがらなどをさし示します。同時に、それにかかわって、ある種の情緒やニュアンスを表現することもあります。そのさし示されたものやことがら、それにともなう情緒やニュアンスとまったく同じものを具体的な細部に至るまで思い浮かべることは、体験や境遇が違う読み手には不可能です。しかし、その語句や文法的事項の一般的意味がその社会に共通であることが、読み手の体験や境遇の違いにかかわらず、基本点で共通するイメージを思い浮かべることを保障します。だから、文章を読むうえで、語句の一般的意味を正確に知ることはだいじです。その意味で、むかしから「訓詁注釈」が重視されてきたのには、必然性があったのではないでしょうか。

　垣内は、語句や文法的事項の一般的意味を明らかにすることをしりぞけ、その文脈のなかで表す表現性ばかりを重視します。「言語は、個性の内面に於ける直観を整理し、それを純一にし、定着せしむる作用であって、それを形に見せるものであるから、この立場からのみ言語の意味が解釈せらるるのであり、またさうした解釈のみが言語を研究することを意義あらしむるのである」という主張は、文章の細部の検討の際の語句や文法的事項の解明を「作者の心の動き」の推測に従属させるものであり、文章の内容の全面的な把握を妨げるものです。

　さらに、国語科には子どもに豊富な語彙の蓄積を保障する責務があり、その主要な場が読みの指導であることを指摘しなければなりません。読む文章に出たところ、出たところで、個別の語句や文法的事項について、その一般的意味を理解させ、その使用に習熟させることは、文章の内容を理解することと合わせて、だいじなことです。これをしりぞけるかのような主張に同意することはできません。

　いまもあなどれない力をもっている垣内理論の影響を克服していくこと

は、これからの読み書き指導の課題だと思います。

別記
〇参考文献
　「国語の力」垣内松三（1922 不老閣書房）
　「国語教授の批判と内省」垣内松三（1927 不老閣書房）

第 12 章 「赤い鳥」

鈴木三重吉と子どもの文化の雑誌「赤い鳥」

子どもの文化の雑誌「赤い鳥」が創刊されたのは、1918 年。主宰は、鈴木三重吉です。途中に 1 年 9 か月の休刊（1929 〜 1931）はありますが、196 冊刊行され、童話・童謡など、子どもの文化に大きな影響を与え、1936 年に鈴木の死去によって終刊となりました。

鈴木は「世間の小さな人たちのために、芸術として真価ある純麗な童話と童謡を創作する、最初の運動を起したい」として、5 千人を目標に会員をつのり、多くの作家の賛同・協力をえて、この雑誌を創刊しました。鈴木にとって、少年少女の読みものが「功利とセンセイショナルな刺戟と変な哀傷とに充ちた下品なものだらけ」で、「その書き表はし方も甚だ下卑てゐて」、「こんなものが直ぐに子供の品性や趣味や文章なりに影響するのかと思ふと、まことに苦々しい感じが」したのでした。「現在の子供が歌ってゐる唱歌なども、芸術家の目から見ると、実に低級な愚なものばかり」と感じられました。それで、「われわれの子供のためには、立派な読み物を作ってやりたくな」ったのです。鈴木は、夏目漱石の指導のもとで小説を書いていた作家ですが、その後の生涯をこの「赤い鳥」の刊行、子どもの文化の運動にかけました。鈴木自身、海外の童話の「再話」など、子どものための読み物を毎号の「赤い鳥」に執筆しました。

芥川龍之介の「蜘蛛の糸」・「杜子春」、有島武郎の「一房の葡萄」、童謡では、西条八十の「カナリヤ」、北原白秋の「赤い鳥小鳥」・「あわて床屋」・「からたちの花」・「この道」など、多くの作品がこの雑誌に載って、全国の子どもたちに読まれました。童謡には、広く歌われたものが少なくありません。

「赤い鳥」の、子どもの作文・詩の募集

鈴木三重吉は、「赤い鳥」に子どもの作文を募集し、「少しも虚飾のない、真の意味で無邪気な純朴な文章ばかり載せたい」、「会員乃至会員のお子さま方の作文又は会員が御推薦下さる作文を私が選定補修して、一方に小さい人の文章の標準を与へると共に、一面では会員のお方全体の大きな家族的の楽しみを提供したい」としました。鈴木は、応募作品から「特選」・「佳作」などとしたものを「選定」し、手を加えて「補修」し、「選評」を添えて掲載しました。鈴木は、「ただ見たまま、聞いたまま、考えたままを素朴に書いた文章」、「児童が実生活の上で経験した事象を目に見るやうに実写的に再現した作品」を評価しました。なお、鈴木は、「綴方教育の目的」について「作品の芸術的価値は第二」で、「第一の重点」は「人間性の向上」だとし、そのなかみは「批判の正確さ、感情の細化、感覚の敏性」だといいます。また、作品には「芸術的価値」のほかに「参考価値」があり、作品によって教師が子どもの「人」を「知る」こと、そして「受持の責任者としての教育的、又実際的急務」に示唆を得ることがだいじだといいます。ただし、「実作そのものには、一つも芸術的なものを生み出し得ないでは、教課として完全な意味がない」としています。

北原白秋は、「赤い鳥」に応募した童謡・詩の選者として鈴木に協力しました。創刊当初からの童謡（声に出して歌う「調子」のある、子どものための歌）の募集でも、少しあとになってはじめた詩（歌う「調子」に制約されない、子ども自身がつくった「自由詩」）の募集でも、北原が（1933年に「赤い鳥」を去るまで）選に当たりました。北原は、「内面の感動がそのままことばになり、リズムになって居る」作品を評価しました。

創作版画・子どもの「自由画」・農民美術に力を尽くした版画家・画家の山本鼎は、「赤い鳥」が募集した「自由画」の選者としても、「自由画運動」の推進に当たり、手本を模写する「臨画」が中心であった美術教育に「自由画」を導入する道を開きました。

第12章 「赤い鳥」

子どもの文化の運動の広がり　「赤い鳥」は、同じ時期に進められた「自由教育運動」の広がりと重なって、都市の比較的ゆとりのある家庭、教育に自由をと願う教師を中心に、広く普及され、一時は数万の発行部数を持ったといわれています。応募作品が「赤い鳥」に載ることが、子どもや学級にとって名誉なこととされ、少数の精鋭ばかりがもてはやされるという弊害もかなりあったようです。

「赤い鳥」に続いて、「金の星」(「金の船」1920～1921、「金の星」1921～1929)、「童話」(1920～1926) など、子どもに芸術的な読み物を提供しようとする雑誌がいくつも創刊され、それぞれ広く普及されました。「金の星」は、野口雨情らの協力を得て、斎藤佐次郎という人が編集したもので、島崎藤村や田山花袋なども作品を寄せています。「童話」の編集には千葉省三があたり、浜田広介が協力しました。この雑誌は、創作童話・新人発掘・郷土性を重視して「赤い鳥」と違う色あいを出しました。西条八十は、北原白秋と対立して「赤く鳥」を去ってからは、この「童話」に童謡の作品を寄せました。小川未明は、「赤い鳥」にも、「童話」にも作品を寄せています。

各県の視学や多くの学校の校長には、「赤い鳥」に代表される子どもの文化の運動に反感を抱く人が多く、多くの学校の教師がその干渉や妨害を受けました。文部省も、俗悪な文化を学校教育からしりぞけるという理由で、課外読みものの「濫用」を避けよ、唱歌の時間に国定教科書に載っていない童謡を扱うな……という指導を行い、1924年には「特ニ学校ニ於テ脂粉ヲ施シ仮装ヲナシテ劇的動作ヲナサシメ公衆ノ観覧ニ供スルカ如キハ質実剛健ノ民風ヲ作興スルノ途ニ非ス」などという訓令を出して、子どもの文化の運動を抑圧しました。

子どもの芸術・文化の雑誌は、どれも同人組織や小さい出版社から出されていましたので、関東大震災のあと、経済恐慌のもと、値段を安く設定した児童書を大宣伝で大量に売ったやや大きい出版社との競争に勝てず、あいついで廃刊に追い込まれました。1931年再刊後の「赤い鳥」は、子

どもの作文と自由詩の応募作品の入選作を紹介することが中心になっていましたが、それの 1936 年の終刊で「童心主義」と呼ばれた、子どもの文化の運動は、終わりを告げることになりました。

「赤い鳥」以前の子どもの読み物

「赤い鳥」以前の、子どもの読みものについて触れておきます。

文明開化の波の中で、「ロビンソン・クルーソー」や「ガリバー旅行記」や「アラビアン・ナイト」などが紹介され、その後、少年向きの雑誌がいくつか刊行されましたが、近代の子どもの読みものの最初の代表作は、やはり巌谷小波（さざなみ）の「こがね丸」でしょう。小波の「こがね丸」は、1891 年、博文館の「少年文学」双書の第 1 冊として刊行されました。犬の「こがね丸」が、父を殺した虎の「金眸（きんぼう）」に対するかたき討ちを成し遂げるまでの、善が勝ち悪が滅びる復讐のお話で、西洋のメルヘンや日本の昔話を参考に、江戸時代以来の戯作（げさく）の文体で、面白く書き表しています。大評判で、ベストセラーになりました。小波は、雑誌「少年世界」に毎月おとぎ話を書き、「日本昔噺」・「世界お伽噺」・「日本お伽噺」などの双書におびただしい数の伝承説話を、わかりやすい、こなれた文章でリライトしました。小波は、子どもの読み物を一つの分野として開拓し、確立した人ということができます。

「こがね丸」刊行とほぼ同じ頃に、バーネット作・若松賤子訳「小公子」が 1892 年に、ジュール・ヴェルヌ作・森田思軒訳「十五少年」が 1896 年に刊行されました。どちらも名訳として高く評価され、多くの人に読まれました。

小川未明は、「赤い鳥」に先立って、創作童話をいくつも発表しました。最初の童話集「赤い船」を刊行したのは、1910 年です。未明の童話は、美しいものに心ひかれる思い、弱いものへの思いやりやさしさ、不幸をもたらすもの（病気・死・貧困・金の力・戦争など）にかかわる悲しみや怒りなどを、象徴的なイメージによって美しく描き出し、子どもの読みもの

に芸術としての質を持たせました。

　1895年創刊、巌谷小波主筆の博文館「少年世界」を追って、1906年に実業之日本社が雑誌「日本少年」を創刊し、有本芳水という人が主筆になって、売れゆきで「少年世界」をしのぎました。実業之日本社が1913年に「愛子叢書」というシリーズで、島崎藤村・田山花袋などの、子どものための読みものを刊行したことはありますが、全体として、これらの出版社は、商業主義の立場をとり、娯楽本位の子どもの読みものを重視するようになりました。1911年に野間清治が講談社を創業、1914年に「少年倶楽部」を創刊し、娯楽本位の少年読みものを大量に、継続的に提供しました。講談社は、やがて、この「少年倶楽部」と、のちに創刊した「少女倶楽部」・「幼年倶楽部」とで、実業之日本社を追い越し、子どもの読み物の世界を支配する存在になっていきます。

　娯楽本位の少年読みものについてさかのぼれば、押川春浪という人が1900年に「海底軍艦」という本を出し、さらに一連の、続きの小説を発表しました。巨大な新兵器を使い、国内の反乱で死んだとされた政治家を盟主として、海外に日本人が支配する国をつくる話です。これがその後の娯楽的少年読みものに大きな影響を残しました。もう一つ見落とせないのが、「立川文庫」です。講談を文章化した本で、大阪の立川文明堂という本屋が1911年から1923年まで安い値段で大量に売りました。店主立川熊次郎が講談師とスタッフをやとってこしらえました。忍者や豪傑などが荒唐無稽の大活躍をする話です。当時少年だった人の思い出話に「立川文庫」のことがよく出てきます。大きな影響を残したものだといえます。鈴木三重吉が「下品なものだらけ」と非難した読みものは、こういう流れのなかのものだったのでしょう。

別記

○参考文献
　「日本の児童文学」菅忠道（1956 大月書店）
　「日本児童文学」鳥越信（2019 建帛社）
　「現代児童文学史」船木枳郎（1952 新潮社）
　「綴方読本」鈴木三重吉（1935 中央公論社）
　「児童自由詩鑑賞」北原白秋（1929 改造社）
　「生活綴方成立史研究」中内敏夫（1970 明治図書出版）

第13章　生活綴り方

小砂丘・野村・上田などと雑誌「綴方生活」

1930年10月、雑誌「綴方生活」が「郷土社」から発行されることになった際、「郷土社」同人の小砂丘（笹岡）忠義・野村芳兵衛・上田庄三郎など10人が、次のような宣言を発表しました。

　「……社会の生きた問題、子供達の日々の生活事実、それをじっと観察して、生活に生きて働く原則を吾も摑み、子供達にも摑ませる。本当な自治生活の樹立、それこそ生活教育の理想であり又方法である。

　吾々同人は、綴方が生活教育の中心教科であることを信じ、共感の士と共に綴方教育を中心として、生活教育の原則とその方法とを創造せんと意企する者である。」

この宣言に、「生活綴り方」の運動の性格が簡潔に表現されています。

　第一次世界大戦の戦争景気のあと襲ってきた不況、関東大震災、さらに経済恐慌のもとで、都市の生活も、農村の生活も、たいへんな状態になりました。貧困から抜け出そう、暮らしを守ろうとする運動が広がりました。社会のあり方を変えて、労働者・農民・勤労市民が主権者となる世の中にしようとする運動も進められました。そのような運動は、危険な思想に基づくものと見なされ、きびしい取り締まりの対象とされました。

　綴り方指導の世界も、社会の現実のなかできびしい環境に置かれた子どもたちの生活に目を向けることになります。小砂丘忠義をはじめとする多くの人たちの「生活綴り方」の運動は、このような時期に取り組まれました。

　綴り方の時間は国定教科書に拘束されない時間でしたから、この時間を

中心に多くの教師が創意を発揮してきました。1910年代には、芦田恵之助が「実生活」の「実感」を綴る「自作」の綴り方を子どもに書かせることを提唱し、鈴木三重吉が「赤い鳥」の作文募集で「実生活の上で経験した事象を目に見えるやうに実写的に再現した作品」を評価することをはじめました。多くの教師の実践・研究をとおして、また、「自由教育運動」の広がりとも重なり合って、子どもが直接体験したことを自分のことばで「ありのままに」書き表すことをめざす綴り方指導が当然のこととされるようになりました。慶応義塾幼稚舎の菊池知勇を中心とする「日本綴方教育研究会」の人たちは、雑誌「綴方教育」（1926〜1941）でそのような綴り方指導の経験を交流しました。

　しかし、芦田恵之助の「随意選題」に賛同し、教育において綴り方が果たす役割と「修養」による人格形成を重視して、芦田の影響下に集まった人たちは、芦田が国の政策に取り込まれていったのに対応して、「師弟共流」の方向を国策に沿うものにしていきました。「赤い鳥」の鈴木三重吉や北原白秋は、その努力を主として「無邪気で純朴な」文章、「芸術的価値」のある作品を書かせることに向けていました。雑誌「綴方教育」で経験交流をしてきた教師たちは、「国語科綴方」の教授法、子どもの文章表現を上達させる方法に力を入れてきました。この人たちにとっては、子どもたちに生活を見つめさせることは、文章表現を上達させるという目的を達成するための手段という位置にあったといえます。「生活綴り方」の運動を進めた人たちは、それに同意できず、子どもたちが、文章表現を手段として、社会の現実のなかの自分たちの生活の事実を認識し、それに働きかけて、たくましく生きていくように育てるという立場に立ったのです。

　小砂丘忠義（1897〜1937）は、高知県北部の山村で貧困のなかに育ち、師範学校卒業後、同県山間部の小学校を転々と異動させられながら、8年余のあいだ教師・校長をつとめ、綴方の指導、子どもの「文集」の作成などに取り組みました。小砂丘は、同人誌「極北」を発行して、国の教育政

策や地方の教育行政に抵抗し、「赤い鳥」の綴り方の芸術性重視の視点についても、山村の現実のなかで成長する子どもの生活を何とかしたいという思いから、異議をとなえました。同じころ、同県南部の海浜のほうでは、上田庄三郎（1894 〜 1958）が教師・校長をしており、同人誌「闌明（せんめい）」を発行して、教師の待遇改善の運動などに取り組んでいました。この両人は、その後、同人誌「地軸」の同人として協力しあいましたが、上田は、1925年に神奈川県茅ケ崎の「雲雀ケ岡学園」の校長として招かれて高知を離れ、その2年後同校の閉鎖で教職を去り、教育関係の編集者・評論家として活動することになりました。小砂丘は、1926年に退職して上京、野口援太郎・下中弥三郎らの「教育の世紀社」で、その後、下中弥三郎出資の「文園社」で、編集者として働きました。「文園社」での小砂丘のしごとは、子どものための雑誌「鑑賞文選」（1925 〜 1930）の編集と、それに掲載する子どもの綴り方の作品の選定と講評でした。小砂丘は、子どもが社会の現実のなかでたくましく成長することを望んで、子どもが自分たちの実生活を見つめて自分自身のことばで書き表した文章を評価しました。

野村芳兵衛（1896 〜 1986）は、岐阜県の農村の出身で、師範学校卒業後、同県山村の教師、女子師範付属小の教師の経験を経て、「池袋児童の村小学校」（1924 〜 1936）に招かれました。「池袋児童の村小学校」は、「自由教育運動」の推進者のひとり野口援太郎が、「自由教育」の実験校として自邸で開校した学校で、「教育の世紀社」を背景に、子どもを束縛から解放し、子どもの個性を尊重し、子どもに自治を体験させる教育をめざしていました。（その姉妹校が「芦屋児童の村小学校」と茅ケ崎の「雲雀ケ岡学園」です。）野村は、教師の指導性を軽視していた同校の指導法を見直しながら、同校の主事として、同校の教育と経営に当たり、「自由教育」の弱点を克服する方向で「生活教育」の実践・研究を進め、綴り方については、「赤い鳥」の視点に同意できず、「鑑賞文選」の小砂丘のしごとに協力しました。

小砂丘・上田・野村を中心に、子どもの雑誌「鑑賞文選」に対応する、おとなの雑誌、生活を重視する綴り方指導の交流・運動・理論の雑誌を出す計画が進み、1929 年に「文園社」発行で雑誌「綴方生活」が創刊されました。ところが、「文園社」社主志垣寛と小砂丘とが会社の経営や両誌の編集方針について対立し、社員への給与支払い・小砂丘ら解雇撤回を求める争議になりました。その結果、志垣が退陣し、出資者下中の同意により、「綴方生活」と「鑑賞文選」を編集し、発行する権利が、すべて小砂丘たち同人の手に移りました。小砂丘・野村・上田など 10 人の同人は、社名を「郷土社」とし、1930 年秋、この章の冒頭に記した宣言を発表することになります。このときに、「鑑賞文選」は、誌名を改め、「綴方読本」（1930 ～ 1937）となりました。「郷土社」同人のうち、鳥取の峰地光重は「池袋児童の村小学校」を退職して、郷里の小学校で綴り方指導に取り組んだ人、岐阜の今井誉次郎は岐阜の小学校で綴り方指導に取り組んだ人です。

　こうして、「綴方生活」読者のネットワークを中心にして、「生活綴り方」の運動が全国に展開されました。

　この「綴方生活」は、やがて経営不振に苦しんだうえ、小砂丘の病死により、1937 年に終刊となります。「生活綴り方」教師の全国的な交流は、千葉春夫の「教育・国語教育」誌、百田宗治の「工程」（のち「綴方教室」）誌、戸塚廉の「生活学校」誌などを通して行われるようになりました。

「北方教育」、成田忠久と東北の教師たち

　秋田に「北方教育社」が創立され、子どもの綴り方を掲載する雑誌（創刊時）「草かご」、（名前を変えて）「北方文選」が創刊されたのは、「文園社」の「綴方生活」創刊と同じ年、1929 年のことです。翌年には、同社から、教師を主な読者とする雑誌「北方教育」（1930 ～ 1938）が創刊されました。その創刊号には、巻頭言として「『北方教育』は教育地方分権の潮流に依って生まれた、北方的環境に根柢を置く綴方研究雑誌」であって、「具象的な現実の中に正路を開拓する事を使命と」し、「教育全円の検

討を意図するものである」という宣言が掲載されました。「教育地方分権」という主張は、国策に沿った教育を全国へ画一的に強いることに対する抵抗を意味するものでしょう。「北方的環境に根柢を置く」という視点は、東北地方の寒冷な自然、近代的な商品生産・流通のしくみと共存するかたちで、大地主に小作料を納める前の時代からのしくみが他の地方より多く残された社会、そのなかで多くの貧困に苦しむ農民とその子どもたちが生活している実情を直視し、それに対応する教育を進めるという視点でしょう。「具象的な現実の中に正路を開拓する」という方向は、教師も子どもも、自分が直接見聞きし、体験している自分の周囲の生活の事実をあるがままにつぶさに見つめて考え、それを自分のことばで表現することによって、自分の「ものの見方・考え方」の質を高め、生活を前進させていこうということでしょう。また、「教育全円の検討」という考えは、綴り方を国語科のひとつの分野での指導として重視することはもちろん、それにとどめず、教育のあらゆる分野の方法として活用し、それをいとぐちにして教育全体を改革する展望を見出そうということでしょう。この、「北方教育」を中心とする「生活綴り方」の運動は「北方教育運動」と呼ばれ、東北地方全域に広がりました。

　秋田でこの運動を進めた人たちから「オヤジ」として信頼され、この運動に力を尽くした成田忠久は、豆腐製造業を営んで資金を調達しながら、「北方教育社」を主宰し、「北方教育」・「北方文選」の編集・発行に当たりました。成田の自宅を拠点に、秋田の教師たち、滑川道夫・佐々木昂・加藤周四郎などが「北方教育」誌によって経験や理論を交流しながら、教師のネットワークを広げていきました。成田は、1934年には豆腐製造業も廃業して、全生活・全財産を「北方教育社」に注ぎ込みましたが、1938年に破産して、「北方教育」も終刊に追い込まれ、家族一同貧困に苦しみました。

　「北方教育」を中心に、東北地方各県で、綴り方教師のグループが活動を展開しました。山形では村山俊太郎・国分一太郎などが、宮城では鈴木道太などが「生活綴り方」の実践・研究・普及に取り組み、福島でも、岩

手でも、青森でも、「生活綴り方」の運動が広がりました。新潟にも、これに呼応する動きが起こり、寒川道夫などが参加ました。

　東北６県の「生活綴り方」教師が協力して、1934年に「北日本国語教育連盟」を結成し、1935年に雑誌「教育・北日本」（「北方教育社」刊、1935～1938）を刊行し、「北方教育運動」を進めました。北日本の地域の現実という「生活台」に根ざす姿勢、社会の進歩をめざす視点でその生活の現実を認識しようとする「生活知性」、積極的にその生活の現実に働きかけていく「生活意欲」、これがこの運動を進めた教師たちの合言葉でした。

全国各地の生活綴り方運動　鳥取では、峰地光重などを顧問にして、佐々井秀緒などが「伯西教育社」を起こし、雑誌「国・語・人」（のちに「国語人」）（1933～1940）を刊行して、東北地方の教師たちとはやや違った姿の「生活綴り方」運動を進めました。「国・語・人」という誌名は「くに・ことば・ひと」の「三位一体の観念を保有する」ことを表すとしています。この誌名から、文章表現指導を手段として人格の形成をめざす視点と、地方の特殊性より全国の共通性を重視する視点とを読み取ることができます。この「伯西教育社」の同人は、「北方教育」については、東北地方の特殊性をとりわけ強調する姿勢、主として生活のきびしい面に目をむけて「暗い綴り方」を生み出す傾向、東北人の気質に執着する発想などに違和感を持ち、「生活の現実を認識し、それに働きかけていく」という考え方についても、それを実践に移した姿に疑問を呈しました。国家の政策と正面から対決する立場とはある程度の距離を置いて、「明るい綴り方」を追求しました。

　鳥取ばかりでなく、全国各地に「生活綴り方」の運動が、それぞれの特色をもって広がりました。「北方教育」については、岐阜の教師から、東北の農村の状態の主要な特徴は全国の農村に共通なのではないかという意見が出され、東京の教師から、「北方」・「南方」の対比としてとらえるより、「村落」・「都市」の対比としてとらえ、それぞれの生活の特性に対応すべきで

はないかという意見が出されるなど、いろいろな論議がかわされました。

「調べる綴り方」と
「生活文」・「生活詩」

「赤い鳥」の綴り方が「文芸的」であったことに対して、「生活綴り方」の教師たちは、生活にかかわる事実を調査して、客観的に記述することを重視しました。その調査を集団的に行い、話し合ってまとめることも試みました。これは、「調べる綴り方」(または「調べた綴り方」)と呼ばれました。野村芳兵衛は、「池袋児童の村小学校」の教科に「生活科」を設け、その内容の一部に「自然観察」という分野を置き、子どもたちに観察記録を書かせました。峰地光重は、生活の実情を見つめて記述するのにふさわしい課題を計画的に示していく「新課題主義」を提唱し、調査にもとづく客観的な記録を書くことを勧めました。秋田の滑川道夫、山形の村山俊太郎など、多くの教師が「調べる綴り方」に取り組みました。「生活綴り方」の教師という枠には入れられない人ですが、千葉春雄は、「従来の綴り方が、身辺雑記のロマンチックな文学的取材に偏してゐたが、清算されて、生活に即く科学文へと新機運が動いた」として「調べる綴り方」を推奨しました。

しかし、これに取り組んだ教師にとっても、望みどおりの結果はなかなか得られず、早い時期には、運動会でころんだことについての調査・集計にせよ、お祭りのおこづかいについての調査・集計にせよ、現象の列挙に浅い感想が添えられるような記述にとどまっていました。生活の現象の奥に調査・研究によって本質的なこと、法則的なことを見いだし、記述する「科学的」な文章にどう接近するか、多くの教師が努力を積み重ねましたが、高い到達点に達したとは思えません。

なお、「調べる綴り方」を追求する過程で、実生活を見つめて体験したことを自分のことばで書き表す「生活文」のたいせつさもあらためて確認されました。

詩人百田宗治は、北原白秋が「赤い鳥」で指導をはじめた児童自由詩を、

児童生活詩として発展させることに寄与した人です。百田は、雑誌「工程」（のち「綴方教室」）（1935〜1940）を主宰し、生活体験にかかわる対象を「よく観て」、「すなおに」、意欲的に生活する態度をもって「本気で」書いた詩を評価しました。

「生活綴り方」の周辺　千葉春夫は、1929年まで東京高等師範学校付属小学校の教師として全国の国語科の授業をリードする位置にいましたが、自由に発言できる立場で国語科の授業の研究に寄与したいという思いで退職し、雑誌「教育・国語教育」（1931〜1943）（厚生閣刊）を主宰し、また、「全日本綴り方倶楽部」（1933〜）を創立して、各地に傘下のグループを育てました。「教育・国語教育」の門戸は、「生活綴り方」の教師にも開かれており、千葉の影響下のグループから「生活綴り方」の運動に参加する教師もあり、「教育・国語教育」の誌上にも「生活綴り方」関連の報告や論稿が多く掲載されました。

　当時の国語教育関係の雑誌には、文部省嘱託の保科孝一が主宰する「国語教育」（1917〜1940）、垣内松三影響下の西原慶一が主宰する「実践国語教育」（1934〜）もあり、綴り方についての報告や論稿も多く掲載されました。

　戸塚廉らの「生活学校」、城戸幡太郎・留岡清男など「教育科学研究会」の「教育」……この両誌と「生活綴り方」とのかかわりについては、次章で触れることになります。

「生活綴り方」教師に対する苛酷な弾圧　太平洋戦争開戦の前年、1940年に内務省警保局と各県の特別高等警察は、「北日本国語教育連盟」の幹事と各県のおもな参加教師を皮切りに、「生活綴り方」に取り組んでいる全国の教師を次々と検挙し、投獄しました。検挙され、投獄された教師は300人に及び、起訴されたもの、有罪とされたものは免職になり、学校を追われました。不起訴・起訴猶予に

なったものも、特別高等警察のきびしい監視のもとにおかれ、検挙を免れたものも「生活綴り方」の考えを捨てるよう教育行政から求められました。この検挙・投獄は、1925年に制定された「治安維持法」に違反する、「コミンテルンおよび日本共産党の目的の遂行に資する行い」をした犯罪だからだというのです。思想・信条の自由をふみにじる悪法を、根拠なく恣意的に運用して、抑圧の対象を広げた行為ということができます。獄中で死去した人は10名を超え、獄中で病を得て出獄後に死んだ人も数名に及びました。

別記

○ 参考文献
「生活綴方成立史研究」中内敏夫（1970 明治図書出版）
「北方教育の遺産」日本作文の会編（1962 百合出版）
「生活綴方事典」日本作文の会編（1058 明治図書出版）
「明治図書講座学校教育 2巻 日本教育の遺産」小川太郎・海後勝雄・国分一太郎・城丸章夫・周郷博・勝田守一・田中実・遠山啓・広岡亮蔵・宮坂哲文・宮原誠一編（1957 明治図書出版）

第14章　「新興教育」の運動、「生活学校」、「教育科学研究会」

「新興教育研究所」（略称「新教」）の運動

「新興教育研究所」（略称「新教」、機関誌「新興教育」）は1930年8月に、「日本教育労働者組合準備会」の発足と同時に、それと一体のものとして、設立されました。「日本教育労働者組合」（略称「教労」）は、その年の11月に結成され、教職員の政治的・経済的要求の実現をめざして非公然の活動をすすめた労働組合ですが、「新興教育研究所」は、その「日本教育労働者組合」の広報と教育研究の分野の活動に相当する部分を受け持って、公然と活動をすすめました。その後「新興教育研究所」は、1931年2月の臨時総会で、「日本教育労働者組合」から独立した文化団体として進むことを決め、11月に結成された「日本プロレタリア文化連盟」（略称「コップ」）に加盟し、1932年1月には、教育についての理論や運動の研究・広報のための「研究所」という形を、「多くの教師などが参加する文化・教育の団体」という形に変える方向を決め、8月には「新興教育研究所」を解体して、「新興教育同盟準備会」を発足させました。機関紙「新興教育」の普及にともなって、全国各地に教師のサークルが広がりました。

　この「新興教育」の運動は、発足の当初から治安維持法による弾圧の対象になりました。1930年12月に幹部など3名が検挙されたのを皮切りに、1931年8月には運動の中心と目された教師35名が検挙され、1932年～1933年には、まず東京の教師40名が検挙され、さらに全国各県の、サークルに参加している教師たちが次々と検挙されました。1933年に検挙された教師は300名を超えました。1932年になると、「新興教育研究所」や「新興教育同盟準備会」の発行するすべての出版物の発行が禁止され、「新

第 14 章 「新興教育」の運動、「生活学校」、「教育科学研究会」

興教育」1932 年 4 月号が活版印刷最後の号になり、1933 年 6 月号が謄写版印刷の最終号になりました。こうして、1933 年には、「新興教育」の運動を組織的に展開することが困難になりました。

1933 年 8 月に「新興教育同盟準備会」は、解消を決議し、「プロレタリア科学同盟」に合流しました。翌 1934 年には、「日本プロレタリア文化連盟」（「コップ」）と、参加団体であった「プロレタリア科学同盟」も弾圧を受け、幹部の大部分が検挙され、残留幹部が各団体の解体を宣言するところに追い込まれました。

教育分野の労働組合運動の動き

ここで、「新興教育」の運動と深いかかわりのあった、教育分野の労働組合運動の動きに触れることにします。

下中弥三郎を中心とした「啓明会」（1919 年～ 1928 年）が、設立当初の 3 年間ほど日本最初の教員組合として活動し、官憲の弾圧を受けました。その後、同会は労働組合運動との関係を断って、会の性格を社会教育団体に変えましたが、運動を発展させることができず、1927 年に教員組合としての再生をはかったものの、これも成功することなく、その翌年には消滅しました。

1930 年に、東京・神奈川の教師のグループを中心に、教育研究者・教育ジャーナリストも協力して、「全日本教員組合準備会」が発足しましたが、座談会も講演会も開会と同時に警察から解散を命じられ、参加者は転任や退職を強要され、2 か月ほどで活動停止に追い込まれました。それで、公然と活動することが困難だという考えに達した設立メンバーは、非公然の組織として、8 月に「日本教育労働者組合準備会」を発足させ、11 月に非公然の「日本教育労働者組合」を設立したのです。この組合は、運動方針を表す文書を、個人の意見を述べた研究論文の形にして、公然と活動している「新興教育研究所」の「新興教育」誌上に掲載しました。教師の労働組合は、教師の日常的な経済的・政治的要求の実現と「完全なる解放」、

子どもたちの物質的・精神的生活の擁護と「資本家地主教育撲滅・プロレタリア教育建設」、労働組合・農民組合との連携、全国的・国際的連帯をめざすべきだという趣旨でした。各地に「新興教育」読者会が作られ、それを母体として、非公然の組合支部が組織されました。労働組合の非公然の全国的組織「日本労働組合全国協議会」(略称「全協」)支持を決議しましたが、ただちに加盟することはできませんでした。

「日本労働組合全国協議会」は、労働組合を、製造・運輸など生産の分野で産業別に組織することに力を入れていましたが、消費・流通・金融・医療・公務などの分野、事務系の職種などの労働者については、職種ごとの特殊性を考慮せず、職種の違いを超えた共通性を重視して、「日本一般使用人組合」という一つの組合に統合する方針でした。それで、教育労働者も「一般使用人」と見なされ、「日本教育労働者組合」が教育分野の全国組織として加盟することが認められませんでした。それで、「日本教育労働者組合」は、職種の違いを超えた労働者の連帯を重視して、1931年5月に、「日本一般使用人組合」に合流し、本部や地域の組織のなかに「教育労働部」をつくって運動を進めることになりました。「新興教育研究所」が「日本教育労働者組合」から独立した文化団体として進むことになった背景には、組合がこのように進もうとしているという事情があったのです。「日本一般使用人組合」に合流したことは、教育分野以外の労働者との、労働者としての要求の共通性にもとづく運動の推進という点では、進んだ面があった反面、教育の分野独自の課題に全国的な視野で対応することが困難になるという事態も生まれました。「教育労働部」の組合員から「教育労働者の特殊性」(子どもたちの成長発達、教育の内容・条件整備・制度などについての課題に取り組むこと)を重視してほしいという意見が出され、本部がいったんはそれを受け入れて、1931年11月から1932年5月までの間、本部の「教育労働部」に「書記局」を置いて、教育分野の運動の全国的な連絡や交流、機関誌の「教育労働版」の発行を行うことが許されましたが、「教育労働者の特殊性」の重視が組合全体の中央集権的な

第 14 章 「親興教育」の運動、「生活学校」、「教育科学研究会」

運営をそこなうという観点から、「教育労働部書記局」の解消が議決され、組合全体として学校教育の問題を重視することになりませんでした。このことが、各地方の「教育労働部」や「新興教育」の運動に加えられた弾圧への対応が不十分だったことの一因と考えられています。1932 年から 1933 年にかけてのはげしい弾圧によって、全国各県の組合員も、組合の「影響下」にある教師も次々と検挙され、多くの教師が拷問を受けたり、学校を追われたりしました。官憲の弾圧は労働組合運動全体に対して加えられ、1933 年には、「日本労働組合全国協議会」も、「日本一般使用人組合」も、その「教育労働部」も壊滅するに至りました。

プロレタリア文化運動の動き 「新興教育」の運動とかかわりのあったプロレタリア文化運動の動きについても補足しておきます。

1927 年に、文学・演劇・映画・美術・音楽・写真 6 分野の、労働者階級の立場に立つ芸術の創造・普及をめざす団体が合流して、「全日本無産者芸術連盟」(略称「ナップ」) を結成し、機関誌「戦旗」を刊行して、運動を進めました。同年の暮れに「全日本無産者芸術団体協議会」(略称「ナップ」) と名を変え、各分野の団体の活動の充実をはかりました。

1929 年に、マルクス主義の立場に立つ科学研究者が「プロレタリア科学研究所」(略称「プロ科」) を設立しました。同研究所は、研究成果の交流や外国の文献の紹介などで運動の前進に寄与しました。同研究所に参加している教育研究者 (山下徳治、浅野研真など) は「新興教育研究所」の設立に協力し、参加しました。

1931 年には、「ナップ」に参加してきた芸術分野 6 団体を中心に、「プロレタリア科学研究所」も、「新興教育研究所」も参加し、ほかに産児制限を推進する団体、国際語エスペラントを普及する団体、宗教分野で無神論を広げる団体も加わって、11 団体からなる新しい文化運動の団体「日本プロレタリア文化連盟」(略称「コップ」) が結成されました。

この団体は、芸術・文化の創造・普及に積極的な活動を展開し、工場や農村などに文化のサークルをつくることを推進しました。しかし、発足した矢先から治安維持法による弾圧を受け、機関誌「プロレタリア文化」の発行が禁止され、参加者があいついで検挙され、小林多喜二が虐殺され、参加団体が解体に追い込まれるという経過を経て、1934年には消滅に至りました。

「新興教育」運動での教育研究・「ことば・読み書き」指導研究

　「新興教育研究所」は、創立宣言のなかで、当面の任務を「反動的ブルジョア教育の克明なる批判とその実践的排撃」、「新興教育の科学的建設とその宣伝」としました。一つは、現に学校などで行われている教育について調査・研究し、大資本・大地主の利益に奉仕するような教育を国家権力によって強制して、子どもたちの健全な発達を妨げている実情を告発することです。これは、現場の教師の実践で、子どもたちへの被害を少なくする努力に結びついています。もう一つは、労働者・農民が大資本・大地主の収奪、国家権力の専制から解放される時期、自分たちの利益を代表する勢力が国家の運営に当たり、社会の進歩をおしすすめる時期に、どのような教育が実現されるべきかを明らかにすることです。これは、その時期に至らないときにも、教師などがそのうち正当で可能な部分を現実のものとする努力に結びついています。

　このような視点に立つ教育運動は、はじめから弾圧の対象になり、十分な展開を見る以前に壊滅させられましたが、私は、このような運動が出発したこと自体に大きな歴史的な意義があったと思います。そして、戦後の民間教育運動のなかにこの運動を継承するものがあり、戦前とは違った条件のもとで、教育の研究と実践を発展させていることを確認したいと思います。

　1931年6月の「新興教育」誌上には「新興教育研究所」の「研究プラン」が掲載され、教育をいろいろな角度から全面的に研究していく構想が

第 14 章 「親興教育」の運動、「生活学校」、「教育科学研究会」

示されました。そのなかには、「教科と教授法（A）教科目の研究——倫理、言語、地歴、自然科学及び数学芸術（図画、唱歌、手工、児童、学校フィルム等々）スポーツ、其他　（B）教授法の研究」という部分があって、「読み書き」や「ことば」の指導の内容や方法も研究課題とされています。研究部会として、1930 年に「学齢児童研究会」、1931 年に「初等教育研究会」・「中等及高等教育研究会」が置かれ、貧困と学力（劣悪な環境と学力の不足との関連、どんな学力が必要か）の問題の解明や「ソ連」の学校の教科の紹介などに研究の進展が見られましたが、各教科、「読み書き」や「ことば」の指導の内容や方法について研究が深められるには至っていません。その後、運動に参加した教師などが研究や実践の結果を報告していますので、その一端を見ていくこととします。

「新興教育」1931 年 12 月号に、国定教科書「尋常小学国語読本」（いわゆる「ハナ・ハト読本」）の教材の、内容についての批判と、扱い方についての意見を述べた報告が 2 編掲載されました。「児童芸術教育研究会」名の「『小さなねぢ』の階級性」と、「島野雄二」名の「国語読本の取扱ひ方について—教材・巻六・第一『俵の山』—」です。

「小さなねぢ」は 6 年生後半期用の教材で、自分の存在意義を自覚できないでいた小さなねじが、町長の時計の、故障の原因となった古いねじと取りかえられて、重要な部品として使われ、満足したという話です。報告者は、この話が、高齢の労働者が馘首され、かわりに若年の労働者が雇用されることを当然のこととし、雇用されたものが与えられた労働条件に満足して働くことをよしとする話としてとらえ、資本家の利益に奉仕する教材として告発しています。扱い方については、文章のなかに出てくる「世間」ということばや「不足はなささう」ということばを手がかりにして、教師の意見を対置し、子どもの思いを教師の意見に同意する方向へ誘導するようなやりかたや、取り外されたねじが屑箱のなかでぜんまいなどとともに箱を壊して飛び出し、町長などを負傷させるという後日譚を創作して語り聞かせることなど、私には適切と思えない方法が提案されていますが、そ

れは、子どもたちに自分と同じ世界観を早く持たせたいと願う気持ちからのあせりによるものでしょうか。

「俵の山」は3年生後半期用の教材で、土間に米俵が積み上げられている、収穫期の農家の情景を子どもの視点で描いた文章です。10俵の山が二つできていて、稲こきに出ている家人が帰れば、三つ目の山ができることが期待され、留守番のおじいさんも子どもも喜んでいるようすが描かれています。報告者は、この農家が「富裕な自作農」と思われると述べ、多くの小規模の自作農、貧困な小作人の、この時期の困苦に満ちた実情と大きく隔たっていることを指摘しています。授業では、担任学級の農家の子ども（学級の子ども44名中5名、すべて小規模な自作農と貧困な小作人の子ども）に「田の面積、自分の田か借りている田か、何俵とれるか、地主に何俵納めるか、何俵売るか、自分の家で何俵食べるか」などの調査を求め、その結果を印刷して配り、教科書の文章と対比しながら、学級全員で話しあうのです。教科書に書いてあるようすと違うこと、「自分のところで作った米を一粒も食べない」家もあること、父も母も一生懸命働いているのに生活が苦しいことなどが語られ、その原因や解決の方法などについても子どもたちの意見が出されたという報告です。この授業には、文章の内容を、子どもたちが実際に見ている事実と突き合わせて考えるという視点が貫かれています。

「新興教育」の運動の推進者のひとり黒滝チカラは、国定教科書の扱い方について、①走り抜け法（「通過」法）、②読み替え法（「逆説」法）、③つけ入り法（「転換」法）、④見くらべ法（「対比」法）、⑤見とどけ法（「暴露」法）、⑥さし示し法（「直視」法）、⑦掘り下げ法（「活用法」）、⑧書き替え法（「改作」法）という、批判的な対応の類型をあげています。ここから、この運動に参加した多くの教師が国定教科書の教材への批判的な対応に多様な工夫を積み重ねたことがうかがわれます。そのなかで、教材の主要な内容について、批判的な態度を裏づける事実や、筋の通った論理を、対話や文書で対置して、考えさせることが試みられていますが、示された事実や

第 14 章　「親興教育」の運動、「生活学校」、「教育科学研究会」

論理が子どもたちに確認・納得できるものであれば、これが基本的な方法でしょうか。教師の批判的な意見を率直に述べて、それに同意するかどうかを問いかけることも試みられていますが、子どもの発達の度合いが教師の世界観を受けとめるところに達しているかどうかに問題があるのではないでしょうか。消極的な対応として、否定的な内容が定着しないように「軽く」扱うことも試みられていますが、やむをえないことと思われます。

　神奈川県平塚の小学校教師脇田英彦は、4 年ほどの教育活動ののち、1931 年、治安維持法違反で検挙され、懲戒免職・免許状取り上げで職場を追われました。3 回検挙・投獄されましたが、獄外で労働組合の幹部として活動し、獄中で非転向の日本共産党員として信条を貫きました。獄中で肺結核にかかり、1941 年 31 歳で病没。この脇田が、2 回目に投獄された豊玉刑務所で、1933 〜 1934 年ごろ、「手記」として、自分の教育についての意見を書かされました。それを司法・文部当局が（多少手を加えて）資料として部内で刊行しました。この「手記」には、各教科の国定教科書についての全面的な批判や、いくつかの教科についての自分の教育実践の方針が記されています。教科書については、国家が教科書を著作することの可否、「修身」の徳目、「国史」の歴史観、「地理」や「理科」の教材の非体系性などについて批判的な意見を展開しており、「国語読本」については、「サクラ読本」が低学年で「児童主義的」だと評価しながら、登場する子どもが「都市中流以上」の家庭のものばかりで、多くの労働者・農民の子どもの生活が反映していないこと、「人間的生活」を表現することに努力した文学的教材をもっと重視すべきなのに、文学的教材では表現技巧に力点が置かれていること、高学年の教材であるほど「政治的意図」が多く含まれていることなどを指摘しています。国語科の授業の方針については、「生活を取り巻いて居る処の事物を正確に発音しそれを現す文字を理解し、その文字的表現を可能にし、生活に発生する思想を発表するの能を得せしめ、他人の思想を理解せしむる様にすることが必要である。そしてそれらを通じて階級闘争に蹶起せしむる事……」、「文字・語句・文章の

理解習得は凡てプロレタリア貧農児童の生活の中からその中に於て為さしむ」と記しています。ここには、現実の生活の事実に即して、口頭および文章の、表現および理解の能力を高めるという原則が宣言されています。そして、その延長上に、子どもたちが将来社会進歩をめざす政治的行動をになうことを期待する思いが述べられています。読み書きなどの学力は、すべての子どもたちが生活していくうえで必要なものですから、そのような政治的な成長を遂げる子どもたちにとって、政治的成長の必要条件であることに違いはありません。しかし、この思いは、学校教育に対する期待、学校のすべての子どもたちへの期待としては、過大だったのではないでしょうか。

「新興教育」の運動に参加した長野県の教師は、各地域で教育研究サークルの活動に取り組み、協力して「児童無産者教育教程」の編纂に着手しましたが、完成を見ないうちに弾圧を受け、運動そのものの消滅を迎えました。「新興教育同盟準備会」の青森支部は「各科の教授方針」という文書を 1933 年に作成しましたが、不十分なところを全国的な検討で補強しようとする取り組みの途上で、弾圧によって運動が壊滅するに至りました。

学校教育の外で、地域での労働組合運動や農民運動とかかわって、社会科学などの学習・教育のサークルが各地に作られましたが、そのなかに、成人を対象にして、文字を学び、読み書きの力量を高めようとするサークルの取り組みもありました。学校のなかで「学級自治会」や「(学校全体の)児童自治会」に取り組む活動とともに、学校のそとに労働組合運動や農民運動などと連携する「少年団」(ピオニール)を育てる活動も進められ、「プロレタリア児童文化」、「プロレタリア児童文学」の創造・普及の活動も展開されました。「新興童話作家連盟」(機関紙「童話運動」)、「日本プロレタリア作家同盟児童文学班」の活動に続いて、雑誌「少年戦旗」(「全日本無産者芸術連盟」機関紙「戦旗」付録、のち「戦旗」から独立)には、多くの作品が掲載され、影響を広げましたが、これらの活動もすべて弾圧を受け、消滅することになりました。

第14章 「新興教育」の運動、「生活学校」、「教育科学研究会」

「生活学校」と戸塚廉　「新興教育」の運動に参加していた静岡県の小学校教師戸塚廉は、弾圧によって職場を追われたとき、尊敬し指導を受けてきた野村芳兵衛をたよって、「池袋児童の村小学校」の講師の職につき、野村が主宰する同校「生活教育研究会」の雑誌「生活学校」の発刊に当たって、編集の実務を担当することになりました。1935年発刊の当初、同誌は、「池袋児童の村小学校」の「生活教育」の理念（野村の考え）に理解を求めることに主眼がありました。

その時期、都市富裕層の理解者の援助を支えに存続してきた「池袋児童の村小学校」は経営の危機に陥っていました。教師のあいだでは、野村の方針を支持・推進するものと、それと対立するものとの争いも強まっていました。その結果、「自由教育運動」を引き継いで発展させた同校は、1936年に閉校となり、野村も同校を去りました。

戸塚は、校内で野村を支持しながら、野村の論調が国策に従う方向に変化していると感じて、それに不満を持っていました。また、きびしい統制のもとで苦しむ、全国の公立学校の教師をはげます雑誌にしたいという思いを持っていました。それで、野村のもとで編集実務にあたりながら、「生活学校」誌が「池袋児童の村小学校」からも、野村の考えからも独立して、同校閉校後も存続するよう、同じ思いの人たちの協力を得て、準備を進めていました。野村は、それに反対する意向をもっていましたが、最終的には戸塚の考えを容認しました。

戸塚と、「新興教育」の運動に参加し、出獄後慎重な発言を余儀なくされている人たちを中心とする、戸塚に協力する人たちは、東京帝国大学教授で心理学研究者の城戸幡太郎を顧問に迎えて、1936年秋「生活学校」の「新しい出発」を宣言しました。同誌は、その号の巻頭言で、私立学校の雑誌としての制約を脱して、全国の教師の現場の悩みをともに悩み、経験を交換し、方策をねり合う場にしたいという思いを述べています。

「生活学校」誌は、「生活綴り方」に取り組んでいる教師、「新興教育」の運動にかかわったり、その影響を受けたりした人たち、戦争への動きに

協力したくない思いの学者・文化人などに支持され、普及されました。誌上では、子どもの文化の創造・普及、子どもの校内の自治会や校外生活の指導のあり方、各教科に科学・合理性をという主張、日本語の表記法改革についての論議など、多様なテーマで意見が交換されました。

「生活学校」誌上などでの二つの「生活教育」論争

「生活学校」誌を中心として展開された二つの論争について触れておきます。

一つは、野村芳兵衛と、「新興教育」の運動に以前参加していた教育研究者小川実也との「生活教育」についての1935～1936年の論争です。野村は、仕事も休息も遊びも、子どもの前に同等に生起する「生活」の事実としてとらえ、それを見つめさせ、考えさせることを「生活教育」の基本と考えていましたが、小川は、労働と、労働力の再生産にかかわる休息や遊びとの性質の違いに注目して、労働を中心に、人間の「生活」を科学的にとらえる目をどう育てるかに「生活教育」の本来のあり方を見ました。

もう一つは、「生活綴り方」の教師たちに対する留岡清男の激烈な批判と、それをきっかけに多くの人が参加した1937～1938年の論争です。岩波書店発行の雑誌「教育」の編集に城戸幡太郎などとともに参加していた教育研究者留岡は、「教育」誌上に載せた論稿で、「生活綴り方」の指導で、子どもの直接体験を文章に表現させ、教室で読み、話しあうことは、「鑑賞に始まり、感傷に終る」だけだとして、「生活綴り方」の限界を指摘しました。「生活学校」と「教育」との両誌上などで続けられた論争で、留岡も、綴り方が教師にとって個々の子どもについての理解を深めるうえで重要であることを認めていますが、教科の枠組み、各教科の内容を含めて、教育全体を合理的なものに改革しなければ、人々の最低限の「生活」を保障することにつながる教育にならないことを主張します。これに対する反論は、「生活綴り方」の限界を認めつつ、文章表現の基礎的学力を、直接体験できる事実に即して向上させること、抽象的な知識を具体的な事実から切り

離して記憶させる「つめこみ」教育にしないことなど、「生活綴り方」の積極面の評価を求めるものでした。両論争ともに決着がついてはいませんが、意義のある論争だったのではないでしょうか。

「生活学校」誌は、この時期に戦争への動きや言論抑圧の強化をよしとしない人々に期待される存在でしたが、原稿料無料の執筆、赤字覚悟の刊行など、執筆者・出版社の犠牲的な協力をもってしても経営上の不振を免れず、1938年に停刊に至りました。

停刊にあたって、同誌は、読者に対して、前年に発足した「教育科学研究会」への参加を呼びかけました。

「教育科学研究会」の活動と弾圧による教育運動の壊滅

1933年に創刊された岩波書店発行の雑誌「教育」は、城戸幡太郎・留岡清男を中心とするスタッフによって編集されていましたが、この編集スタッフと同誌読者との交流を土台にして、1937年に「教育科学研究会」が発足しました。1940年に発表された「会」の綱領は「教育の科学的企画化」、「教育刷新の指標確立」、「教育研究の協同化」、「地方教育文化の交流」、「教育者の教養の向上」の5項目をあげています。この綱領の文面にも、この会がかかえている複雑な性格が表されています。この「会」は、主観的な教育理論を批判して、実証的・科学的な教育研究を協同して進めたいという研究者の思いを土台にして結成されました。雑誌「教育」の読者の多くは、現場で悩みながら教育に当たっていた教師ですから、「会」は、その教師たちと、科学の目で教育研究を進め、それによって教育を改革したいと望んでいる研究者との交流の場になりました。しかし、両者の思いがなかなかかみ合わなかったことは、「生活綴り方」をめぐる論争の経過にも表れています。「会」の指導的な理論家であった留岡は、近衛文麿周辺の「昭和研究会」などによる、「新体制」をめざす動きに期待を持っていました。侵略戦争を進める政策、重化学工業の急速な成長を促す政策、国民の生活を権力によって統制する政策に協力しな

がら、その政策の枠のなかで、各種の施策を合理的、科学的なものに改革しようとする動きです。留岡の教育政策論は、この「新体制」への動きのなかで教育の改革を進めようとするものでした。この時期、戦争と統制に抵抗したいと思う人たちは、自分の考えを公然と率直に述べる自由をすでに失っていましたが、科学や理性からかけはなれた教育の強制に対するせめてもの抵抗として、「教育に科学を」という理性的な側面を持つこの運動に参加したのです。

「会」には多くの研究部会が置かれ、それぞれ研究活動を進めました。そのうちの「言語教育部会」では、綴り方の授業の検討、綴り方の作品の分析、教科書の語彙の調査など、各種の実証的な調査分析の努力が試みられましたが、実践に結びつく理論的な到達には至らなかったといえます。

1937年、盧溝橋事件をきっかけに中国全土への侵略戦争が開始されました。1938年には、「国家総動員法」が制定されました。翌年の1939年、ドイツ軍のポーランド侵攻によって第2次世界大戦となり、1940年には、「新体制」推進を掲げる第2次近衛内閣が日本・ドイツ・イタリア3国の軍事同盟を結びました。この年、「大政翼賛会」や「産業報国会」などが発足し、隣組がすべての地域に作られ、全国民が戦争推進のための組織に組み込まれました。1940年から1941年にかけて、「教育科学研究会」も、「大政翼賛会」参加をめぐって激烈な議論となり、参加して合理的な主張を実現しようと考える人と、参加しないで研究の自由を守ろうと考える人とに割れました。そして、1941年には、「生活綴り方」の教師に対する弾圧とともに、全国の「教育科学研究会」関係者多数に対しても、「大政翼賛会」参加の人たちにも及んで、いっせい検挙の弾圧があり、「会」は、大きな痛手を受けました。その結果、「教育科学研究会」は解散を余儀なくされました。そして、1941年の12月、「太平洋戦争」の開戦となります。なお、岩波書店の「教育」誌は、用紙の割り当てを断たれて、1944年に刊行停止になりました。

第 14 章 「親興教育」の運動、「生活学校」、「教育科学研究会」

別記

〇参考文献

「日本教育運動史 1・2・3」井野川潔・川合章／黒滝チカラ・伊藤忠彦／菅忠道・海老原治善編（1960 三一書房）

「日本の教育遺産」川合章（1993 新日本出版社）

「明治図書講座学校教育 2巻 日本教育の遺産」小川太郎・海後勝雄・国分一太郎・城丸章夫・周郷博・勝田守一・田中実・遠山啓・広岡亮蔵・宮坂哲文・宮原誠一編（1957 明治図書出版）

「新興教育運動の研究」柿沼肇（1981 ミネルヴァ書房）

第15章　橋本進吉と学校文法

橋本進吉のしごと　橋本進吉（1882〜1945）は、東京帝国大学国語研究室でながらく上田万年教授・保科孝一助教授の助手を務め、上田・保科退官後、この二人の日本語研究分野の後継者として、1929年に東京帝国大学教授に就任しました。橋本の研究業績の最大のものは、古代日本語の音声についての画期的な発見です。本居宣長門下の石塚龍麿（1764〜1823）が「仮名遣奥山路」（1798）という本で、「万葉集」などに見られる古代日本語の、漢字による表記で、音節「え・き・け・こ・そ・と・ぬ・ひ・へ・み・め・よ・ろ」に対応して「甲類・乙類」2種類の漢字があり、厳格に使い分けられていることを明らかにしました。たとえば、「君」の「き」には「伎・岐・吉」など（甲類の字）が使われるけれども、「紀・気・貴」など（乙類の字）は決して使われることなく、「月」の「き」には「紀・気・貴」など（乙類の字）が使われるけれども、「伎・岐・吉」など（甲類の字）は決して使われることがありません。石塚は、その事実を発見したのですが、そのような使い分けの理由を明らかにできませんでした。橋本は、この区別が当時の母音の違いによるものであることを明らかにし、その音価も推定し、綿密な調査を行って石塚の研究の細部に訂正（「ぬ」を「の」となど）を施し、石塚の業績を再評価しました。この橋本の著作「国語仮名遣研究史上の一発見」（1917）、「上代の文献に存する特殊の仮名遣と当時の語法」（1931）、「古代国語の音韻について」（1942）は、その後の古代日本語研究の発展に大きな貢献となりました。

　橋本進吉が研究者として公にした日本語文法についての体系的な著作は1934年の「国語法要説」（明治書院「国語科学講座」所収）だけなので、

第 15 章　橋本進吉と学校文法

この章では、主としてこの本について紹介し、論評することになります。なお、橋本の著作集には、この著作のほかに、文法についての、いくつかの論文や講義の草案や記録も収められています。

国定教科書「中等文法」と橋本進吉

中学校・女学校など中等学校の教科書が「国定教科書」になったのは、1944 年のことで、最初の文部省著作の文法教科書「中等文法」は、橋本進吉の指導のもとに、門下の岩淵悦太郎が執筆したものです。岩淵は、橋本著作集（1946）の解説に「先年、中等学校の教授要目が改定されたのに伴って、国定教科書として『中等文法』が編纂されたが、その際、博士はその指導に当られ、博士の学説は教科書中に相当反映してゐる」と書いています。そして、この「中等文法」が、その後の中学校教科書の文法教材の原型になり、今日でも、検定教科書は、執筆者による部分的なアレンジはあっても、橋本の所説を土台にした、文部省著作「中等文法」の、品詞分類や活用の扱い方などの大枠をはみださないように作られています。だから、今日の学校文法の基調になっている、橋本の日本語文法についての所説を検討することは、避けて通れないことです。

橋本進吉の文法学説の概要

橋本進吉の文法学説の特徴は、文法に関する事象のうち大槻文彦が「広日本文典」で記述の対象としたものとほぼ同じ範囲のものを対象にして、文法的な「意味」についての考察をできるかぎり排除し、「音声」についての、「形式」上の特徴を目印にすることを最大限に重視して、日本語文法の体系を説明しようとしたことです。文法の研究は、本来、文法的な「意味」が、どのような「形式」で表されるかを（「単語」を起点として、および、「文」を起点として）体系的に明らかにすることですから、文法的「意味」を極端に軽視したこのような学説は、「文法」ではないといっても、言い過ぎでない

と思います。

　橋本進吉の文法論の概要を紹介しましょう。

1）橋本進吉は、まず「文」・「文節」・「語」という３種類の単位を認定します。「文節」という単位を導入したことが、橋本文法の特徴の一つです。

2）「文」は「内容から見れば、……纏まった完い思想を表はすもの」であるが、「外形上の特徴としては、前後に必ず音の切れ目があり、終に特殊の音調が加わる、音の連続である」としています。

　「文　sentence」ということばの単位は、本来〈一連のことがらと、そのことがらに対する話し手の態度とを統合して表現する〉もので、特定の話し手が特定の場面で発したことばとして見れば、具体的な口頭表現・文章表現の単位であり、そのことばを話す社会に共通することばの特徴を抜き出して認識したものとして見れば、文法上の単位です。そのような「文」の内容上の特徴に目を向けず、何をもって「纏まった完い思想」というかを不問にして、「前後に必ず音の切れ目がある」という外形に注目を集めるとらえ方は、一面的だといえます。たとえば、「火事！」という文は、〈火事〉ということがらを、〈感情の強い動きを込めて話し手が相手に伝える〉ことばですが、橋本文法では、そのようなことには関心が薄く、「前後に必ず音の切れ目がある」こと、「一定の音調（イントネーション）が伴う」こと、このばあいひとつの「文節」でひとつの「文」を構成するということに着目するばかりです。

3）「文節」は、「文を実際の言語として出来るだけ多く句切った最短い一区切り」であるとしています。「文節」は、「一定の意味をもってゐる」が、これを「形の上から見れば、①一定の音節が一定の順序に並んで、それだけはいつも続けて発音される、②文節を構成する各音節の高低の関係（アクセント）が定まっている、③その前後に音の切目をおく事が出来る、④文節の最初の音、最後の音とその他の音との間に、それぞれ違った制限がある（たとえば、「ガギグゲゴ」の子音は文節の最初では有声破裂音、其の他の位置で鼻音。文節の最後の音は母音また

は「ン」音）という特徴があり」、「文を構成する成分（組成要素）である」としています。

　西洋の文典のことばの単位で、橋本文法の「文節」に近いものは、「word（単語）」だといえます。「word（単語）」は、通常、「語彙的意味」と「文法的意味」とを合わせて表現し、文を構成する成分になります。たとえば、「Dogs barked.（犬が　吠えた。）」という文で、「dogs（犬が）」と「barked（吠えた）」とは、それぞれ、橋本文法の「文節」の定義に当てはまる「前後に音の切目をおく事が出来」る、「文を構成する成分（組成要素）」です。ここで「dogs （犬が）」は〈犬〉を「語彙的意味」として表しているのと同時に、〈((次に述べる) 動きを行ったもの (主体) であること〉をも「文法的意味」として表していますし、「barked　（吠えた）」は〈(その犬の) 吠える動き〉を「語彙的意味」として表しているのと同時に、〈それが過去において行われた動きであること〉、〈そのことを話し手が肯定して断定する態度で表現していること〉をも「文法的意味」として表しています。橋本文法は、このような「意味」には関心を持たず、「前後に音の切れ目をおく」ことができるかどうか、その「文節」があとの「文節」に続くか、それとも、「切れる」（その「文節」で「文」が終わる）かに着目するばかりです。

　なお、橋本文法では、「文節」を「文を構成する成分（組成要素）」としていますが、「文節」と「文節」とのあいだに、それから、「文節」と「文」とのあいだに、どんな関係があると見ているのかについては、別項「7)」で取り上げることにします。

4)「語」は、大槻文彦が「広日本文典」で「単語」と呼んだものに対応しますが、大槻もこれに定義を与えていませんし、橋本も適切な定義を与えることができませんでした。一応「意味をもってゐて、（一つ、または二つ以上で）文節を構成する、言語の単位の一種」としていますが、これでは、どんな単位なのかが不明確なので、定義になりません。それで、橋本は、「語」に属するものの内訳をあげて、ただし書きをつける

ことで定義のかわりにしています。そのなかみは、「第1種の語（「詞」と名づける）」は「それ自らで一文節をなし得べき語（「山」・「思ふ」など）」、「第2種の語（「辞」と名づける）」は「常に第1種の語に伴ひ、之と共に文節を作るもの（「を」・「です」など）」。「第1種の語（「詞」）は独立し得る語であるが、第2種の語（「辞」）と共に文節を作った場合には独立を失ったことになる。」「一の語の形を構成する諸音節及びそのアクセントは、普通一定してゐるが、他の語と共に文節を作る場合には、多少変化する事がある。」……というようなことです。

　なお、橋本は、「禿げ頭」（「禿げ＝」と「＝頭」との「複合語」）・「ご本」（「ご＝」は「接辞・接頭辞」）・「私たち」（「＝たち」は「接辞・接尾辞」）・「ほの＝めく」（「ほの＝」は「語根」）など、「語構成」について論じたあと、「第2種の語（辞）」と「接尾辞」との違いに言及しますが、これは微妙な説明に終始します。「第2種の語（辞）」のうち「従来の文法」で「用言に附く助動詞」とされてきたものは、「その（文節を構成する上での）性質が接尾辞と区別し難く、むしろ接尾辞に収むべきで」あり、「純理の上から云へば、この方が正当であるやうに思はれる」としながら、「助動詞は、その附き方が自由で規則的である点は、慣用ある語にしか附かない他の接尾辞と違ってゐる」とし、「之を接尾辞として取り扱っても、他の接尾辞と多少区別する方が穏当でもあり、便利でもあらう」としながら、結局、「第2種の語（辞）」と「接辞」との「両者の別が根本的のものでなく、むしろ程度の差に過ぎない」として、結局は「従来の文法」に従って「助動詞」を「語」として扱うことにするのです。山田孝雄の扱いと大槻文彦の扱いとに対して、どっちつかずの「理論（？）」を述べて、結論としては、大槻の扱いを選んだということでしょうか。

　国学系の文法研究では、「てにをは」が「文法的意味」を担い、「てにをは」を取り除いた部分が「語彙的意味」を担うという、正確であるとはいえない認識が伝統になっていました。（本居宣長が、「係り結び」の研究で、「ぞ」や「こそ」などのつかない「徒の係り」を対象にして、

「てにをは」なしのことば〔bare form はだかの形〕の「文法的意味」を追求したことはありますが、この観点での研究は十分な展開を見なかったといえます。）それで、国学の「てにをは」研究は、橋本のいう「文節」に当たるものをうしろから見て、共通する「かな」を切り取り、そのひとつずつの「文法的意味」を記述するというやり方をします。「取りき・見き・建てき……」などから、「＝き」を切り取り、「＝き」は「話し手が直接おこなったり、見たりして体験した過去の動き」を表すと（「＝けり」が「伝え聞いた過去の動き」などを表すことと対比しながら）説明するというようなことです。その結果、切り取った残りのことば「取り＝・見＝・建て＝……」などは、「語彙的意味」を表す部分と見なされ、「取る・見る・建つ」の〈末尾のかなが、次のことばに続くために、別のかなに変わっただけのもの〉という扱いになります。（口語について見れば、このことの不合理はいっそうはっきりします。「取った」の「取っ＝」の「トッ」という音が意味を持っているとはいえないでしょうし、「行こう」の「＝う」は「コー」という長い音節の後半の「ー」の部分であって、それだけでは発音もできず、これを切りとって「語」とすることなど、無理なことではないでしょうか。）そして、うしろに小さなことばを伴うことなく単独で使われている形のことば「取る」が、「取らむ（「意志」などを表す）」・「取れ（「命令」を表す）」と対比すると「断定」を表し、「取らず（否定）」と対比すると「肯定」を表し、「取りき・取りけり」と対比すると「いつでもの動き、または、これからの動き」を表すなど、多様な「文法的意味」を表現することなどに目が向きません。そして、この「取る」など、「語彙的意味」と「文法的意味」とを合わせて表すことばと、「取ら＝・取り＝・取れ＝」など、うしろのことばを切り取った結果として、その音をそれだけ耳で聞いても意味のわからなくなった、ことばの切れ端とを（同じものと見なして）同列に並べて、「切れるか続くか、続くとすれば、どんなことばに続くか」

を調べ、「かな」の入れ替わりを表に示す作業をすることになります。

　第２種の語（「辞」）を「第１種の語（詞）」から切り離して同等の単位として認め、また、尻を切られ「独立を失」って切れ端となったことばをも「第１種の語（詞）」と同等の単位として認めるということは、不正確な認識にもとづく伝統に依存して、西洋文典に含まれている普遍的な視点を日本語の性質に即して導きいれることをその核心において拒んだことであり、この分野での文明開化を退けたことになると思います。

５）国学系の文法研究では、たとえば、「取る」など「語彙的意味」と「文法的意味」とを合わせて表すことばと、「取ら＝・取り＝・取れ＝」など、うしろのことばを切り取った結果として、その音をそれだけ耳で聞いても意味のわからなくなった、ことばの切れ端とを同じものと見なして、同列に並べ、「切れるか続くか、続くとすれば、どんなことばに続くか」による「かな」の入れ替わりかたを調べ、五十音順などを基準にして表示することを、「活用」研究として重視してきました。冨士谷成章（1738～1779）、本居宣長（1730～1801）・本居春庭（1763～1828）父子、鈴木朗（1764～1837）、東条義門（1786～1843）などによって「活用」の表が仕上げられ、落合直文・小中村義象の中等学校用教科書「中等教育日本文典」（1890）などによって広く普及されました。大槻文彦も、「広日本文典」のなかに、多少の手直しを加えながら、この種の「活用」の表を取り入れました。橋本も、伝統的な活用表をほぼそのまま取り入れたのです。

　橋本は、「活用とは、語に付属的の意味を添加し、又は語に独立し得ぬ語を附けて或意味を添加する為の語形変化の体系である」と定義し、その「語形変化」の「種々の違った形」を「活用形」とし、その「活用形の用法」として、第一に「他の語の力を借りず、それだけで或意味を表はすもの」（「行き、…」「行く。」「行く（→所）」「行け。」など）をあげ、第二に、「助詞・助動詞に附く為の形として用ゐられるもの」をあげています。この第二の用法について「活用形それだけとしては意味を

表はさないもの」(「行かない」の「行か＝」・「行けば」の「行け＝」・「行かう」の「行か＝」などは、それ自身としては「否定」・「仮定」・「意志」などを表さない、ただ「＝ない」・「＝ば」・「＝う」に続くためだけのもの）だということを付記しています。

　「活用形」の名称を文語について「普通の文法に認められた、未然・連用・終止・連体・已然・命令の六活用形」とし、口語にも文語の「六活用形」を「あてはめ」ます。ただし、口語では文語の「已然形」を「仮定形」といいかえます。これでは、「未然形」・「已然形」・「仮定形」などという名称は、「活用形それだけとしては意味を表はさない」とした橋本自身の意見と整合性をもちませんし、「文語」の活用表を「口語」にも「あてはめ」た結果、「連用形」という一つの活用形の枠に「取り」と「取っ＝」という二つの「語形」が押し込められる一方、「取る」という一つの「語形」が「終止形、連体形」という二つの活用形の枠に分散・重複して収められるという、「口語」の実態からかけ離れた扱い方になります。この部分について、橋本は、自分の理論にそった新しい方式を示すことなく「普通の文法」なるものの方式を採用しました。

　「活用の種類」として、橋本は、文語で10種、口語で6種をあげています。（これは、中学校教科書の名称の、文語「四段活用・ナ行変格活用・サ行変格活用・カ行変格活用・上二段活用・上一段活用・下二段活用・下一段活用・形容詞ク活用・形容詞シク活用」、口語「四段活用・サ行変格活用・カ行変格活用・上一段活用・下一段活用・形容詞活用」に相当するもので、橋本は、「活用の種類」のそれぞれに名称を与えることなく、それぞれの「活用形」の音の入れ替わる部分を五十音順などを基準にした「活用形」の順にローマ字で表示しています。なお、文語「ラ行変格活用」に相当するものを一つの種類として取りたてず「四段活用」に相当するところに含めています。）

　「助動詞の活用」について、橋本は、「独立する語の活用形式の何れかと全く同一なものと、さうでないものとある。」として、後者について

は、「独立する語の活用形式と同じ形式で、ただその中の或活用形が欠けてゐるものと、或独特な形式を有するものとがあり、又、唯一つの形しかないものもある」といい、「唯、形のみを考へたのでは正しく判断できない」といいます。橋本は、「それだけでは語形変化とみられないものであっても、その用法から見て活用体系中のものと認められるものは、やはり活用の一部であると見てよい」といいます。(たとえば、「行か＝う、あら＝う（あるだろうの意）」の「＝う」は、「一つの形しか無い」が、「文の終止として用ゐられる」し、「あらうことか」の「＝う」のように「こと」に続く用法もあり、「＝う」は「終止形・連体形」であると認められるというのです。）語形変化しない「語」を、語形変化する「語」だと認めるという説明には、無理があります。「助動詞」を「語」と認定することに、その無理の根源があるのではないでしょうか。

6）「語」を「文法上の性質によって分類したもの」を「品詞」と呼び、その「分類」の「基準」として、橋本は「語」の「職能」の違いを重視します。ここでいう「職能」の違いとは、「語と語とが結合して語よりも大きい単位を構成する場合に於ける語の性質の相違」で、「形の上にあらはれて、外から感知し得べきもの」のことだとしています。ここでも、〈ものごとを表すか、ものごとの動き・変化を表すか、ものごとの状態・性質を表すか、動きの様子を表すか、ことがらのあいだの関係を表すか、話し手の態度を表すか〉、〈それが、形のうえのどんな特徴に対応するか〉などという〈「意味」にかかわること〉は無視され、「切れるか続くか、続くとすれば、何にどう続くか」ということばかりが重視されます。

　橋本は、まず「語」を「単独で文節を構成する」、「それだけで独立し得べき」第一種の語「詞」と、「常に他の語に伴って文節を作る」、「独立し得ぬ」第二種の語「辞」とに分けます。次に、「詞」を「活用する・単独で述語となるもの（用言）」と、「活用しないもの」とに分け、「活用しないもの」を「主語となるもの（体言）」と「主語とならぬもの」

とに分け、「主語とならぬもの」を「修飾接続するもの（副用言）」と「修飾接続しないもの」とに分けます。さらに、「活用する・単独で述語となるもの（用言）」を「命令形のあるもの」と「命令形のないもの」とに分け、前者を「動詞」とし、後者を「形容詞」とします。（なお、「国語法要説」では、「所謂(いわゆる)形容動詞」を、「文語に於ては、動詞・形容詞と対立するものと見てもよいが、現代口語に於ては、……特殊の形容詞と見る方がよからう」としていますが、その翌年の「国語の形容動詞について」という論文では、「形容動詞」を「第三類」の「用言」とする吉沢義則の説を「是認」したうえで、「口語に於ては形容詞と形容動詞とを一類として、動詞に対せしめてもよい」としています。）「活用しない・主語となるもの（体言）」を（「区別する必要はない」としながら、「語義の相違」にもとづき）「名詞・代名詞・数詞」の三つに区別します。「活用しない・主語とならぬ・修飾接続するもの（副用言）」を「修飾するもの」と「接続するもの」に分け、「修飾するもの」を「用言を修飾するもの」と「体言を修飾するもの」とに分け、「用言を修飾する副用言」を「副詞」、「体言を修飾する副用言」を「副体詞」、「接続する副用言」を「接続詞」、「活用しない・主語とならぬ・修飾接続せぬもの」を「感動詞」とします。つまり、「語義」を無視して（なぜか、「体言」の分類では無視せずに）、「形の上にあらはれて、外から感知し得べき」目じるしによって、「詞」を「動詞・形容詞・形容動詞・名詞・代名詞・数詞・副詞・副体詞・接続詞・感動詞」の10品詞に分類しました。

次に、「辞」を「活用のあるもの」と「活用の無いもの」とに分け、前者を「助動詞」とし、後者を「助詞」とします。なお、「助動詞」の下位分類として、①「動詞のみにつくもの（口語では「＝せる・＝させる・＝れる・＝られる・＝ない・＝ぬ・＝まい・＝たい」など）」と②「種々の語につくもの（口語では「＝だ・＝です・＝らしい」など）」との2種をあげています。「助詞」の下位分類として、次の9種をあげています。①副助詞（「＝だけ・＝など」など〈前のことばに意味を添えるが、

次のことばへの関係を表さない〉）、②準体助詞（「行くのを」の「＝の」など〈前のことばに体言と同じ職能を与え、次のことばへの関係を表さない〉）、③接続助詞（「行って・行けば」の「＝て・＝ば」など〈用言などについて次のことばへの接続関係を表す〉）、④並立助詞（「酒とビールとを」の「＝と」など〈対等に続く関係を表す〉）、⑤準副体助詞（「桜の花・学校からの帰り」の「＝の」など〈体言に続いてこれを修飾する関係を表す〉）、⑥格助詞（「兄が本を弟に渡した」の「＝が・＝を・＝に」など〈体言について用言に続き、種々の関係を表す〉）、⑦係助詞（「ピーマンは食べない・トマトも食べる」のなかの「＝は・＝も」など〈「自己の表はす特殊の関係の意味を以て下に来る用言又は用言に準ずべき語に結合させる（そのことがらに対する話し手の態度を表しながら「述語」に相当することばに続くということか）」〉）、⑧終助詞（「来るな・来たか・来たぞ」の「＝な・＝か・＝ぞ」など〈文を終止する〉）、⑨間投助詞（「それがね…」の「＝ね」など〈文節の終わりに来る〉）。なお、「助動詞」と「助詞」の①②とを合わせて「準用辞」（「語」と同様な続き方で用いられる「辞」）とし、「助詞」の③④⑤⑥⑦を合わせて「関係辞」とし、「助詞」の⑧⑨を合わせて「断止辞」としていることを付記しておきます。

7）橋本は、「国語法要説」では、「文節」に、後ろの方にある「文節」へ意味の上で続く「続く（「連続」する）文節」と、「文」の終わりにある「切れる（「断止」する）文節」とがあること、「続く文節」にはそれに対応する「承ける文節」があることを述べていますが、「文節」と「文節」との関係、「文節」と「文」との関係について、それ以上のことには、ほとんど触れていません。それで、ここでは、大学での講義の記録などの、著作集に収録されている所説を見ることにします。「文節」と「文節」との関係について、橋本は、「①従属関係、②対立関係（対等関係・並立関係）、③附属関係」の３種をあげています。「従属関係」は、「春が→来た」、「パンを→食べる」、「赤く→塗る」、「ほとんど→知らない」、「山の→ふもとで」、「黒い→紙を」、「立った→人が」などのように、「承け

る文節」が「主」となり、「続く文節」が「意味上これに従属する」ものだとします。ここでは、「主語→述語」と「修飾語→被修飾語」とが区別されません。「対立関係」は、「山と─川が」、「行ったり─来たり」などのように、「続く文節」と「承ける文節」とが「対等」のものだとします。「附属関係」は、「歩いて←いる」などのように、「続く文節」が「主」で、「承ける文節」がそれに「従属する」ものだとします。別の角度から、①「体言」を中心とする「承ける文節」へ続く「続く文節」を「連体文節」とし、②「用言」を中心とする「承ける文節」へ続く「続く文節」を「連用文節」としています。

　「文節」と「文」との関係について、橋本は、「文」には「切れる（断止する）文節」があり、他の「文節」は「直接間接に之に連なって行」き、「全体の文節の意味が結合して一つになり、纏まった内容を示す」としていて、探求はそれで完結です。これは、「文」についての研究を、「文節」間の形式上の関係と「切れる（断止する）文節」の一般的な機能とに限定することです。これでは、「文法的意味」を視野に入れた「文」の構造（「文の成分」は？「主語」とは？「述語」とは？等々）を解明することも、「文」にそなわった「文法的意味」を表す形式（「係り結び」や、「決して……しない」や「たぶん……だろう」など、話し手の態度にかかわる表現の形式）を探求することも、できなくなります。

　なお、橋本は、晩年に、複数の「文節」の結合したものを「連文節」としてとらえ、それによって「文」が構成されるとする考えを説きました。「文」を、次のような手順で見ていくのです。まず、「附属関係」で続く複数の「文節」はそれで一つと見なしたうえで、「文」を上から順に見ていき、直接次の「文節」に続く「文節」と、それを受ける「文節」とを合わせて「連文節」と見なします。その受ける「文節」がさらに次の「文節」に続くばあい、そこまでの三つの「文節」の連なったものをも「連文節」と見なします。このような作業を、次の「文節」を飛び越えて、その先の「文節」に続くポイントの手前まで続け、その「連文節」

の最後の「続く文節」を間接的に（次の「文節」を飛び越えて）受ける「文節」にしるしをつけます。はじめからその文節までの全部も一つの連文節です。そして、このような作業を、文のなかのすべての文節についてすませます。次に、文の終わりの「切れる（断止する）文節」を基点（「第ゼロ次」）として、そこに続く「文節」または「連文節」を「第１次」とします。第１次の「連文節」の最後の「文節」に続く「文節」または「連文節」を「第２次」とします。第２次の「連文節」の最後の「文節」に続く「文節」または「連文節」を「第３次」とします。このような作業を繰り返すことで、文の構造を解明したこととするのです。このような研究は、「文」のなかの「文節」のあいだの切れ続きをたどることに注意を集中することによって、「文」に表されている「文法的意味」、いろいろなことがらのあいだの関係や、一連のことがらと話し手の態度とのかかわりなどを無視するのですから、「文」について、そのきまりを明らかにすることができません。

「言語とは何か」と「客観性のある実証的な研究は可能か」

と橋本進吉が、ことばの「意味」を考慮に入れることをできるだけ避け、「切れるか、続くか」など、「形」のうえの特徴にばかり目を向けたのは、「言語」は「人の心の中に存するものであって、他人が直接に触れて知ることが出来るものではな」いという考えに基づいています。橋本の著作集に収められている講義案には、次のような記述があります。「言語によって思想や意志感情を誤なく他人に伝へる事が出来る為には、話手にも聞手にも、同じやうに、一定の音に対して一定の意味が結合して心の中に記憶せられてゐなければならないのである。かやうに心の中に観念として存することばを言語といふ。……同じ社会に属し、同じ言語を用ゐる人々には、同様な言語が心の中に存するわけである。」「言語は前述の如く、人々の脳中に存するもので、之を外から直接に見る事が出来ないものである。かやうなものは内省法によってのみ直接に観察する

事ができるものであるが、……文法現象の如きは、……漠然たる感じとして意識せられるだけのものであるから、一層内省法にたよりにくい。」言語が「心の中」のもの、「脳中」の存在であり、ことばの「意味」が観念の世界のものであるならば、客観性のある実証を研究法のうえの信条とする橋本にとって、実証できない、主観的な方法である「内省法」を退ける以上、「外形」である音声を観察の対象とし、それを手がかりにして文法現象にさぐりを入れるのは当然ということになるのでしょう。そこで、「言語は脳中にあるのか？」、「ことばの『意味』についての、客観性のある探求は不可能なのか？」という問題に行き着くことになります。

　日本語という言語は、日本語で話し聞く人々の言語活動のなかに、その社会全体に共有される事象として含まれて存在し、ある個人の特定の場面での言語活動において、その場面の特殊性を伴って、具体的な姿を現します。ある人が、ある場面で、「目！」といったばあい、第1に、〈「①唇を閉じたまま、呼気で声帯を震わせて発した声を、鼻から出す状態」から→②「唇を両端へ引かずに半ば開き、舌先を前方の中ほどに置いて、呼気で声帯を震わせて発した声を口から出す状態」へ〉という音声器官の動きを、その人独特の声の特徴を伴いながらやっていますが、その音声器官の動きの特徴は、そのことが〈「目」〉を表す言語活動において日本語を話す人の社会全体に共通です。第2に、この音声器官の動きによって作られる音声「メ」が〈顔面の上部に2個ある、光を感じ取る器官〉という、日本語を話す人の社会全体に共通して理解されることがらを表しています。それは、この「メ」という音声をよりどころに、この社会の人々みんなが、人間や動物のさまざまな「目」から共通の特徴を抜き出して確認し、その認識を共有しているということです。だから、コミュニケーションが成り立ちます。この場面で、この話し手は、独特の特徴を持つ「特定の目」を指し示しながら発言しているのでしょう。あるいは、質問に対する答えとしての「目一般」について発言しているのかもしれません。どちらにしても、この場面特有の「目」の特徴と合わせて、この社会に共通する「目」の「一

般的意味」が表されています。第3に、ここには〈話し手が相手に、そのことがらに注目するよう呼びかけている〉(あるいは、〈答えはこれだと主張している〉)ことが、この場面に特有の音調を伴って表現されています。この「名詞1語で文を形成するという表現形式」が、〈話し手が自分の感情をこめて相手にことがらを伝えている〉ことを表すことも、日本語を話す人の社会全体に共通して理解される表現のしかたです。繰り返しますが、言語は、このように、社会の多くの人々の言語活動の総体のなかに、その社会に共通する事象として含まれて存在し、個別の言語活動において具体的な姿を表すものです。言語はそのような社会的な存在であって、個人の「心の中」にあるものではありません。個人は自分の記憶を活用し、習得した能力を発揮して、言語活動を行っていますが、個人の「脳」のなかを探っても、「語彙」や「文法」を見つけ出すことはできません。大脳生理学や心理学が個人の記憶のしくみや思考の過程を探求することは、言語活動の解明には貢献しますが、言語の研究には結びつきません。そして、「言語」についての「内省」という方法は、「言語をどう認識しているかを認識すること」ですから、「言語を認識すること」になりません。言語研究の方法は、言語活動で具体化された発話や文章のなかの単語や文などの用例の収集とそれの分析・総合です。「意味」の把握の客観性を保障する方法は、多くの用例の比較と、場面・文脈を手がかりにした論理的な推定による、表現内容の共通点の確認です。その言語を話す人の、通達した内容についての証言も重要な資料になります。そう考えると、「形式(音声)」の探求は客観的で、「意味」の探求は主観的だとする考え方は、一面的だといえます。

中等学校での文法指導　　ここで、話題を中等学校での文法指導に転じます。1901年の「中学校令施行規則」で教科「国語及漢文」において「文法ノ大要ヲ授クヘシ」とし、翌1902年の「中学校教授要目」で、そのなかみを、第1学年で「仮名遣附字音仮名遣ノ大要、

国語品詞ノ分別」、「言文ノ対照ヲ主トシ常ニ口語ト今文トヲ関連セシメテ今文ニ必須ナル法則ヲ示スヘシ」、第2学年で「品詞各論」、第3学年で「文章論ノ大要・係結ノ法則・文章の解剖」、第4学年で「前各学年中授ケタル事項ノ復習、近古以上ノ文ニ特有ナル法則」、第5学年「前各学年中授ケタル事項ノ復習、単語ノ構造、国語沿革ノ大要」としました。注意書きに「最モ誤リ易キハ活用語ノ用法ナルヲ以テ教授ノ際特ニ之ヲ注意シ常ニ其ノ練習ヲ怠ラサルヘシ」とあります。小学校に「国語」科が設けられた直後、小学校の教科書が「国定教科書」になる直前、教育の内容や方法に対する国家の統制が強められる時期、こまごまと細部まで規制しようとする国家の意志が見えます。文法の知識がいまだに文語文（「今文」・普通文）を書くのに「必須」な技術として位置づけられていたこともわかります。

　1911年の改定で「文法ハ主トシテ現代文ニ通有セル法則ヲ説明スヘシ」と変更され、第3学年で「成ルヘク既習ノ材料ニ基キ主トシテ現代文ニ必須ナル法則ヲ示スヘシ」、第4学年で「前学年ニ準ス」とし、「文法ハ特ニ其ノ時間ヲ設ケサル学年ニ在リテモ便宜購読・作文等ニ附帯シテ之ヲ教授シ又ハ練習セシムヘシ」、「文法ハ実例ニ就キテ帰納的ニ教授シ実用ニ適切ナラシメンコトヲ要ス」と付記しています。「言文一致」が大勢となり、口語文が主流になったことをようやく認め、「実用ニ適切」なものになるようという観点で、こまごまとした規制をやめ、文法指導の内容を整理しました。

　1931年の改定で「国文法ノ大要ヲ授ケテ国語ノ特色ヲ理解セシムベシ尚特ニ文法ノ時間ヲ設ケザル学年ニ在リテモ常ニ講読・作文等ニ附帯シ実例ニ就キテ之ヲ教ヘ正確ナル語法ニ練熟セシムベシ」とし、第1学年で「品詞ノ大要ヲ授ケ口語、文語ノ異同ヲ知ラシメ用言ノ活用ニ練熟セシムベシ」としました。また、1937年の改定で「国文法ノ大要ヲ授ケテ国語ノ構造・特質ヲ理会セシメ正確ナル語法ニ練熟セシムベシ」とし、第1学年で「主トシテ口語法ノ大要ヲ授クベシ」、第3学年で「既習ノ文法的事項ヲ整理シ文語法ノ大要ヲ授クベシ」としました。また、「平易ナル実例ニ就キテ

之ヲ理会セシムベシ尚特ニ文法ノ時間ヲ設ケザル学年ニ在リテモ常ニ講読・作文等ニ附帯シテ之ヲ授ケ正確ナル語法ニ練熟セシムベシ」と付記しています。文法の学習を、「正確ナル語法ニ練熟」させるためのものとするだけでなく、「国語ノ特色ヲ理解」させるための、あるいは「国語ノ構造・特質ヲ理会」させるためのものとしています。文法の学習を「国語」を尊重し、愛護するためのものにするという方向へ一歩ずつ進めようとしたのでしょうか。1931年に「第1学年」で「口語、文語ノ異同ヲ知ラシメ」るという、言文一致以前の方針が復活し、第1学年で口語文法も文語文法も教えて、その違いをわからせるという無理な要求が中等学校の現場を困らせましたが、1937年の改定の機会に、第1学年で「口語法」、第3学年で「文語法」として、この問題を解決しました。

　1941年に「国民学校令」が出され、教育全体が戦時色に塗り込められました。そのことについては、第17章で触れますが、中等学校の文法指導に限って見ると、文法指導が、1943年に「国民科国語」という科目のなかに位置づけられました。「国民科」は「国体ノ本義ヲ闡明シテ国民精神ヲ涵養シ皇国ノ使命ヲ自覚セシメ実践ニ培フヲ以テ要旨トス」という教科で、その一部である「国民科国語」は「正確ナル国語ノ理会ト発表トノ能力ヲ養フト共ニ古典トシテノ国文及漢文ヲ習得セシメ国民的思考感動ヲ通ジテ国民精神ヲ涵養シ我ガ国文化ノ創造発展ニ培フモノトス」という科目です。この科目では「国語尊重ノ精神ヲ涵養スベシ」ということが強調されています。文法指導については、「口語法・文語法ノ大要ト国語ニ関スル基本的事項トヲ授ケテ国語ノ正確ナル理会・発表ノ能力ヲ修練シ国語ノ構造及特質ヲ会得セシメ国語意識ノ確立ニ資スベシ」、「文法ニ関スル事項ハ生活ノ実際ニ即シテ之ヲ習得セシメ国語ノ理会力ト発表力トヲ的確ナラシムルト共ニ国語ニ対スル関心ヲ深カラシムベシ」とされています。なお、全教科にわたって「文部省ニ於テ著作権ヲ有スル教科用図書ヲ使用スベシ」ということになり、文法の教科書も国定教科書になったのです。

検定教科書の時期の文法教科書の記述

　1943年までの、検定教科書の時期の、中等学校の文法教科書の記述は、必ずしも著作した研究者の思うとおりにはなりませんでした。「中等学校教授要目」による制約、文部省の検定による制約もありました。それに加えて、著作者の説が新しい考えであるばあいには、「通説」との妥協がはかられることが多かったといえます。たとえば、大槻文彦は、「広日本文典」刊行以後に、いくつかの文法教科書を著作しましたが、そのなかには、動詞「活用形」の配列の順序を、自説と大きく異なる国学系の五十音順にしたものがあります。それについて、大槻は「某氏の強ひて請ふことありしによりて、……しばらく柱(ま)げてせしわざ」と弁明しています。文部省国語調査委員会「口語法」を起草したときも、結果として動詞「活用形」の配列の順序が国学系の五十音順になりました。それは、大槻以前の時期に広く普及していた落合直文・小中村義象「中等教育日本文典」や、大槻の著作と同じ時期に多くの学校で採用されていた三土忠造「中等国文典」などによって、そうすることが中等教育界の常識とされていたからでした。動詞「活用形」の名称も、上記の落合・小中村のもの、三土のものを経て、芳賀矢一「中等教科明治文典」などによって、「未然・連用・終止・連体・已然・命令」というものに固まっていきました。大槻によっても、動詞の「活用」について、国学の伝統が築いた壁を破ることができなかったのです。山田孝雄(よしお)も、「助動詞」を品詞として認めず「複語尾」として扱う自説を、「慣例に従ふ」として教科書に持ち込みませんでしたし、「形式用言」のなかに「存在詞」という品詞を立てる自説も「一家の私見にして未(いまだ)社会の公認を経ざるもの」として教科書に書き込みませんでした。

　橋本進吉も、1931年に中等学校用の文法教科書「新文典」(1935年に改訂、1937年に再改訂)を著作しましたが、その解説書「新文典別記」に「現在の通説とあまり離れた説を立てる事を慎み、さほど必要でないと思はれるものも、世に行はれてゐるものは之を存しました。本書はその解説でありますから、必ずしも全部私の主張する説でなく、通説に妥協した所も少

くありません」と書いています。たとえば、「文節」という単位を持ち込んでいません。「桜の」も「桜の花が」も、「連語」（2つ以上の単語が結合したもので、文になっていないもの）という扱いにしています。（「数詞」を「名詞」のなかに含めています。「形容動詞」を、その名称をつけて、「形容詞」のなかで扱っています。この二つは「通説に妥協」したのではなく、橋本の考えのなかで時期によって扱いが変わっているものでしょう。）「副体詞」に相当する品詞を設けていません。「助動詞」を「意味」によって「受身・可能・使役・打消・過去及び完了・推量・希望・敬譲・指定・（文語で）比況」の10種に分類しています。「助詞」を「第1種・第2種・第3種」の3種に分類しています。（「第1種」は「格助詞と準副体助詞」、「第2種」は「接続助詞」、第3種はその他の「係助詞・副助詞・並立助詞・間投助詞・終助詞・準体助詞」を一括したものです。）

**国定教科書
「中等文法」のなかみ**

国定教科書「中等文法」は、太平洋戦争も敗色が濃くなった1944年から、（1947年に部分的に改訂されて）戦後の6・3・3制発足直前の1949年3月まで授業に使われました。橋本進吉の指導のもとに執筆され、その「学説」が「相当反映してゐる」教科書であることは、すでに述べたとおりです。「文法的意味」を極度に軽視し、形式上の特徴ばかりを重視する教科書です。

　文法上の単位として「文・文節・単語」をあげ、「文節」相互の関係として「主語述語の関係、修飾被修飾の関係、対等の関係、附属の関係」を示し、「主語・述語、修飾語・被修飾語、独立語」という用語を出しています。「単語」の構成について「複合語・接頭語・接尾語」について触れています。「品詞分類」では、「単語」を「自立語、附属語」に2分し、「自立語で活用のあるもの」を「用言」とし、「用言」を「動詞・形容詞・形容動詞」に3分します。「自立語で活用のないもの」を「主語になるもの、主語にならないもの」に分け、前者を「体言＝名詞」とし、後者を「副詞・

連体詞・接続詞・感動詞」としています。「付属語で活用のあるもの」を「助動詞」とし、「付属語で活用のないもの」を「助詞」としています。ここまでのところで、「国語法要説」との違いをあげれば、「要説」で「従属関係」として一括していたものを「主語述語の関係、修飾被修飾の関係」に分けたこと、「詞・辞」と呼んでいたものを「自立語・附属語」と呼んだこと、「用言」のなかで「形容動詞」を「動詞・形容詞」と同格に扱ったこと、「副体詞」と呼んでいたものを「連体詞」と呼んだことぐらいでしょう。「活用形」を「未然形、連用形、終止形、連体形、（口語）仮定形・（文語）已然形、命令形」として、それぞれの「用法」をあげています。「活用の種類」を口語では「動詞…四段・上一段・下一段・カ行変格・サ行変格」の5種および「形容詞・形容動詞」計2種、文語では「動詞…四段・ナ行変格・ラ行変格・下一段・下二段・上一段・上二段・カ行変格・サ行変格」の9種および「形容詞…ク活用・シク活用、形容動詞…ナリ活用・タリ活用」計4種とし、「語幹と活用語尾」を「活用表」に示しています。「音便の形」や「中止法」などについて補足しています。「助動詞」については、口語では「せる・させる、れる・られる、ない・ぬ、う・よう、たい、ます、た、そうだ、まい、ようだ、らしい、だ、です」、文語では「す・さす・しむ、る・らる、ず、む、じ、まほし、まし、き・けり、ぬ・つ、たり、たし、けむ、べし、まじ、らむ、めり、り、ごとし、らし、なり、たり」について、ひとつひとつ、その意味と活用について説明しています。（「たまふ・たてまつる」などについての補足があります。）「助詞」については、4種に分類して、「第一類・格助詞」に「要説」で「格助詞・準副体助詞・準体助詞・並立助詞」としたものを入れ、「第二類・接続助詞」に「要説」で「接続助詞」としたものを入れ、「第三類・副助詞」に「要説」で「係助詞・副助詞」としたものを入れ、ここで「係結の法則」に言及し、「第四類・終助詞」に「要説」で「終助詞・間投助詞」としたものを入れています。「文」については、「続く文節・受ける文節・切れる文節」について述べて、その結びつきで「文」が組み立てられるとし、「文の種類」とし

て「平叙文・疑問文・命令文・感動文」の4種類をあげています。
　この教科書で学習して得た知識が、「国語ノ理会力ト発表力トヲ的確ナラシムル」ために、どれだけ役にたったかは、疑問です。文語文による文章表現（短歌や俳句の創作、法令の起草など。たとえば「受くるべし」・「満つるとも」は誤りで「受くべし」・「満つとも」が正しいとわかることなど）や「現代かなづかい」以前の時期の表記（「笑う」を「笑ふ」と、「取ろう」を「取らう」と、「＝でしょう」を「＝でせう」と書くことなど）、および、古典の作品の読解などにいくらか役立ったぐらいではないでしょうか。現実の生活のなかで、読み書きの能力を高めるのに、ほとんど生かされなかったのではないでしょうか。たとえば「兄がいまその本を読んでいます。」・「兄はもうその本を読んでいます。」という文について、この国定教科書で学んだことからいえることは、①「兄」は「名詞」、「＝が」は「第1類の助詞」、「＝は」は「第3類の助詞」、「いま」は「名詞」、「もう」は「副詞」、「その」は「連体詞」、「本」は「名詞」、「＝を」は「第1類の助詞」、「読ん＝」は「四段活用の動詞『読む』の連用形の音便の形」、「＝で」は「第2類の助詞」、「い＝」は「上一段活用の動詞『いる』の連用形」、「＝ます」は「ていねいにいう助動詞『＝ます』の終止形」。②文節「読んで」と文節「います」とは「附属の関係」で、二文節で一文節のような働きをしている。文節「兄が」・「兄は」が「主語」、「読んでいます」が「述語」に当たり、両者に「主語述語の関係」がある。文節「いま」・「もう」は「連用修飾語」で「読んでいます」に続き、「いま」・「もう」と「読んでいます」とは「修飾被修飾の関係」。「読んでいます」は「切れる文節」に相当し、それによって「文が完結」している……ということですべてです。こまかく区切って、その一つずつに名前をつけ、切れ続きの関係をたどったところで終了です。これで読み書きの能力にどれだけの寄与になるのでしょうか。しかし、はじめの文で、「兄が」は、「ほかならぬこの兄が」と、「兄」を指定して強調しており、次の文で「兄は」は、「ほかの人とちがって、兄は」と、「兄」を取り立てて（他と区別して）強調しています。はじめの文の「読んでいます」は、現在、読む動

作が継続中であることを表し、次の文の「読んでいます」は、過去の読む動作の結果が現在の状態に続いていることを表しています。同じ「〜シテイル」という形が、「いま」・「もう」と結びつくことで、動作の異なった状態を表します。たとえばこのようなことを、日本語の文法の主要な事項すべてにわたって学べば、文法の学習が読み書きの能力の向上に大きく貢献することになるのではないでしょうか。「＝け＝・＝け・＝ける・＝ける・＝けれ＝・＝けろ」だの、「＝だら＝・＝だっ・＝で・＝に・＝だ・＝な・＝なら」だの、「＝たら＝・＝た・＝た・＝たら」だのという活用表の丸暗記をおしつけるような文法指導は、「国語ノ構造及特質ヲ会得セシメ国語意識ノ確立ニ資ス」ることにも結びつかなかったのだと思います。

　一面的な「形式主義」の文法指導を清算して、文法的「形式」と文法的「意味」とを統一的にとらえた体系を順次的に学習できるように、文法指導の内容と方法を抜本的に改めることが課題なのではないでしょうか。

別記

○参考文献

　「橋本進吉著作集第二冊　国語法研究」（1958 岩波書店）

　「橋本進吉著作集第七冊　国文法体系論」（1959 岩波書店）

　「新文典」・「新文典別記」橋本進吉（1931、1935 改訂、1937 再改訂 冨山房）（再改訂版を参照しました。）

　「中等文法　口語」・「中等文法　文語」文部省（1944、1947 改訂 中等学校教科書株式会社）（改訂版を参照しました。）

　「国語教育史資料第五巻　教育課程史」増渕恒吉編（1981 東京法令出版）

　「文法と文法指導」鈴木重幸（1972 むぎ書房）

　「大槻以後学校国文法成立史研究」山東功（2012 大阪府立大学言語文化学研究）

○国学系の文法研究で、「てにをは」が「文法的意味」を担い、「てにをは」を取り除いた部分が「語彙的意味」を担うという認識が伝統になっていたことについて、補足をしたいと思います。

　古来、日本では、日本語を、中国語と比較しながら認識してきた歴史がありました。孤立語的性格の強い中国語との対比で、膠着語的性格の強い日本語を見ると、橋本の言う

「文節」の末尾にある、「文法的意味」を担うと思われる小さいことばに、日本語の特殊性を認めることになります。それで、その部分を切り取って扱い、切り取られた部分を別途に処理するというやり方が定着しました。(「孤立語」というのは、「文法的意味」が文のなかの単語の位置などで表されることが多く、接辞や語形変化で表されることが少ないことば、「膠着語」というのは、「文法的意味」が接辞によって表されることが多いことばです。ついでにもう一つあげれば、「屈折語」というのは、「文法的意味」が語形変化で表されることが多いことばです。)

　古代の「宣命書き」(天皇が古代日本語で発した命令を漢字で記した文書の、今日の「送り仮名」に相当する部分をやや右に寄せた小さな万葉仮名で表記する方式)や「訓点」(「ヲコト点・テニヲハ点」)(中国語の文献や経文などの漢字の四隅のどこかに赤い点などをつけて、その位置によって「送り仮名」に相当することばをつけて、日本語として読む……その赤い点など)以来、「うしろにつく小さいことば」に注目することが伝統になり、その延長上に国学の重要な分野として「てにをは」研究が進展しました。

　しかし、「文法的意味」を担う役目は「てにをは」だけにまかされているわけではありません。「てにをは」がつかないで文のなかで役割を果たしている単語も「語彙的意味」と合わせて「文法的意味」を担っていますし、「きっと」や「まさか」、「…はずだ」や「…に違いない」など(これは、ことがらを表さない、話し手の態度にかかわる表現です)もっぱら「文法的意味」を表すと見てもよい、「てにをは」以外のことばもあります。日本語の動詞の過去形(「取った」など)は、「膠着」と見るより「屈折」と見るほうが適切ではないでしょうか。

○「言語」についての「内省」という方法は、「言語をどう認識しているかを認識すること」ですから、「言語を認識すること」にならないと書きました。脳は身体の器官の一つです。その脳が「思考」をどう進めているかを「内省」によって正確に知ることができないということは、胃や腸が消化をどのように進めているかを「内省」によって正確に知ることができないのと同じでしょう。「内省」によって「言語」をとらえようとしても、とらえたものは「言語」そのものではなく、「言語」についての不正確な「意識」だということを書いたのです。

○大槻文彦以後、橋本進吉以前の多くの日本語文法の学説のなかで、研究者にもっとも高い評価を受けてきたのは、山田孝雄と松下大三郎の学説です。山田の文法論は、国学が蓄積してきた研究成果を土台にして論理的な整合性を持つ体系を構築したもの、松下の文法論は、諸言語に共通する普遍的な文法の事象を探求する視点で日本語の文法の体系を提示したものです。研究者のあいだで高い評価を受けてきた学説なのに、学校教育の

なかにほとんど影響を及ぼしませんでした。それは、この両者が自分の所説を学校教育の場に持ち出すことを差し控えたからです。それで、私も、この両者の所説の全体像を本文のなかでは扱いませんでした。しかし、大槻・橋本の所説を紹介しながら、この両者について紹介しないのは、均衡を欠くように思えます。それで、両者の文法論の大要を、極端に圧縮した形で、私なりに紹介しようと思います。

　山田孝雄は、「日本文法論」（1902・1908）で、「単語（「言語に於ける最早分つべからざるに至れる究竟の思想の単位にして、独立して何等かの思想を代表するもの」と定義しています）」を①「体言」（「実在を表す」単語、「概念語」とも名づける）、②「用言」（「属性を表し」、さらに「実在と属性とを統一する作用を表し得る」単語、「陳述語」とも名づける）」、③「副詞」（「文の骨子とならず他の語と結合しそれに依存して文の成分となる」単語、「副用語」とも名づける）」、④「助詞」（「一単語で一思想を表はし得ざる」単語、「関係語」とも名づける」）」の４つに分類しました。（それぞれの下位分類は、①「名詞・代名詞・数詞」、②「形容詞・動詞・形式用言」、③「情態副詞・陳述副詞・感応副詞・接続副詞」、④「格助詞・副助詞・接続助詞・係助詞・終助詞・間投助詞」です。）「助動詞」を「単語」と認めず、「用言」の「複語尾」としましたが、「助詞」は国学の伝統に沿って、また、英語で「前置詞」を「単語」として扱っていることをも参考にして、「単語」として扱いました。しかし、「語の運用」という章で、「複語尾」を含まない用言と、「複語尾」を含んだ用言とが、どのような形で、どのような文法的意味を表すかを追求しただけでなく、「助詞」を伴わない「体言・用言」と、「助詞」を伴った「体言・用言」とが、どのような形で、どのような文法的意味を表すかを、「位格」という用語のもとに、追求しました。なお、「活用」については、国学が説く体系をほぼそのまま採用しましたが、「活用形」を配列するのに、いわゆる「終止形」を一番はじめの位置に持っていき、「原形」と名づけました。また、「活用の種類」について、いわゆる「カ行変格活用・サ行変格活用」を「三段活用」とし、いわゆる「ナ行変格活用」や「ラ行変格活用」を「四段活用」に含めるなど、独自の修正をしています。また、「句」に「喚体の句」（「三笠の山にいでし月かも！」など、一つの体言を中心に感情を一元的に表現する単位）と「述体の句」（「月三笠の山にいづ。」など、主語１組とそれに対応する述語１組による、「１回の統覚作用で表現される」単位）とがあり、その「句」によって「単文」（「梅も桜も、咲いて散った。」など）・「重文」（「梅も咲き、桜も咲いた。」など）・「合文」（「春が来たのに、桜はまだ咲かない。」など）・「有属文」（「私たちは桜が咲いている道を進んだ。」など）」が構成されるとしました。

　松下大三郎は、「標準日本文法」（1924）・「改撰標準日本文法」（1928）で、「①原辞、

②念詞または詞、③断句」という、3つの単位を示しました。「月が出た。」ということばで、「月＝」・「＝が」・「出＝」・「＝た」が「原辞」、「月が」・「出た」が（「標準日本文法」では）「念詞」、（「改撰標準日本文法」では）「詞」、「月が出た。」が「断句」です。①の「原辞」は、「念詞（詞）を構成する部分」のことで、「山」や「桜」は「単辞」、「山桜」は「連辞」、「お月様が出た」のなかの「＝月＝、出＝」は「完辞」、「お＝、＝様、＝が、＝た」は「不完辞」（「お＝」・「＝様」は「接辞」、「＝が」・「＝た」は「助辞」）です。この「原辞」のところで「活用」の体系に言及します。国学の説く体系を全体としてほぼそのまま採用していますが、「活用形」の名称を「未然・連用・終止・連体・已然」のかわりに「第1活段・第2活段・第3活段・第4活段・第5活段」とするなど、若干の修正を加えています。②の「念詞（詞）」は、「本性」と「副性」とを合わせ持つ、ことばの単位だとします。「月が出た」ということばについていえば、「月が」では、地球の衛星であるあの天体を表すことが「本性」、「作用の主体を表すべき性能を有する」ことが「副性」ですし、「出た」では、出現する動きを表すことが「本性」、その動きが過去に起こった動きであることや、話し手がその動きについて肯定的に断定していることを表すことが「副性」です。この「念詞（詞）」を「名詞・動詞・副体詞・副詞・感動詞」の5つの品詞に大別し、そのそれぞれについて、下位分類を行います。さらに、「念詞（詞）」がどんな形で、どんな文法的意味を表すかを、「相」と「格」という用語のもとに、追求します。次に、二つ以上の「念詞（詞）」が結びついて「連詞」となるばあいの相関関係を「主体関係」（「月が－出た」など）、「客体関係」（「書を－読む」など）、「実質関係」（「法隆寺と－東照宮を」など）、「修用関係」（「しばらく－休む」など）、「連体関係」（「月の－光が」など）に分類して、追求しました。「単詞」や「連詞」の「断定としての意義を具備するもの」を「断句」としました。

　山田孝雄が「複語尾」を含まない動詞や「複語尾」を含む動詞、「助詞」のつかない「体言・用言」や「助詞」のつく「体言・用言」など、「単語」が「運用」される形態とその「位格」を追求し、松下大三郎が「念詞（詞）」の「相」・「格」を追求したことは、単語の「文法的形態」とその「文法的意味」との関係を解明するうえで、一歩を進めたことになるのだと思いますが、橋本進吉は、「意味」を軽視して「形式」にばかりこだわる「理論」によって、山田・松下が切り開こうとしたこの歩みを、それ以前の段階に引き戻したのではないでしょうか。

この項の参考文献
「日本文法論」山田孝雄（1902・1908 宝文館出版）（1993 第 16 版を参照しました。）
「標準日本文法」松下大三郎（1924 勉誠社）・「改撰標準日本文法」松下大三郎（1928 勉誠社）（1930 改訂版を参照しました。）
「標準日本口語法」松下大三郎（1930 白帝社 ）（1961 年版を参照しました。）

第16章　石山脩平

石山脩平のしごと　石山脩平（1899 〜 1960）は、東京文理科大学（東京教育大学）の教授、西洋教育史の研究者で、ギリシャ語の文献を精査して、古代ギリシャの教育の歴史を明らかにするしごとに取り組んだ人ですが、初等教育に役立つ知識を現場の教師に提供したいという思いから、戦前には、ドイツの哲学者ヴィルヘルム・ディルタイ（1833 〜 1911）の所説を国語科の「読み方」指導に「適用」する理論展開を試み、「教育的解釈学」（1935）を著作しました。この本は、垣内松三のしごとの延長上で、「読み方」指導のいっそう具体的な方法を提案するもので、教育の現場に大きな影響を与えました。

なお、石山は、戦時に「皇国民錬成」の教育政策の普及に動員されたことを反省し、戦後にはいわゆる「新教育」推進のために尽力しました。新しい教科「社会科」の創設にかかわり、西洋教育史研究者の梅根悟（1903 〜 1980）と協力して、教科を超えた教育課程（コア・カリキュラム）を提唱しました。（「新教育」については、第20章で触れることになります。）

石山「教育的解釈学」のなかみのあらまし　この章では、石山の戦前の時期の著作「教育的解釈学」の大要を紹介し、論評することにします。

1）生命と体験・表現・理会

石山脩平の紹介するところによれば、ディルタイの所説は、①「体験は生命の内化であり、表現はその外化であり、理会は他人によって外化された生命を自己に於て内化すると共に、自らの内に潜める生命を顕は

にすること……内化と外化とを綜合せる作用……である。」「体験・表現・理会は、精神生活が辿る不断の循環路である。」②「自然を要素に分析し、仮説を媒介として、それ等の要素を因果的関連に構成するのは、自然科学に固有な説明方法であるが、精神科学は精神生活をば、本原的に、全一的意味連関に於て与へられたものとして、直接に追体験するのであって、これが即ち理会である。」③「解釈は理会の一種であって、広義には体験の永続的固定的表現たる（「形象」……）絵画・彫刻・文献等（の内容）の理会、狭義には文献（の内容）の理会である」というようなことです。

　ディルタイの「生命」という用語は、生物が生まれてから死ぬまでの生きる活動を意味するのでなく、人間が何かを五感で感じとり、考え、わかり、覚え、あるいは、喜び、怒り、悲しみ、決意し、……こういう心理的過程とその内容の総体、人の〈心〉というか、〈魂〉というか、〈精神〉というか、そういうものを指しています。その「生命」の動き、「精神活動」、それが「体験・表現・理会」のサイクルだというのです。ここで、「体験」という用語は、人が身をもって外の世界に働きかける行動そのものを表すのではなく、そのとき起こる〈心〉の動きを表しています。「表現」は、その〈心〉の動きを表情や動作やことばや芸術作品の創造などで外に表すことだというのです。「理会」は、他人が「体験」（つまり〈心〉の動き）を「表現」した表情や動作やことばや芸術作品を媒介にして、その他人の「体験」を「追体験」すること……これは、他人の〈心〉のなかみを、作品を手がかりにして、想像によって、自分の〈心〉の動きのなかに組み立てるようにして、受けとめ、それによって自分の〈心〉のなかみを変えることとでもいうようなことでしょうか。なお、「わかる」という意味のドイツ語の単語の訳語に「理解」という漢字でなく「理会」という漢字を当てるのは、「会」の字が「会得する」・「会心の笑み」などのようなことばで、理性的に「わかる」だけでなく、感性的にも「よくわかり、心にかなう」という意味の文脈で使われているからだということです。

ディルタイなど「精神科学」派と呼ばれる人たちは、人間の心理的な過程のかかわる領域を、「本原的に、全一的意味連関に於て与へられたもの」だといいます。(〈外の世界と違って、心の世界は、もともとそれだけで一つにまとまっている、神様がくださった、ありがたい、神聖な領域だ〉という意味でしょうか？) それを理由に、その領域を、自然科学の方法（分析と総合、仮説の検証による因果的関連の説明など、自然科学と同様の客観性をもった認識の方法）が及ぶべきでない聖域として（自然科学の対象となる領域から）隔離します。「精神科学」の一分野の「解釈学」は、その「精神科学」の対象となる領域に特有の認識の方法として、外の世界に対する、普遍性のある、客観的な認識の方法とは違った、「理会」のための「追体験」という主観的な方法を提唱しているのです。「全精神力の共同による全体的認識」だというその方法は、自分の「心」が他人の「心」に乗り移るかのように想像を働かせるということでしょうか。「追体験」というのは、通常の理性的・感性的認識と違う、神秘的な方法を意味するかのように感じられます。

　私たちの常識では、人間の心理的な過程は、その人の外に客観的に存在する世界といつもかかわりあっていて、それと隔絶された世界を形成するものではありません。たとえば、近所の火災を知って、驚き、そのことをだれかに伝えたいと思ったとき、その人は「火事！」と叫ぶでしょう。その叫びを聞いた人は、火災だと知って、それに対応するでしょう。その際、叫ぼうとする人の心理的な過程としては、(A) 火災という、外の世界の事実に対応するイメージができ、(B) その火災という事実に対する、その人の態度が形成されます。(これが「体験」と名づけられたプロセスに対応するものでしょう。) そして、「火事！」と叫ぶとき、叫ぶ人は、(A) 火災という、外の世界の事実に対応するイメージと、(B) 他人に伝え、対応する行動を促す意志をことばに表します。(これが「表現」と名づけられたプロセスに対応するものでしょう。) 叫んだ人によって発せられたことばは、叫んだ人を離れて、外の世界のものになります。

その、客観的な世界のものとなった「火事！」ということばには、（A）火災という事実を示す内容（このばあい、日本語を話すすべての人に共通して理解される、あらゆる火災に共通する特徴が抜き出されて、「火事」ということばの意味として示されています）と、（B）感情をこめてことがらを伝えようとする態度（ここでは、「一語文」という文法的な形によってそれが表されています）とが、一体となって、その内容として込められています。（この内容が「形象」と名づけられたものに対応するものでしょう。）このことばを聞いた人は、この、外の世界のものとなったことばから、（A）火災という事実を知り（叫んだ人のイメージと必ずしも同じではない、自分なりのイメージをつくりながらですが）、（B）叫んだ人が強い感情をこめて伝えていることを受けとめ（その思いのなかみを察しながらですが）、自分の態度を決める（事実を確認し、どう対応するか考える）ということになります。（これが「理会」と名づけられたプロセスに対応するものでしょう。）この例に限らず、あらゆる「表現」から「理会」への心理的過程に、基本点は共通で、（A）外の世界の事実を心理的過程に反映することと、（B）その事実に対応する態度を心理的過程のなかに形成することとが、結びついた形で進行します。このことは、人の心理的過程が外界から隔絶された特別の世界を形づくるものでないこと、そして、人が客観的な（認識の対象に対応した）、普遍性のある方法で、理性的・感性的な心理的過程、認識の活動をおこなうことができることを示しています。また、このような心理的過程を対象とする科学的な解明が、自然科学の方法と基本点では変わらない、認識の普遍的な方法によって、できることも、当然のことです。

　石山は、「精神科学」としての「解釈学」の、「追体験」を基本的な認識の方法とする考えを前提として認めていますが、それを前提としながら、「理会」は、「認識である限り、単なる主観的独断にあらずして、普遍的に、従ってまた客観的に妥当なる認識でなければならぬ」ともして

います。「自己を読む」という意見に代表されるような、主観的な読みを正当化する主張を否認していますが、「尤（もっと）も理会の客観的妥当性は……畢竟（ひっきょう）は無限の課題であって現実には容易に達成せられない」として、客観性・普遍妥当性の確保の困難さを述懐しています。「理会」とは何か……という問いに対する石山の答えは、①「精神的対象を追構成により追体験する作用」、②「客体的妥当性を要求する認識」、③「一定の原理と過程とに従へる理論的活動」、④「全精神力の共働による全体的認識」ですが、「①、および④」と「②」とは、両立するのでしょうか。「③」は、「①、および④」のためか、「②」のためか、どちらのためになるのでしょうか。

2）体験と表象・理念・情調

　石山脩平は、「体験」（人が外の世界に触れたときに起こる心の動き）は「表象と理念と情調との全一的連関」だといいます。

　まず、「表象」ですが、石山は、外の世界の、認識の具体的な対象を「事象」と呼び、その「事象」を反映する具体的なイメージを思い浮かべる作用を「表象」と呼んでいます。私なりに規定すれば、石山のいう「表象」は、「事象」に対する具体的な認識の「対象的（客観的）側面」だということができるでしょう。人はその「事象」に対して何らかの態度を取るでしょう。「事象」に対する態度は、「好き・嫌い」や「満足・不満足」や「高い評価・低い評価」などの具体的な態度です。石山のいう「情調」がこれに当たるものでしょう。石山は、「情調」の内容を「精神の流動の高低・遅速・強弱」、「快不快・興奮沈静・緊張弛緩」、これらが複合した「喜怒哀楽等の情緒」だといいます。私なりに規定すれば、石山のいう「情調」は、「事象」に対する具体的な認識の「評価的（主観的）側面」だということができるでしょう。人の心理的過程を「知・情・意」といいます。石山のいう「表象」と「情調」とが「事象」に対する具体的な認識の「知・情」に当たる部分だとすると、「意」（意志）は、どういう位置にあるのでしょうか。「意」は、「知」と「情」の両方を土台にして成り立つ、独自の心理的過程で、認識の「評価的側面」に属するものか

と思いますが、石山は、「体験の構造」を「対象面に即して」いえば、「表象と理念と情調との結合」としたのに続いて、「作用面に於ては表象と意志と感情」だと述べ、「意志」を「対象面」の「理念」に対応する「作用面」の過程として位置づけました。これが適切な位置づけなのか、私には理解できません。

　次に「理念」ですが、「対象を特定の意味連関に於て見出すとき、既にその作用の底に特定の価値希求を内包して居り、」その「自我の向かう価値方向、望ましきものとして要求せられる性質」を「理念と呼ぶ」といいます。石山の、この記述は、①対象自体に「特定の意味連関」や「特定の価値希求」という主観の世界のものが含まれていて（……ということは、対象そのものが、それを認識する人の心から独立して存在してはいない主観の世界のものであってということになります……）、人は、その主観的な対象のなかから「意味連関」や「価値希求」を発見するのだと考えているようにも受け取れますし、②それを認識する人の心から独立して存在する客観的な対象の存在を認めながら、そのなかに、多様な関係や法則性が客観的に実在していることを認めず、そのばらばらな対象に対応する、認識する人の主観のなかに、特定の「意味連関」が創造的に発生し（あるいは、特定の「意味連関」を創意的に「構成」し）、その「意味連関」に特定の「価値希求」が含まれていると考えているようにも受け取れます。どちらにせよ、石山の見解は、対象のなかに客観的な諸関係や法則性を発見する作用を、それに対して何らかの主観的な態度を取る作用のなかに解消する議論です。対象となる「事象」のなかや、いくつかの「事象」のあいだには、多様な関係や法則性が客観的に内在していて、人はその客観的な諸関係や法則性を具体的な諸相から抜き出して（抽象して）発見し、確認します。（法則性の発見のことを、石山の「意味連関」という用語を使って表現するのであれば、「客観的な諸関係を反映する『意味関連』を自分の主観のなかに構成すること」だといってもいいでしょう。）その法則性の認識を、石山のいう「理念」

の「対象的（客観的）側面」に対応するものと見ることができます。そして、法則性の認識に対応する「特定の価値希求」を、「理念」の「評価的（主観的）側面」と見ることができます。「理念」についても、「対象的（客観的）側面」と「評価的（主観的）側面」とについて、一方を他方に解消することなく、区別しつつ、統合してとらえるべきものでしょう。石山の理論は、その「対象的（客観的）側面」を軽視、あるいは無視し、「評価的（主観的）側面」ばかりを偏重する議論だといえます。この件については、「3)」の項の「主題」についての記述、「4)」の項の「精読」についての記述のところで、再度触れることになります。

なお、石山は、「綴り方」指導に関連して、文章表現以前に「体験の豊饒化と深化」、「事象に対する精密な且つ計画的な考察」がだいじだということを強調しています。現場の教師への助言として、だいじな指摘だと思います。

3）表現と構想……事象・主題・情調

石山脩平は「表現」について、①「表現」は「生の根源的要求であり、それ自身に満足を見出す所の自己目的の行動」である、②泣声、独り言など、伝達意図を持たない段階から、「体験内容をば他人によりよく理会され得べき形態に構成する」最高次の段階まで、各種の段階がある、③その最高次の段階では、「表現」前に、内面的準備として「腹案」としての「構想作用」を重視することになる、④「構想」の諸形態として、体験の内容をそのままに、あるいは「如何にも事実らしく思はれるように」加工して表現しようとする「写実主義」、「体験事実を想像化し、事実にあらざる作りごとを構成」する「浪漫主義」、「体験内容をば、他の事象を象徴として意味づけ」て表現しようとする「象徴主義」など、多様な「方向」があり、それが「操作に於て交錯し、結合して」いる……「文の内容」は「作者の体験そのものではなく、それが表現の要求によって想化されたもの、即ち『文の想』である」、⑤談話や文章が「時間的序列に於てのみ行はれる」ものなので、「想」には「線条性」があるが、

同時に、その「線条」を「表現の予想のもとに若干の段落に分けて秩序づける」こと……「想」の「分節化」が行われる、⑥「文の構造は、結局文にまで表現された所の想の構造」であり、それは「事象・主題・情調」の「3契機の綜合」であって、「事象」は「事象を統一整序し意味づける所の（「想」の）焦点」である「主題」によって統一されており、「情調」を帯びている……などと述べています。

　石山は、高次の段階の「表現」の前に、「体験」を「加工」して、「線条性」のある「分節化」された「腹案」をつくる作用と、その結果としての「腹案」の内容を「構想」または「想」と呼び、それを談話や文章としてことばで「表現」したものを「文」と呼びました。この「文」が、文法でいう「文　センテンス」のことではなく、その前後に文脈の連続が想定されない、ひとまとまりの完結した表現である〝談話または文章〟のことであることは、いうまでもありません。

　石山は、「体験」について述べた節では、「事象」という用語を客観的、具体的な対象について使い、主観の世界でそれに対応する作用や内容を「表象」という用語で表しました。ところが、「表現」について述べた節では、「事象」を「作者の体験に取り容れられ、且つ表現の意図に導かれて想化せられた」もの、「作者の意図によって選択され整序された所の」ものとしています。ここでは、「事象」は、客観的、具体的な対象でなく、あきらかに主観の世界のものを指しています。「事象」という同じ用語を、あえて、客観の世界のものと、主観の世界のものとの、あい異なる二つの意味を表すものとして使ったことに、混乱が見られます。

　石山は、「主題」は、「事象を統一整序し意味づける所の焦点」、「文全体を貫いて謂はば文の底に動いてゐる血脈、無形の力」だとし、「体験構造に於ては理念としたものが、文の構造に於ては主題」だともいい、「作者の意図」だともいいます。ここにも、文章の内容の対象的（客観的）側面を軽視し、評価的（主観的）側面を偏重する考えが表れています。

　文章の内容に〈書き手から独立して客観的に実在する対象を、書き手

が自分なりの見方でとらえた、対象の諸側面・諸関係を反映する内容〉（対象的〔客観的〕側面）と、〈その対象の諸側面・諸関係に対する書き手の態度（石山の用語では「価値希求」という）を表現する内容〉（評価的〔主観的〕側面）との両者が一体になっていることを前項で述べましたが、「文全体を貫いて謂はば文の底に動いてゐる血脈」としての「事象を統一整序する所の焦点」にも、この両面があり、これを区別しながら、合わせてとらえることが必要です。

　自然や社会の事実や法則などについて説明する文章や、それについての評価や意志を表明する文章の内容には、文章全体で取り扱ったことがらの中心点（要するに何について書いた文章か？）が「対象的（客観的）側面」としてあり、また、その中心点についての、文章としての（したがって、文章の筆者としての）態度（評価や意志）の表明（確認してそのまま伝えているか、肯定的にまたは否定的に評価しているか、関連して何らかの意志を表示しているかなど）が「評価的（主観的）側面」としてあります。「主題テーマ」という用語は前者にふさわしく、後者（「テーマ」に対して、「イデー」という用語で呼ばれているもの）には、他の適切な用語が用意されるべきだと思うのですが、……。一例をあげれば、「基調」など、……。文学作品のばあい、主として登場人物の行動によって事件が展開する経過が描かれる叙事的な作品でも、主として特定の具体的な状況のもとに置かれた登場人物（抒情的主人公）の心情が表現される抒情的な作品でも、作品のなかに具体的に描写され、表現されたことがらや心情は、現実の社会のなかの人間の生活の何らかの局面を代表するもの、あるいは、象徴するものと見ることができます。その具体的に描写・表現されたことがら（対象的〔客観的〕側面）の意味・本質、および、それと結びついた心情（評価的〔主観的〕側面）・「価値希求」の中心となる考え、この両者が合わさって「事象を統一整序する所の焦点」となっており、「文全体を貫いて謂はば文の底に動いてゐる血脈」になっていると見ることができます。そして、文学作品につい

ても、「主題」という用語は、それの対象的（客観的）側面、〈具体的に描写・表現されたことがらの意味・本質〉、〈現実の社会のなかの人間の生活のどんな側面を代表するものとして取り上げているか〉を表すものにふさわしく、それの評価的（主観的）側面、いいかえれば〈主題にかかわってどのような価値観が込められているか〉を表すものには、他の適切な用語が用意されるべきだと思うのですが、……。たとえば、「基調」など、……。具体的な例をあげることにしましょう。阿川弘之の「きかんしゃやえもん」(1959) は、「高齢の労働者のリタイア」という、この社会の、人生の一断面を「主題」とし、「（リタイアについての）悲しみと（その後の人生についての）願い」を「基調」(？) として、それを象徴する老朽化した機関車の引退を、機関車に対する哀惜の情を込めて、描き出しています。魯迅の「故郷」(1921) は、「地主と小作人とのあいだの心の隔絶」を「主題」として、「（その隔絶についての）衝撃的な深い悲しみと、将来この問題を解決する展望」を「基調」(？) として、描き出しています。金子兜太の「水脈の果て炎天の墓標を置きて去る」という句は、「多くの戦友が戦死した南の島からの復員」という「主題」にかかわって、「（生き残ったものとしての）鎮魂と反戦の思い」を「基調」(？) として表現しています。スケールの大きい長編小説などでは、小さな「主題」がいくつも複雑にからみあい、中心になる大きな「主題」のもとに統合されるという構造になっているでしょう。「主題」と「基調」(？) とを区別せずに同じものと見なし、作品の内容の「評価的（主観的）側面」ばかりを重視し、「対象的（客観的）側面」を軽視する考えには同意できません。

　なお、「作者の意図」と「主題」とは、別のものです。「作者の意図」は、表現後も作者の主観のなかにとどまります。「意図」は、「作品」に「外化」されません。「作品」がその「意図」のとおりになるかどうか、保障されませんし、表現の力量が足らず「意図」どおりにならないこともあるでしょう。また、「意図」を超えて、それ以上のことが作品の内容に含

まれることもあるでしょう。しかし、石山の所説によっても、「主題」は、「表現した人を離れて永続的固定的な姿になった」作品の、その内容にそなわった、「文全体を貫いて謂はば文の底に動いてゐる」ものです。「作者の意図」を想像する行為は、「主題」とは違うところに行きつくのではないでしょうか。

4）解釈……通読・精読・味読

　石山脩平は、ここで「理会」の一種である「解釈」の方法についての論述に進みます。

　その部分の前段で、石山は、「語から入るか、文から入るか」、「部分から入るか、全体から入るか」という問題や、「文そのものからわかることをもって解釈とするか、筆者の経歴を知っていっそうよくわかることをもって解釈とするか」という問題や、「『文の内容はそのとおりに受けとれるはずで、そうすべきだ』と考えるか、『文の内容は自分なりの受け取りかたでしか受け取れないし、それでいい』と考えるか」という問題などについて、対立するかのような意見それぞれが出てくる根拠や、それぞれが妥当とされる条件を検討して、一面的な断定をたしなめる主張をします。また、書き手、読み手双方が歴史的・社会的制約のなかにあることを考慮すべきだということにも言及します。ギリシャ哲学以来の「対立する両極の止揚」という「弁証法」的と称する論述は、示唆に富んでいると感じました。芦田恵之助も、垣内松三も、ここでは、その一面的な強調による論断について、たしなめられています。ただし、文章の内容の対象的（客観的）側面を重視する意見を「模写説としての素朴的客観主義」なるものに代表させて、それを「不当」・「浅薄」だとして一蹴し、文章の内容の評価的（主観的）側面を偏重する意見を「真実の解釈原理」なるもの（「追構成」による「追体験」）に代表させて、それを「主観主義と客観主義とを止揚綜合したもの」だとして評価するという論断など、同意できないものもあります。

　後段では、時間的経過にそって3段階で解釈を進めることを提唱し、

「通読」を第1段階、「精読」を第2段階、「味読」を第3段階とします。

　第1段階の「通読」では、①「素読」……「全文をともかく一二回乃至数回訓読すること」、②「注解」……「未知難解の語句に就てその一般的意味を理会すること」、③「文意の概観」……「素読と注解の結果として、おのづから全文の主題と事象と情調とが極く大体の形に於て会得されること」、この3要件が「相関連して同時に、若しくは循環的に、果たされる」とします。ここで、石山は、「注解は文の読解を根本要求とし、それに必要な先決条件として、先ず語句の一般的解釈及び文法的難点の一般的解決を求めること」として、訓詁注釈に深入りすることを戒めながら、「全文通読の暗礁突破のための」注解をだいじにすることを主張しています。そして、「最近の読方教育が動もすれば内容主義・文章法への心酔によって語句の一般的本源的意義の注解を怠り勝である」として、注解を軽視する傾向を批判しています。だいじな指摘だと思います。ただし、文章の読みを契機に、語句や文法的事項についての個別的な知識を蓄積していくことは、それ自体だいじなことですから、「暗礁突破のため」だけに限定せず、ことばを身につけていくことを、読みを妨げるような扱いを避けながら、重視していく必要があると思います。

　文章によっては、一読してただちに内容のすべてを読み取ることができるものもあるでしょうけれども、多くの文章は、何度も読みなおしながら読みを深めていくことが適切なものでしょう。そして、石山のいう「文全体を貫いて謂はば文の底に動いてゐる血脈」としての「事象を統一整序する所の焦点」を正確に把握したうえで文章の細部をも深く受けとめていくという段階に到達する以前に、文章の内容を「極く大体の形に於て」受けとめる段階を認めるのは、当然のことと考えられます。

　なお、戦後、多くの教師たち（宮城の宮崎典男、群馬の川野理夫など）の経験が（奥田靖雄などによって）理論化されて、この段階の「読み」について、(1)〈個々の事象が具体的に直接に指し示され、描き出さ

れていて、それに何らかの情調が伴っている〉……そういう内容(「描写形象」と呼ぶ)を順次に受けとめていくことと、(2)〈直接に指し示され、描き出されてはいないけれども、間接的に表現されている〉……そういう内容(「表現形象」と呼ぶ)を(たとえば、2か所以上の部分の内容を突き合わせて推理することなどによって)確実に、あますところなく受け止めていくことと、この二つの作業を区別し、指導を重層的に組み立てる方式が提唱されました。(1)の読みを「一次読み」(「描写形象の知覚」)と呼び、(2)の読みを「二次読み」(「表現形象の知覚」)と呼びます。これは、石山の考えを継承し、発展させたものということができるでしょう。なお、石山は、この段階で「真の主題をば，漠然ながらも的を外れずに予見」することを重視し、「読後の直観」として、あるいは「直下の会得」として、「仮定的主題」ながら、読み手の意識が「主題」に向かうことを、次の段階へのステップと見て、だいじにしています。もちろん、読み手が「文意の概観」において、漠然とでも「主題」を感じとることは、当然のことですし、だいじなことですが、しかし、この段階での指導を、具体的な描写と表現、それに伴う情調を隅々まで豊かに受け止めるようにという観点で方向づけているばあい、「仮定的主題」を話題にしたり、この段階のなかで次の段階(具体的な描写や表現から何か本質的なものを抜き出して考えるようにという観点で方向づける段階)に踏み込んだりすると、指導や学習の方向が混線し、順調に進展できなくなるのではないでしょうか。気をつけなければならないと思います。

　第2段階の「精読」では、①「全文の主題を探求し決定すること」、②「個々の事象を精査すると共にそれを主題に関連づけて統一すること」、③「個々の部分的情調及び全体としての統一的情調を味得し乃至はその情調のよって来る根拠を明らかにすること」、この3要件が「相互の関連に於て同時的に、又は循環的に果たさるべき」だとしています。ここでは、まず、二つの問題について検討しなければなりません。一つは、「主題の探求」の方法についてです。もう一つは、この段階の指導を「同

時的に又は循環的に」行うことについてです。

　第1点の、「主題探求」の方法についてですが、石山は、「反復熟読し、そこに捉へられたる事象や情調を全一的構造に統一し得べき価値方向……作者の如何なる意図を想定すれば全体としての統一を有ち得るかといふこと」を探求する……としています。それでいいのかということが問題です。石山が「主題」と呼ぶものに、対象的（客観的）側面と評価的（主観的）側面とがあり、石山は、その対象的（客観的）側面を無視、あるいは軽視して、評価的（主観的）側面のなかに解消しているということを、私は、前項で指摘しましたが、同じことをここでも繰り返さなければなりません。「主題探求」の方法を、作者の「意図」の想定、事象の奥にある「価値方向」の推定だとすることは、探求の対象を筆者の主観、しかも、その評価的側面にしぼることになります。「主題」の探求においては、まず、文章に「何が書いてあるか」、「書いてあることがらの中心は何か」、「作品に描かれた（主要な、個別的な）事件は、人間の生活のどんな普遍的なことを代表しているのか」……これを明らかにすることが必要です。これが通常「テーマ（主題）」と呼ばれるものでしょう。それとあわせて、文章が「そのテーマにかかわって、どんな評価・意志・態度を表現しているか」をとらえることが必要です。これは、たとえば「基調」などと呼ばれているのではないでしょうか。石山は、平家物語について、「戦記は……平家二十年間の栄枯盛衰の跡であり、恋物語は……女性をめぐる涙ぐましき場面」であるが、これらはすべて「雑多な事象」に過ぎず、「主題」は「戦いにあらず恋にあらずして、人生の無常観」だとしていますが、この記述に、「主題」の探求において、「何が書いてあるか」を軽視して、筆者の主観、とりわけ、その「価値方向」に関心を集中する一面性がよく表れています。

　石山の説く「主題探求」の方法は、「全文を反復熟読し」、「直観に反省を加える」ことです。（精読段階全般について述べる文脈のなかでですが）「非合理的直観を加へて」ということも述べています。解釈学

の、〈外界に対する認識の普遍的な方法は、心理的過程には適用できない〉、〈「理会」の方法は、「全精神力の共同による全体的認識」にもとづく「追体験」、（外界の対象に対する認識から切り離された形での）直観・内省・想像の主観的プロセスだ〉、〈文章は筆者の主観を想像するための媒介に過ぎない〉とする考えが背景にあることは、もちろんです。石山の所説は「主題探求」の〝合理的〟な方法を示すことを断念するものでしょう。ただし、石山は、教師が「主題」にかかわると認定した語句を異常に強調して、子どもの意識を特定の「意図」に誘導するような授業に対して苦言を呈し、「主題展開の主要契機を表す語句を取り出すこと」は「至当の仕事」だと認めるが、「牽強付会の解釈」に陥らぬようにと繰り返し注意し、「読者の主観の内省といふよりも寧ろ文そのものの一層精密なる検討」がだいじだと強調しています。だいじな指摘だと思います。

　「主題」を、文章に表現されていることがらの本質としてとらえる立場からは、文章の内容に対する知的な分析・総合こそ「主題探求」の方法だということができます。説明的・論説的な文章であれば、文章全体を、その内容に注目して、文章を構成している部分に分け、各部分の内容と、部分間の関係、文章全体の中での各部分の役割を明らかにすることによって、「主題」に接近できるのではないでしょうか。叙事的な文学作品であれば、発端から展開部を経て頂点に至る事件の経過が、抒情的な文学作品であれば、抒情的主人公の感情の動きを起こさせた状況が、現実の人間の生活のどんな局面を代表するものとして表現されているかを推理することによって、「主題」に迫ることができるのではないでしょうか。そして、その「主題」にかかわって、文章に込められている評価・意志・態度も、文章の構成の知的な解明によって、明らかにできるのではないでしょうか。叙事的な文学作品のばあい、頂点から結末に至る過程に、推理の重要な手がかりがあるということができます。(「主題」にかかわって、文章に込められている評価・意志・態度を、私は、仮に「基調」と呼びましたが、宮崎典男などの読み方指導過程論では、これを「理

想」という用語で呼んでいます。）

　なお、「主題を決定する」とか、「事象を主題に関連づけて統一する」とかいう表現には違和感を持ちました。「事象」も「主題」も、文章のなかに、個々の読者から独立した存在として、込められているもので、読者が主観的に「決定」したり、「統一」したりするものではありません。「主題を確認する」とか、「事象を主題との関連を考慮に入れて思い描く」とかいうべきところではないでしょうか。

　第２点の、この段階の指導を「同時的に又は循環的に」行うことについてですが、石山は、（Ａ）「全文の主題を探求」し、また、「統一的情調」を把握することと、（Ｂ）「主題」との「関連」を意識しながら「個々の事象を精査」し、「統一的情調」とあわせて「部分的情調を味得」することとを、「同時的に、又は循環的に」行う……としています。しかし、それでは、指導が混乱しないかということが問題です。

　石山の所説では、主題の探求・統一的情調の把握の方法を、反復熟読と直観の反省によるものとしていて、知的な分析・総合を基本的にはしりぞけているので、（Ａ）と（Ｂ）との方法に質の違いが見いだせず、その「同時的・循環的」な進行に矛盾がないようにみえますが、主題の探求・統一的情調の把握の方法を知的な分析・総合とする観点にたったばあい、（Ａ）と（Ｂ）との「同時的・循環的」な進行は、困難に直面することになります。（Ａ）「全文の主題を探求」し、また、「統一的情調」を把握することは、文章全体に対して知的な解明を加えるという、具体から抽象へという方向の作業であり、（Ｂ）「主題」との「関連」を意識しながら「個々の事象を精査」し、「統一的情調」とあわせて「部分的情調を味得」することは、文章全体についての知的な理解を前提として、細部まで「味得」するという、抽象の結果を前提にして具体へという方向の作業です。この、方向の異なる二つの作業を、混ぜないで、はっきり区別し、（Ａ）が先で、（Ｂ）が後という、段階的な順序を基本とすることが、授業の場では必要なのだと思います。（すくなくとも「同時的」と

いうわけにはいかないでしょう。実際の授業で、教師が（A）と（B）との区別を意識しながら、「循環的」に進行させることは、あるかもしれませんが、……。）そのような、（A）が先で（B）があとという段階的な順序を採用したばあい、この第２段階「精読」の（B）と第３段階の「味読とを区別する必要がなくなります。（B）に相当する部分を、この段階から取り出して、第３段階の「味読」のところに送り込むのが適切だということになります。（宮崎典男などの読み方指導過程論では、この（A）に相当する部分を、「一次読み・二次読み」のあとに位置づけ、「主題・理想の理解」の段階としています。この段階のあとに、（B）および「味読」に相当する段階を置いて、その段階を「表現よみ」と名づけています。これも、石山の考えを批判的に検討して、発展させたものだということができます。）

　第３段階の「味読」では、石山は、朗読と、暗誦と、感想発表とを重視しています。

　なお、「解釈」において、この３段階に先立って行う、文献に対する「本文批評」にも言及し、この３段階のあとに、「批評」の活動があることにも触れています。「批評」には、評者が筆者の視点に立ってする「内在的批評」と、評者自身の視点で、筆者の視点の外から行う「超越的批評」とがあるとし、学校教育での「批評」としては、教科書教材について「名文の名文たる所以」を明らかにするのが「原則」だとしています。

　文章の解釈のほかに、「人格」についての解釈、「文化財」についての解釈についても、所論を展開しています。

石山脩平の所論の受け継げないところ、受け継げるところ

　石山脩平の所論を、「教育的解釈学」の論述の展開に沿って、紹介・論評してきましたが、まとめていえば、第一に、①文章の内容の対象的（客観的）側面を軽視し、評価的（主観的）側面を偏重すること、②文章の内容に対する知的な分析・総合を基本的には

しりぞけること、このふたつの特徴で、主観的・非合理的な「解釈学」の枠のなかのもの、垣内松三のしごとの延長上のものということができます。しかし、第二に、その枠のなかで、合理的な「認識の普遍性・客観性」をだいじにする発想が動いていて、主観的・非合理的な理論の枠からはみ出すような貴重な卓見を部分的にはいくつも示しています。一面的な断定をいましめる柔軟な見方と、小学校の現場の教師の授業に寄せる暖かで率直な目があります。「読み」の指導についていえば、「（文章に表現された）事象を統一整序する所の焦点」を正確に把握したうえで、文章の細部まで「事象と情調」を深く受けとめていく「読み」に到達するよう指導することを提唱し、それに到達するまでの「指導過程」を「段階的」に組み立てるよう提言するなど、発展的に継承すべきものがあります。

別記

○参考文献
「教育的解釈学」石山脩平（1935 賢文館）
「教育国語 3　石山脩平『教育的解釈学』をどう継承するか——文学作品の指導過程を中心として——」宮崎典男（1965 麦書房）
○「解釈学」の考えの基本についての論評は、第 11 章の繰り返しになってしまいました。垣内の考えと石山の考えとに共通するところについて、同じことをまた書いたということです。しかし、この章では、石山流の「弁証法」が拾い出した、解釈学の非合理の教条と対立する、正当な命題を評価することがだいじだと思っています。
○石山の所説についての論評にかかわって、戦後の「教育科学研究会国語教育部会」の、奥田靖雄・宮崎典男に代表される、「読み方指導」についての実践・研究の到達点について、その要点に言及しましたが、くわしくは、次の文献をご覧ください。
「読み方教育の理論」奥田靖雄・国分一太郎編（1963 国土社）の「第一部五章　よみ方教育論における主観主義」奥田靖雄
「国語教育の理論」奥田靖雄・国分一太郎編（1964 麦書房）の「第一部　文学作品の読み方指導」の各論稿
「続 国語教育の理論」奥田靖雄・国分一太郎編（1966 麦書房）の「第二部　文学作品の読み方指導」の各論稿

第17章　国民学校

「皇国ノ道錬成」の国民学校発足

1941年3月1日公布、4月1日施行の「国民学校令」によって、太平洋戦争開戦（12月8日）の年に、「小学校」（尋常科・高等科）が「国民学校」（初等科・高等科）になりました。「国民学校」は「皇国ノ道ニ則リテ初等普通教育ヲ施シ国民ノ基礎的錬成ヲ為ス」ことを目的として設けられました。

国民学校には、5つの「教科」が設定されました。「①国民科、②理数科、③体錬科、④芸能科、⑤（高等科に）実業科」です。この5つの「教科」のなかに、それぞれいくつかの「科目」が置かれました。「国民科」には「(1) 修身、(2) 国語、(3) 国史、(4) 地理」、「理数科」には「(1) 算数、(2) 理科」、「体錬科」には「(1) 体操、(2) 武道」、「芸能科」には「(1) 音楽、(2) 習字、(3) 図画、(4) 工作、(5)（女子に）裁縫、(6)（高等科女子に）家事」、「実業科」には「(1) 農業、(2) 工業、(3) 商業、(4) 水産」です。すべての「教科」・「科目」に、天皇が統治する国家の政策遂行に献身的に奉仕する国民を育てるという観点がつらぬかれています。

「皇国ノ道」にのっとる「国民ノ基礎的錬成」の内容・方法について、国民学校令施行規則は、次の10項目をあげています。

① 教育ニ関スル勅語ノ趣旨ヲ奉体シテ教育ノ全般ニ亙（わた）リ皇国ノ道ヲ修練セシメ特ニ国体ニ対スル信念ヲ深カラシムベシ
② 国民生活ニ必須ナル普通ノ知識技能ヲ体得セシメ情操ヲ醇化シ健全ナル心身ノ育成ニ力（つと）ムベシ
③ 我ガ国文化ノ特質ヲ明ナラシムルト共ニ東亜及世界ノ大勢ニ付キテ知ラシメ皇国ノ地位ト使命トノ自覚ニ導キ大国民タルノ資質ヲ啓培スルニ

力ムベシ
④　心身ヲ一体トシテ教育シ教授、訓練、養護ノ分離ヲ避クベシ
⑤　各教科並(ならび)ニ科目ハ其ノ特色ヲ発揮セシムルト共ニ相互ノ関聯ヲ緊密ナラシメ之ヲ国民錬成ノ一途(いっと)ニ帰セシムベシ
⑥　儀式、学校行事等ヲ重ンジ之ヲ教科ト併セ一体トシテ教育ノ実ヲ挙グルニ力ムベシ
⑦　家庭及社会トノ聯絡ヲ緊密ニシテ児童ノ教育ヲ全カラシムルニ力ムベシ
⑧　教育ヲ国民ノ生活ニ即シテ具体的実際的ナラシムベシ
　高等科ニ於テハ尚将来ノ職業生活ニ対シ適切ナル指導ヲ行フベシ
⑨　児童心身ノ発達ニ留意シ男女ノ特性、個性、環境等ヲ顧慮シテ適切ナル教育ヲ行フベシ
⑩　児童ノ興味ヲ喚起シ自修ノ習慣ヲ養フニ力ムベシ

　「錬成」ということばは「練磨育成」を意味し、「主知的教授を排し、心身一体として教育」して「国民としての統一的人格の育成を期する」ことだとしています。学校は、社会や人生についての科学的な認識を育てる知育を排除して、「皇国の使命に対する自覚」の「体認」を徹底する「道場」にされました。「学制百年史」（文部科学省・学制百年史編集委員会　1981）は、次のように書いています。「けだし『錬成』、『道場』、『型』、『行』、『団体訓練』というようなことばは、国民学校の教育方法として最もしばしば用いられたものである。……当時は、一年生はおろか、幼稚園児までも、朝の宮城遥拝につぐ団体行進やかけあし訓練がしいられ、……『必勝の信念』と『堅忍持久』の精神がたたきこまれた。……多くの学校では、武道場に改装された体育館はもとより、各教室にまで神だなが設けられた。……また礼法とか礼節が強調され、15度とか30度の礼のしかたを正確にするため、大きな定規を作って、いちいち児童たちのからだに当てて指導した学校もあった。」

教科「国民科」の科目「国語科」

「国民科」という教科は、「我ガ国ノ道徳、言語、歴史、国土国勢ニ付テ習得セシメ特ニ国体ノ精華ヲ明ニシテ国民精神ヲ涵養シ皇国ノ使命ヲ自覚セシムルヲ以テ要旨トス」、「皇国ニ生マレタル喜ヲ感ゼシメ敬神、奉公ノ真義ヲ体得セシムベシ」、「我ガ国ノ歴史、国土ガ優秀ナル国民性ヲ育成シタル所以ヲ知ラシムルト共ニ我ガ国文化ノ特質ヲ明ニシテ其ノ創造発展ニ力ムルノ精神ヲ養フベシ」、「他教科ト相俟（あいま）チテ政治、経済、国防、海洋等ニ関スル事項ノ教授ニ留意スベシ」という趣旨の教科で、その一部として、「修身・国史・地理」とともに、「国語」という科目が位置づけられました。その「国語」という科目は、「日常ノ国語ヲ習得セシメ其ノ理会力ト発表力トヲ養ヒ国民的思考感動ヲ通ジテ国民精神ヲ涵養スルモノトス」とされました。「国語ニ於テハ読ミ方綴リ方書キ方話シ方ヲ課スベシ」と、4つの分野を示し、「読ミ方」のところに「言語ノ練習ニ留意シ且正確ニ書写スルコトヲ指導」するように、「話シ方」のところに「併セテ聴キ方ノ練習ヲ」するようにということを書き加え、「我ガ国語ノ特質ヲ知ラシメ国語ヲ尊重愛護スルノ念ヲ培ヒ其ノ醇化ニ力ムルノ精神ヲ養フベシ」としています。なお、「芸能科習字」という科目では「文字書写ノ技能ヲ修練セシメ鑑賞スルノ能力ヲ養ヒ国民的情操ヲ醇化スルモノトス」としています。

「国民的思考感動」めざす第5期の国定教科書

1941年から4年かけて順次発行された第5期の国定教科書は、低学年用読本「ヨミカタ　一」が「アカイ　アカイ　アサヒ　アサヒ」ではじまっているので、「アサヒ読本」と呼ばれましたが、これの編纂にも参加した文部省図書監修官の井上赳は、戦後に回想して、次のようなことを書いています。「待っていたといわぬばかりに、数百項にわたる教材細目を整然と並べ立てた大きな紙片幾枚が、軍の教育統監部本部長の名に於いて図書局へ移牒されて」くる、（1943年就任の）岡部文相などは「大臣自身、丹念に教科書原稿をいじくり回わ」した。この証言から

も「国民的思考感動ヲ通ジテ国民精神ヲ涵養スル」という方針を具体化する動きがどんなだったかわかります。

　国民学校一年生の読本を見ても、「アカイ　アカイ　アサヒ　アサヒ」、「ハト　コイ　コイ」、「コマイヌサン　ア　コマイヌサン　ウン」に続くのは「ヒノマルノ　ハタ　バンザイ　バンザイ」、「ヘイタイサン　ススメ　ススメ　チテ　チテ　タ　トタ　テテ　タテ　タ」です。「チテ　チテ　タ」は進軍ラッパのひびきでしょう。「キ　ヲ　ツケ。ミギヘ　ナラヘ。ナホレ。バンガウ。一、二、三、四、五、六。」というのもあります。「マンシウノ　ヲジサン」が送ってくれた本に「マンシウノ　空ノ　ウツクシイコト」、「ヒロイ　ヒロイ　ノハラニ、カウリャント　イッテ　日本ノ　キビニ　ニタ　モノガ　デキル　コト」が書いてあって、「ヒロビロトシタ　マンシウヘ　勇サンハ　イッテ　見タク　ナリマシタ。」とあります。「兵タイゴッコ」では、勇さんが「オモチャノ　テッパウ」を持って「ボクハ　ホ兵ダヨ」といい、正男さんが「タケウマ」に乗って「ボクハ　キ兵ダヨ」といい、太郎さんが「竹ノ　ツツ」を持って「ボクハ　ハウ兵ダヨ」といい、次郎さんは「小サイ　シャベル」を持って「ボクハ　工兵ダヨ」といい、正次さんは「三リンシャ」に乗って「ボクハ　センシャヘイダヨ」といい、秋男さんは「ヲリガミノ　グライダー」を持って「ボクハ　カウクウ兵ダヨ」といい、一郎さんは「オモチャノ　ジドウシャ」を持って「ボクハ　シチョウ兵ダヨ」といい、花子さんとユリ子さんは「私タチハ　カンゴフニ　ナリマセウ」といいます。一家で写真を写し、戦地の兄さんに送るという文章で、お父さんが「シャシンニ、コエモ　ウツルト　イイガナ。」というと、おじいさんが「手ガミヲ　ヤレバ　イイサ。ゲンキデ　オクニノタメニ　シッカリ　ハタラケト　カイテヤラウ」といいます。巻末は「日本の　しるしに　はたが　ある。朝日を　うつした　日の丸の　はた。日本の　しるしに　山が　ある。すがたの　りっぱな　ふじの　やま。日本の　しるしに　うたが　ある。ありがたい　うた。君が代の　うた。」です。
　第5期の国定教科書「ヨミカタ・よみかた・初等科国語・高等科国語」には、

どの学年の読本にも、子どもの遊びや生活の情景などに軍事の知識や戦意高揚の呼びかけを織り込んだ教材があり、各種の逸話や神話などに皇室や国家神道を尊崇する態度、日本の国家や文化の優越性や日本の行う戦争の正当性の主張、愛国心の鼓吹等を盛り込んだ教材があり、戦場や後方での軍事の活動を美化して描いた教材があり、東アジア諸地域の風物を紹介して日本の国益との関係を暗示する教材があり、国策に忠実な、軍国主義的な「少國民」を育てるのに役立つ文章がたくさん集められています。

　これらの多くの教材は、戦後すぐ、子どもたちの手で、墨で塗られ、削除されたり、修正されたりしました。

「コトバ ノ オケイコ」の形式的な言語活動訓練

第5期国定教科書では、低学年（国民学校1・2年生）用に、読本「ヨミカタ　一・二」、「よみかた　三・四」のほかに、言語活動の練習のための教本「コトバ　ノ　オケイコ　一・二」、「ことば　の　おけいこ　三・四」が編纂されました。読本に主として「皇国の道」の思想教育の役割を重く負わせた結果、そのことによって不足することになると考えられた、国策遂行に必要な言語活動の能力を補強するために、このような技能訓練の教本が必要だと編纂者が判断したのでしょう。「精神主義」の強化が「技能主義」の強化をもたらしたと見ることができます。

　文部省著作「教師用書」には、この言語活動の教本は「『ヨミカタ』に相即して児童に国語活動をなさしめるための」もので、「ヨミカタの教材を話すことに発展させる部分、発音・語法・カナヅカヒに注意せしめる部分、綴方へ橋渡しをする部分、書き方を修練せしめる部分等」から成り立つとしてあります。井上赳は、戦後の回想で、当時、修身の教科書と国語の教科書との統合を求められたのに応じないで、国語の教科書を守り存続させたことを語り、さらに、「話し方」が国民学校の教育課程に明確に位置づけられたことと、この教本が作成されたこととが、戦後重視された言語活動指導の端緒を開いたことにもなるという趣旨のことを述べています。「国語」

という科目をもっぱら「国民的思考感動・国民精神」の思想教育の場と見なす一面的な主張に、国策遂行のためにも言語活動の能力の向上が必要だとする主張で対抗し、言語活動の指導を守ったということでしょうか。

しかし、この教本のなかみは、知育排除の修練というわくのなかの、形式的な言語活動の訓練の教本です。それは、次のような特徴からいえることです。

まず、この教本で子どもたちに課している言語活動の練習の大部分が、生活のなかで目にする事物をよく見て、その姿を描き出したり、その特徴を説明したりすることからかけ離れているということです。たとえば、点線をなぞって文字を完成させたり、文章をそのまま書き写したり、読本から抜き出した文の一部を伏せて作った空欄を読本から拾い出した語句で埋めたり、読本から抜き出したいくつかの文をそれぞれ上下に分断して、上下それぞれ順序を変えて並べたものについて、上下対応するものを線で結んだり。子どもたちに興味を持たせながら、練習に引き込もうとはしているようですが、言語活動に不可欠の、対象を認識して描写・表現・通達する行動とは無縁の、形式的な反復練習がほとんどです。

次に、ことばについての知識という点では、伝統的な「かなづかい」をひとつひとつ覚えることにかなり力を入れていて、「オトウサン・オカアサン」の「オ」と「ヲヂサン・ヲバサン」の「ヲ」の区別など、多くのページを「かなづかい」の練習に当てていますが、音声や語彙や文法にかかわって、一つ覚えたら同種のこといろいろに応用できて表現力を豊かにすることになるような練習は見られません。普遍性、法則性のある知識を子どもたちのものにしようという観点が欠けていて、取り上げる事象はほとんどが個別的なものです。

もうひとつあげれば、読本の文章に即して、どんな練習をさせるか考えるという方法で作られているので、課した練習を土台にして次の練習に発展させる系統性・順次性がほとんど見られません。読本の文章が全体として「易から難へ」という感じに配列されているから、練習も一応

「易から難へ」という感じになってはいますが、ひとつひとつの練習課題がそれだけで一応完結していて、練習の配列に論理的な必然性が感じられません。

　ことばや文字の学習のための教材は、第9章でふれたことの繰り返しになりますが、子どもたちの心理に十分な配慮を加えつつ、ことばや文字の法則性をふまえて、順次的・系統的に学べるように作られたものでなければなりません。そういうものであれば、一つ学んだことが同じ性質を持つ同種のことに応用でき、表現や理解の能力を高めるのに役立つものになります。しかし、「コトバ　ノ　オケイコ」・「ことば　の　おけいこ」は、そのようなものとはほど遠いものでした。

　言語活動の経験によってその能力を高めるための教材は、「赤い鳥」や「生活綴り方」の運動のなかで追求されてきた観点〈生活のなかの事実を見つめ、その事実とそれにかかわる実感を的確に・豊かに表現し、伝えるように〉ということを基本として、作られる必要があります。また、〈文章の内容を全面的に（その対象的側面・評価的側面の双方にわたって）深く・生き生きと（描写・表現・説明されていることがらの本質を理解しつつ、細部まで具象的なイメージとして思い浮かべながら）読みとるように〉ということを基本として、作られる必要があります。しかし、「コトバ　ノ　オケイコ」・「ことば　の　おけいこ」は、そのようなものともほど遠いものでした。

戦争が終わるころの子どもたちの状態　　太平洋戦争の経過を見ると、1941年12月の開戦からほぼ半年のあいだ、日本の陸海軍は、東南アジアの諸地域と南太平洋などに出撃して、占領地を広げましたが、ミッドウェー海戦、ガダルカナル島の戦闘で敗北して以後、敗退を重ね、1945年に入ると、日本本土への空襲、沖縄での戦闘、広島長崎への原爆投下、ソ連の参戦、ポツダム宣言受諾ということになります。子どもたちは空腹と不衛生と恐怖の毎日を過ごし、安心して学習で

きる状態ではありませんでした。命を落とした子ども、家族を失った子ども、家を焼かれた子どもも数多く、惨状が広がりました。1944年から学童疎開が行われました。また、「決戦非常措置ニ基ク学徒動員」が実施されました。この、学徒勤労動員は「中等学校以上の学徒」を対象にしたものでしたから、年長の「青年」だけでなく、中等学校低学年の「少年少女」も、同じ年齢の、国民学校高等科の「少年少女」も、おおぜいが学校を離れて、毎日軍需工場などで働きました。1945年の4月からは、「国民学校初等科ヲ除キ、学校ニ於ケル授業ハ……原則トシテ之ヲ停止スル」ということになりました。終戦後、学校の授業はしだいに回復し、子どもたちは、アメリカ軍の支配のもとで、「墨塗り教科書」を使い、青空教室（屋外に机・椅子を並べて教室とする）や2部授業（早番の子どもは午前に、遅番の子どもは午後に登校する）などで学びました。そして、国民学校の制度は、1947年に「6・3制」と呼ばれる新教育制度が発足することで、終末を迎えました。

別記

〇参考文献
　「国語教育史資料第五巻　教育課程史」増渕恒吉編（1981 東京法令出版）
　「日本教科書大系　近代編第4～9巻」海後宗臣・仲新編（1963～1964 講談社）
　「学制百年史」文部科学省・学制百年史編集委員会（1981）

第18章 「大東亜共栄圏」と日本語

「大東亜共栄圏」と日本語の「進出」

1940年に第2次近衛内閣が「大東亜新秩序建設、国防国家体制の完成」という「基本国策」を閣議決定し、1941年12月太平洋戦争開戦直後、東条首相が1月の施政方針演説で「大東亜共栄圏建設」という方針を宣言しました。戦争を進める体制の日本が、植民地・従属国を、中国全土、東南アジア全域、南太平洋へと、武力でさらに拡大し、日本を盟主とする国家連合をつくろうとする方針です。この方針のもとで、「言語は思想戦の尖兵」という考えが主張され、「大東亜全域への日本語の進出」がはかられました。「日本語を通じて東亜の諸民族に我が民族と同一の思考、同一の感動を促し、以って我が文化を発揚し、我が国民精神を高揚せしめることが根底とならなければならぬ」という考えのもとで、「日の丸の後を日本語が進軍する」といわれるような状態が広がったのです。

太平洋戦争の時期の日本語の「進出」について見るのに先立って、その前史を見ていくことにします。それは、日本が日清戦争以来、植民地・従属国・占領地で何をしてきたかという歴史のなかで、日本語教育と日本語普及とがどうだったかを見ていくことです。

台湾の植民地支配と日本語教育

東アジアの諸民族に宗主国あるいは盟主のことばとして日本語を強制することは、日本が日清戦争で、下関条約によって、台湾の領有権を1895年に獲得した直後に開始されました。「国家のための教育」という考えで教

育行政にかかわり、音楽教育や吃音矯正の分野で実績を残した伊沢修二が、台湾総督府の事業として、7人の日本語教師とともに台北市北部の丘のうえに日本語学校「芝山巌学堂」を開設し、数名の子どもたちに日本語を教えたことが、その最初の着手です。この事業は、植民地支配に対する住民の抵抗を鎮圧する軍事行動と同時に進められたので、授業は丘の下からひびく砲声を聞きながら行われました。伊沢は「兵力を以て之を征服」するだけでなく、「心の底までも之を服従せしむる」ための最初のしごととして、この事業に取り組んだのです。翌年の1月に、植民地支配に抵抗する集団が「芝山巌」を襲撃し、（伊沢と教師1名は所用で帰国していて）教師6名が殺害されました。総督府は、毎年この教師6名を顕彰する行事を行い、植民地支配のための日本語教育を激励しました。伊沢は、島内各地に「国語伝習所」など日本語を教える学校を設け、日本語教師養成と子どもに対する日本語教育に力をいれました。

　1898年に台湾総督府は「台湾公学校令」を公布し、台湾人の子弟に「徳育ヲ施シ実学ヲ授ケ」、「国語ニ精通セシムル」ことを「本旨」として「公学校」を設けました。総督府は、内地で「国定」の教科書が使われるのより3年早く、「府定」の教科書「台湾教科用書国民読本」を発行し、1901年からの使用に供しました。教育用語に母語を使用することを禁止しましたが、その方針を徹底することはできませんでした。その後、教科書の改定が4回ありました。どれも「国定」教科書の改定のあとにその影響を受けて行われたものです。第1期「台湾教科用書国民読本」（1901～1903）、第2期「公学校用国語読本」（1913～1914）、第3期「公学校用国語読本」（1923～1926）、第4期「公学校用国語読本」（1937～1942）、第5期「コクゴ・こくご・初等科国語」（1942～1944）。教科書の内容は、それぞれの時期の国の政策を反映したものになりました。

　総督府は1919年に「台湾教育令」を公布し、これまでの「国語ニ精通セシムル」という「本旨」を「国民タルノ性格ヲ涵養シ国語ヲ普及スル」というものに改めました。植民地支配を受け入れる思想の教育を強化する

ことと、子ども本人だけでなく、家庭や社会全体に日本語を広げようとすることを盛り込んだと見ることができます。社会教育の分野でも、「国語講習所」・「国語演習会」・「国語常用家庭」制度など、日本語普及のさまざまな施策が展開されました。

　台湾の平野部には、中国南部から移住してきた、中国語の方言を話す住民が以前から多数生活していましたが、それとともに、山岳部を中心に、昔からこの島に住んでいた少数民族の原住民が生活していました。この原住民は、いくつもの部族に分かれ、それぞれ違ったことばを話していました。そのことばは、オーストロネシア語族に属することばです。（オーストロネシア語族というのは、フィリピン、マレー、インドネシア、マダガスカル、南太平洋などで話される諸言語の総称です。）この原住民に対する日本語教育を担当したのは、台湾総督府の警察官でした。部落に駐在する警察官が治安維持の職務のかたわら原住民に応急の医療・施薬を行い、子どもたちに礼儀作法と日本語を教えました。その教育施設は「蕃童教育所」と呼ばれました。総督府は、「公学校」用の「読本」のほかに1915年に原住民の子どものための「蕃人読本」を発行して、日本語教育に供しました。

　台湾植民地支配の最初の時期に、天皇と議会は、時限立法で総督に、日本の憲法と法律にかかわらず、法律に相当する命令を出す権限を委任しました。それで、総督は植民地支配に抵抗する人々に刑法より苛酷な刑罰を科すなど、植民地用の特別な政策を強行することができました。この時限立法の期間は何度も引き伸ばされて、1921年末まで続きました。そのあいだに議会では「内地の法制を植民地に延長せよ」、「植民地住民の同化を進めよ」という主張が強まり、1922年からは、内地の法制を台湾に延長することが原則になり、総督が命令を発する権限は、台湾特殊の事情により必要あるばあいと臨時緊急を要するばあいに限って、天皇の承認を前提として、認められることになりました。これは植民地の人々の人権と自由を認めずに、差別し強権的に支配する方式から、植民地の人々の人権と自

由を部分的に認めながら、差別をなくすという名目で民族的アイデンティティーを奪っていく「同化政策」への転換と見ることができます。この政策転換によって、1922年の新「教育令」は、これまで「小学校」に入る子どもと「公学校」に入る子どもの区別を、「『内地人』か、『本島人』か」としてきた分け方をやめて「『国語ヲ常用スル者』か『国語ヲ常用セサル者』か」とする分け方にし、たてまえでは「内地人」と「本島人」との共学を承認することにしました。そして、太平洋戦争開戦の1941年に「台湾公立国民学校規則」で「小学校」も「公学校」も「国民学校」になり、「皇国の道ニ則リテ国民ノ基礎的錬成ヲ為ス」という軍国主義教育になっていきます。

朝鮮の植民地支配と日本語教育

清国を宗主国とする国であった朝鮮を日清戦争によって清の政治的な影響力から切り離すことに成功した日本は、中国東北部の権益をめぐってロシアと対抗しながら、朝鮮への内政干渉を強め、日露戦争とそれ以後の時期に「大韓帝国」の内政・外交の権利を奪って、これを「保護国」とし、「統監府」を置いて支配しました。この時期には、日本の小学校に相当する「普通学校」、中学校に相当する「高等普通学校」に「日語」という教科が置かれました。この教科は随意科目から必修科目にされていきました。日本語教育が外国語教育として進められたのです。

1910年の「韓国併合」で、朝鮮に対する植民地支配を仕上げると、朝鮮総督府は、日本語教育の教科名を「国語」としました。1911年の「朝鮮教育令」は、普通教育について、「教育ニ関スル勅語ノ旨趣ニ基キ忠良ナル国民ヲ育成スル」ことを「本義」とし、「普通教育ハ普通ノ知識技能ヲ授ケ特ニ国民タルノ性格ヲ涵養シ国語ヲ普及スルコト」を「目的」とするとしています。併合の前に朝鮮語教育のための「国語」という名前だった教科は「朝鮮語及漢文」という教科名に変えられ、朝鮮語とともに、日本語の学習にも役立つ漢字や漢語の学習を重視するものとされ、時間数は

「国語」の3分の1程度になりました。さらに朝鮮総督府は、授業で使うことばを原則として日本語としました。1912年～1915年には、第2期「国定教科書」を参考にした「普通学校国語読本」を発行しました。この読本は、その後、「朝鮮教育令」の改正や「国定教科書」の改定などに対応して、4回改定されます。（第4期は「初等国語読本」、第5期は「ヨミカタ・よみかた・初等国語」という名前になります。）教科書の内容がそれぞれの時期の国の政策を反映したものになったことはいうまでもありません。

　「韓国併合」後の植民地支配は、天皇直属の陸海軍大将が朝鮮総督になって、法律に相当する命令を発し、現地の軍隊を統率して、政務全般を統括する「武断政治」でした。軍事警察としての憲兵があらゆる分野で職権を行使し、常駐する軍隊が植民地支配に抵抗する行動を鎮圧し、言論・出版・集会・結社を（例外的に許したもの以外）すべて禁止しました。土地調査事業によって大地主の土地所有を保障し、所有者の認定されない山林を国有にしました。小作人の貧困がいっそう深刻になりました。官吏も教師も制服帯剣で執務や授業に臨みました。総督府は、青年や成人の日本語学習を奨励し、各地で「国語講習会」が開催され、憲兵や「普通学校」の教師が指導に当たりました。

　「武断政治」のもとで、圧政に苦しめられた人々の不満が蓄積されていきました。その不満が一挙に爆発したのが「三・一独立運動」です。1919年の3月1日、宗教指導者の呼びかけにこたえて、ソウルの公園に数万人の人々が集まり、「独立宣言書」を読み上げ、「独立万歳」を叫びながら、示威行進を行いました。これを支持する運動が各地に広がり、2か月ほど続きました。警察の発表では参加者は50万人ほどですが、運動を進めた側は200万人を超える参加と記録しています。日本政府は増援の軍隊を派遣し、総督府は「強圧手段ヲ用ヰ」て「鎮圧平定」に当たりました。堤岩里という村では、憲兵が住民を教会に集め、軍刀で切り殺し、銃殺し、教会に火を放って焼死させ、全村を焼き払いました。

　「武断政治」を続けられなくなった日本政府は、その年の夏に植民地支

配のやり方を「文化政治」に切りかえます。言論・出版・集会・結社を（検閲で「不穏思想ヲ伝播スルノ余地」ありと認めたもの以外は）許し、警察制度を憲兵によるものから普通の警察によるものに変え、総督の「軍ヲ統率スル」権限を縮小して、「司令官ニ兵力ノ使用ヲ請求」することにしました。植民地支配に協力的な朝鮮人を行政の仕組みに組み入れることにつとめました。官吏と教員の帯剣も取りやめになりました。議会で「内地の法制を植民地に延長せよ」、「植民地住民の同化を進めよ」という主張が強まり、政府は、植民地の人々の人権と自由を部分的に認めながら、差別をなくすという名目で民族的アイデンティティーを奪っていく「同化政策」への転換をはかったのです。

　「一視同仁」というあいことばのもとに、1922年、第2次「朝鮮教育令」が公布されました。これまで日本人の子どもは（内地の教育制度で）「小学校」へ、朝鮮人の子どもは（朝鮮の教育制度で）「普通学校」へ通っていたのですが、この「教育令」では、「日本人か、朝鮮人か」で区別するのをやめて、「国語ヲ常用スル者」を「小学校・中学校・高等女学校」で、「国語ヲ常用セサル者」を「普通学校・高等普通学校・女子高等普通学校」で教育するということにして、たてまえでは「内鮮共学」としました。「普通学校」の教科「朝鮮語及漢文」は必修教科の「朝鮮語」と随意教科の「漢文」とに分けられました。朝鮮語の扱いに配慮をしたということでしょうか。しかし、「普通学校」の授業で使うことばを朝鮮語にしたいという、多くの朝鮮人の願いは、かなえられませんでした。

　1931年からの満州事変、1937年からの日中戦争と、日本は大陸への侵略戦争を拡大していきました。朝鮮は、前線に近い後方基地、食料や地下資源などの供給地としての役割を負わされました。1937年に「皇国臣民ノ誓詞」が制定され、子どもは「私共ハ大日本帝国ノ臣民デアリマス。私共ハ心ヲ合セテ天皇陛下ニ忠義ヲ尽シマス。」と、中等学校以上の青年やおとなは「我等ハ皇国臣民ナリ。忠誠以テ君国ニ奉ゼン。」と、唱えさせられました。戦争遂行のための「皇民化政策」です。1938年の第3次「朝

鮮教育令」で、総督府は、「普通学校」を「小学校」とし、「高等普通学校・女子高等普通学校」を「中学校・高等女学校」とし、学校の名前をそろえて、「同化政策」を強化しました。「内鮮一体」というスローガンが掲げられ、学校は「忠良ナル皇国臣民」育成の場ということになりました。必修科目だった「朝鮮語」が随意教科に切りかえられ、授業時間数も「国語」の４分の１ぐらいに減らされました。そして、太平洋戦争開戦の年、1941年には「小学校」が「国民学校」になり、「皇国の道ニ則リテ国民ノ基礎的錬成ヲ為ス」という軍国主義教育になっていきます。「国民学校」では教科「朝鮮語」が廃止されました。

　1939年からの「創氏改名」は、戸籍上の氏名を日本風に改めることを認め、勧める政策です。朝鮮の「姓」は本人の歴代父方の祖先からの血縁の家系を表すもので、結婚しても変わらず、夫婦別姓です。日本の、先代から継承した家族の名前を表す「氏」とは性格が異なるものです。それが朝鮮の伝統・文化です。そこに日本式の制度を持ち込み、家族名の「氏」を（「姓」が「金」であれば、「金井」とか「金田」とか）日本風に創設し、「名」も日本風の名前に改めることを推奨したのです。これは朝鮮の伝統・文化をこわし、日本への「同化」を進める政策です。事実上一人ひとりの「名前」まで奪ったことになります。

　1942年の「朝鮮語学会事件」は、警察が朝鮮語研究者の研究活動を民族主義の運動と見なして弾圧した事件です。警察が、社会主義者かと疑った青年の家宅捜査をした際、その青年の姪の少女の、「学校で国語を使ってしまい、先生に叱られた」と書いてある日記を見つけて押収し、この少女が「朝鮮語」を「国語」と呼んだのはだれの影響によるのか取り調べ、朝鮮語辞典を編纂している研究者に行き着いたのです。その研究者を連行し、辞典の原稿を犯罪の証拠として押収し、辞典編纂に参加した研究者11人、研究活動の団体「朝鮮語学会」に所属する研究者33人を「治安維持法違反」の疑いで逮捕しました。判決前に２人が獄死し、実刑判決を受けた５人が刑務所に収監されました。

この1942年には、「朝鮮人に対する徴兵制1944年度実施」の準備に着手する閣議決定が行われ、その準備の一つとして「国語常用・国語全解」運動や、「一日一語」運動が進められました。「一日一語」運動は、子どもが学校で指示される日本語の語句を、一日一語、家庭に持ち帰り、日本語の話せない家族に覚えさせる運動です。子どもが学校で朝鮮語を話すことを禁じるだけでなく、家庭で家族が日本語を常用するように求めたのです。しかし、「皇民化政策」も、朝鮮の家庭から朝鮮語を奪うことはできませんでした。

「南洋群島」委任統治と日本語教育

1914年、第一次世界大戦に参戦した日本はドイツがスペインから奪ったり、買い取ったりして得たドイツ領ニューギニアの赤道以北の諸島（今日の北マリアナ諸島、パラオ、ミクロネシア連邦、マーシャル諸島）を占領しました。日本は1919年のベルサイユ条約で、その諸島の統治を国際連盟から委任されました。日本は、この地域を「南洋群島」と呼び、1922年に「南洋庁」を置いて支配しました。国際連盟脱退後も太平洋戦争終結まで領有を続けました。委任統治領だったからでしょうか、島民に日本国籍を与えませんでしたが、台湾・朝鮮で比較的新しい時期に行ったのと同じような、「同化政策」にもとづく日本語教育を行いました。

信託統治以前には、軍が占領し、支配しました。はじめ軍の政庁が、やがて、軍のもとに置かれた民政署が教育をつかさどり、内地から派遣された教師だけでなく、軍人も「南洋群島小学校」、改称して「南洋群島島民学校」の教壇に立っていました。この時期の「島民学校」の「規則」には、「皇恩ヲ感受セシメ国語ヲ教ヘ」とあります。南洋庁が設置されると、日本人の子どもは「小学校（のちに国民学校）」で、島民の子どもは「公学校」で学ぶこととし、「公学校」の教育は「児童身体ノ発達ニ留意シテ徳育ヲ施シ生活ノ向上ニ必須ナル普通ノ知識技能ヲ授クル」ことを「本旨」とすることになりました。「皇恩ヲ感受セシメ」などの文言がなくなったのは

国際連盟に報告する都合上差し控えたのでしょうか。

　1917 年に「南洋群島国語読本」が編纂され、1925 年からの改定で第 2 次本が、1932 年からの改定で第 3 次本が、1937 年からの改定で第 4 次本が（「公学校国語読本」という名前で）編纂されました。

「満州」支配と日本語教育　　日清戦争の結果いったん日本が領有し、その後ロシア・フランス・ドイツの要求で、清国に返還した遼東半島について、ロシアがその先端部、大連周辺の地域を、中国北東部での鉄道敷設権とあわせて清国から租借していましたが、日露戦争の結果、日本がその大連周辺の地域と南満州鉄道附属地との租借権を獲得しました。「関東州」と名づけられたこの租借地については、潜在主権が清国に、辛亥革命以後は中華民国にあり、日本は租借料を支払って、「関東都督府」（のち「関東庁」、「関東州庁」）を置き、1905 年からこの地を支配したのです。この状態は太平洋戦争終結まで続きました。この地域での日本語教育については、日露戦争のさなかに陸軍が着手し、「都督府」が「公学堂」、「蒙学堂」、後に「普通学堂」を設けてこれを進めました。「普通学堂」では、外国語としての日本語の授業時間が母語としての中国語の時間より少なく、日本語教育以外の授業はほとんど中国語で行われました。租借地だったからでしょうか、国際都市だったからでしょうか、中国人の抵抗を考慮に入れたからでしょうか、この地域では「皇民化政策」の波は激しくなかったようです。なお、日本語の授業が中国語を使わずに原則として日本語の対話で行う「直接法」によって行われていたことが報告されていますが、どの程度徹底していたのかわかりません。

　1931 年、陸軍（関東軍）が、瀋陽郊外の柳条湖で鉄道線路を自分で爆破し、これを中国軍の犯行だとして、中国軍への総攻撃を開始し、中国の東北部（現在の遼寧省・吉林省・黒竜江省および内モンゴル自治区東部）を占領しました。これが「満州事変」です。この関東軍の武力を背景に、1932 年、清朝最後の皇帝だった溥儀を「執政」とする「満州国」の建国が宣言されました。在住

日本人も、中国人・モンゴル人・在住ロシア人などとともにこの国の構成員となり、日本人が行政のしくみの中核に入って、国政の運営に当たりました。1934年に溥儀を「皇帝」にしましたが、政治の実権は日本人の手にありました。「満州国」は、日本の従属国として間接的な支配のもとに置かれたのです。

1937年、盧溝橋事件をきっかけに、日本は侵略戦争を中国全土へ広げ、日中戦争となりました。1938年に近衛内閣が「東亜新秩序建設」の声明を発表しました。

その時期1938年に、「満州国」の政府は、小学校に相当する「国民学校」の教科「国民科」で、「国語」として学習することばを、住民の多数が中国語を母語とする地域では「日本語と中国語」、住民の多数がモンゴル語を母語とする地域では「日本語とモンゴル語」としました。中学校に当たる「国民高等学校」では、教科「国語」のほかに教科「語学」を設け、モンゴル語・中国語・ロシア語・英語から選択できるようにしました。日本語が、中国語・モンゴル語とともに「国語」の一つとされ、そのなかでもいちばん高い地位を占めたのです。教科書は「満州国」の「国定教科書」でした。「国民学校」の授業は日本語で行われるところと、母語で行われるところがあり、「国民高等学校」の授業はすべて日本語で行われました。1940年には、日本の国家神道の神である「天照大神」をまつる「建国神廟」が建設され、参拝や最敬礼が強制されました。日本の「大政翼賛会」に相当する「協和会」が思想教育の組織として活動しました。そして、「満州帝国教育会」や「満州国語研究会」や「南満州鉄道株式会社」などが講習会や検定試験などさまざまな日本語普及の事業を進めました。日本語は、公用語として高い地位を占めましたが、住民の実生活のなかに浸透することにはなりませんでした。

山口喜一郎と「直接法」　日本語が母語でない人々に日本語を教える方法を、教師としてくふうし、研究者として理論化し、指導者としてリードした人に、山口喜一郎がいます。芝山巌事件で殺

害された教師たちの後任として、内地から台湾に何度か派遣されてきた教師のなかに、山口がいました。山口は、1896年の暮れに台湾に着任し、伊沢修二のもとで日本語指導に当たっていたのですが、フランス人フランソワ・グアンの、外国語指導法についての著作の内容を知る機会があり、その影響を受けて、自分の指導法を開発しました。「直接法」と呼ばれる山口の指導法は、学習者の母語を原則として使わずに、日本語の話しことばによる問答・対話を主要な手段として、具体的な事物、その動き・状態や、それに対する具体的な態度、感情に対応させながら、日本語による言語活動の経験をとおして、時間をかけて日本語を学ばせていく方法です。

　山口の方法と異なる方法として行われていた方法は、「対訳法」と呼ばれる方法で、日本語の重要な語句や基本的な例文、あるいは読本の文章と、それを学習者の母語に翻訳したものとを示し、日本語と母語とを対比させながら、日本語を学ばせていく方法です。しかし、台湾ではこの方法がうまくいかなかったようです。その主要な原因は、教師が双方のことばをよく理解して指導に当たることが困難だったことにあるようです。山口の方法は、実践のなかで改良されながら、普及されました。そして、成果をあげたものとして、高く評価されました。幼い子どもたちに外国語を学ばせるのに、母語を身につけたのと基本的に同じプロセスを、濃縮したやりかたで経験させる「直接法」は、人がことばを身につける過程の共通性を基盤にしているという点で、根拠があります。また、植民地支配の政策として学習者の母語の使用を教室でほとんど禁じているという条件のもとでは、「直接法」が状況に適合していたのでしょう。また、植民地の人々に日本語で言語活動を行わせることが「我が民族と同一の思考、同一の感動を促し、我が国民精神を高揚せしめる」ことになるという、当時の支配的な考えからも、具体的な感情の動きをともないながら（母語でなく）日本語で考えることを求める「直接法」は、好ましいものとされたのでしょう。

　山口喜一郎は、韓国併合の翌年の1911年に、朝鮮総督府に招かれ、朝鮮での日本語教育の指導に当たりました。さらに、1925年に、「関東州」

第18章　「大東亜共栄圏」と日本語

に招かれ、旅順で日本語教育の指導にあたり、「満州国」の日本語教育についても発言しました。1938年からは北京で、1944年からは大連で、指導や研究にあたりました。

　「満州国」では大出正篤（おおいでまさひろ）という人が「速成法」という方法を提唱して、日本語教育を指導していました。大出の影響力は中国北部にも及んでいました。大出の方法は、主として成人を対象として、「対訳法」と「直接法」とを取り合わせたもので、日本語の、ふりがなのついた文章と、それの中国語訳とを学習者に与えて、予習を求め、教室ではその日本語の文章を話題にして、日本語で対話をするというものです。行政、鉄道、炭鉱、商工業関係などの成人が仕事や生活の必要から急いで日本語を習得するには、大出の「速成法」が有効だったようで、大出が作成した教科書が広く普及されていました。双方の支持者のあいだで、「直接法」と「速成法」との優劣をめぐる論争もありましたが、子どもへの指導法は、「満州国」でも、「直接法」がたてまえとされました。

　山口は、1933年に著書「外国語としての我が国語の教授法」を刊行し、自分の経験と理論をまとめて発表しました。話しことばを重視し、言語活動の経験のなかで、日本語を習得させるという山口の方法は、外国語教育の一つの方法として、存在意義があると思います。なお、山口は、言語活動の教材の配列に、音韻・表記・語彙・文法の体系性にもとづく順次性を基本とすることをしりぞけました。そのような方針で編集された多くの教科書で、用例が現実の言語活動からかけはなれていることに、がまんができなかったのでしょう。言語活動の教材が、学習する言語による認識・通達の心理過程と切り離されていては、言語を正常に習得することにならないのは、当然のことです。しかし、その当然のことを基本としながら、外国語の言語活動の教材の配列に、音韻・表記・語彙・文法の体系性にもとづく順次性を考慮に入れることは、必要なのではないでしょうか。ところで、山口の影響が、「言語活動の経験によって表現・理解・通達の能力を高める」という、戦後間もない時期の「国語科」学習指導の方法に及んでいるといわれています。それ

は、そのとおりでしょう。しかし、戦後間もない時期の「国語科」学習指導の方法の特徴の一つは、日本語についての知育を排除することです。山口は、日本語による言語活動の経験によって、日本語による表現・理解の習得がある程度進んだ段階で、学んだことを整理する意味でならという条件つきですが、日本語の音韻・表記・語彙・文法についての体系的な知識を学ぶことを承認しています。この違いは、だいじだと思うのですが、どうでしょう。

中国全域への侵略と日本語の「進出」

1937年からの日中戦争で日本は中国全域に侵略の軍隊を進めようとし、その占領地を中国東部一帯に広げました。1937年の「南京事件」では、日本軍が数万人（あるいは十数万人）の中国の民衆を殺害したことが報道されました。1940年・1941年の「重慶絨毯(じゅうたん)爆撃」は（スペイン内乱に介入したナチス・ドイツの、1937年の「ゲルニカ爆撃」に続く）多数の民衆を無差別に殺戮する爆撃で、アメリカ軍の日本空襲などの先例となりました。日本軍は、いたるところで中国の人々に大きな被害、苦しみを与えました。

　日本の軍隊は、その占領地を支配する手段として、日本語を普及することに取り組みました。陸軍の部隊には「宣撫班」という住民対策の部署が置かれていて、食事や医薬の提供など各種のイベントを行いながら、「東亜新秩序の建設」など占領の目的を宣伝し、軍への住民の協力を求めました。日本語や日本文化の普及に当たったのも、この部署です。「宣撫班」は部隊の移動とともに移動し、最前線で住民対策に当たりました。占領支配が一定の地域に及ぶと、「弁公処」（事務所）が設けられ、そこが「宣撫工作」の拠点になりました。日本語の普及といっても、中国語と日本語の、日常会話の語句や文を対比して示したパンフレットを配ったり、キャラメルや氷砂糖を受け取りに集まってきた子どもたちに簡単な会話や日本の歌を教えたりすることが主要な内容だったようです。

　「満州事変」以後、「満州国」以外の中国東部の小学校や中等学校でも、

外国語教育として日本語を教える学校が増えていきました。日本軍が駐屯していた地域で、中国人による地域政府が日本軍の影響下に置かれたところでは、中学校などで日本語が必修の教科になりました。しかし、その成果があまりあがらなかったと多くの関係者が語っています。

　1938 年に日本の政府は占領地に対する政務を統括する政府の機関として「興亜院」を設けました。その総裁には首相が就任し、その実権を軍の幹部が握りました。この「興亜院」が 1939 年に「日本語普及方策要領」を立案しました。日本語普及を出先機関に任せるのでなく、国家としての統一的な方針のもとに推進しようということです。「興亜院」が日本語普及のためにまず実施したことは、日本の軍事力を背景に汪兆銘が１９４０年に南京に樹立した「南京国民政府」のもとに、日本語教師を多数派遣することでした。この教師に対する事前指導としての「錬成」は、「東亜新秩序建設」などの国策についての思想教育が中心で、日本語教育の内容・方法についての研修は軽視されていました。汪兆銘政府は、これの受け入れに消極的でした。「興亜院」の計画のもとで、日本語教科書の編纂も着手されましたが、完成を見ないうちに太平洋戦争の終結となりました。

　「興亜院」と文部省との両者のもとに、1940 年に、外郭団体「日本語教育振興会」が設立され、1941 年には、文部大臣を会長とし興亜院・文部省の幹部が運営の中心になる「日本語教育振興会」が再発足します。この団体には、官庁・軍・研究者・教育関係者・ジャーナリズム関係者など、各界の有力者が集められ、機関誌「日本語」が 1941 年に発刊されました。この団体が東アジア全域に日本語を「進出」させる活動の中心になり、1945 年まで存続しました。

東南アジアへの侵略と日本語の「進出」

1940 年の「仏印進駐」が日本の軍隊の東南アジア派兵の最初です。今日のベトナム・ラオス・カンボジアは当時フランスの植民地であり、フランス領「インドシナ」、「仏印」と呼ばれていました。日本は、中国蒋介

石政権を支援するルートを断つためにということで、当時ナチス・ドイツの影響下にあった、ペタンを首班とするヴィシー政権の承諾を得て、「インドシナ」北部に派兵し、フランスと日本との共同で「インドシナ」を支配する体制をつくりました。太平洋戦争開戦の前年のことです。この年、日本はナチスのドイツ、ファッショのイタリアと軍事同盟を結び、1941年には、フランスに軍港と軍用飛行場の提供を要求して、ヴィシー政権の承諾のもとに、「インドシナ」南部に派兵し、アメリカ・イギリスなど連合国との対立を抜き差しならぬものにしました。

　フランスとの共同支配のもとでは、教育行政をフランスの植民地政府が握っていたということもあって、「皇民化政策」も、日本語普及も、露骨に押し出すことにならず、日本語学校を設けたり、公務員などの希望者に対して日本語講習会を行ったりすることで手いっぱいでした。

　1944年に連合国の反撃によってヴィシー政権が崩壊し、ドゴールの政権になると、1945年、東京がアメリカ軍の大空襲を受けた日、日本軍が急にフランスの植民地政府を攻撃・打倒するクーデターを行い、「インドシナ」全土を日本の支配下に置きました。日本は、ベトナム・ラオス・カンボジアの「帝」や「王」などにフランスからの「独立」を宣言させ、伝統的な体制を利用して支配する方式で支配を続けましたが、ホー・チミンが指導するベトナム独立同盟は、それを「独立」だと認めず、抵抗を強めました。こうして、太平洋戦争終結・日本敗退、ベトナム民主共和国発足、連合国軍（イギリス軍・中国軍）進駐・フランス軍との交代、ベトナム民主共和国と植民地支配復活をめざすフランスとのインドシナ戦争、17度線での南北両国への分割、アメリカの介入とベトナム戦争……という経過になっていきます。

　1941年12月8日に、日本はアメリカ・イギリスに宣戦を布告しました。この日、海軍がハワイを奇襲するのと同時に、陸軍がマレー半島に上陸し、東南アジア全域への戦端を開きました。戦争の初期、日本軍は、マレー（マ

第18章 「大東亜共栄圏」と日本語

レー半島とカリマンタン島北部・イギリス領)・シンガポール(イギリス領)・フィリピン(アメリカ領)・インドネシア(オランダ領)・ビルマ(イギリス領)などを次々と占領し、軍政下に置きました。

1942年には、日本の政府に「大東亜省」が設けられました。これまでの、植民地開発を担当する拓務省、占領地行政を担当する興亜院などを廃止・統合して作った、東アジア全域を直接・間接に支配する政策を進める機関です。「日本語教育振興会」の事業も、この機関のもとで展開されました。

日本の東南アジア支配の方針は(1943年の御前会議で確認された「大東亜政略指導大綱」によると)「マライ・スマトラ・ボルネオ・セレベス」を「帝国領土・重要資源の供給地」として確保し、「ビルマ・フィリピン」については独立を認めるというものでした。「タイ」とは協力を強化、「インドシナ」については、フランスとの共同支配を続けながら、権益を拡大する方針、其の他の占領地域については、「マライ・スマトラ・ボルネオ・セレベス」の扱いに準じて、後日決定とのことです。「ビルマ」の独立については、政治家バー・モウらの利用価値と信頼関係を重視したのでしょうか。「フィリピン」の独立については、政治家ラウレルらの協力を取りつけるのに、アメリカが「フィリピンの1944年独立」を約束していたので、それより早い時期の独立を約束する必要があったのでしょう。「フィリピン」と「ビルマ」が1943年に独立を宣言し、その年日本が招集した「大東亜会議」には、日本を盟主とする国家連合の首脳として、ラウレル、バー・モウが、汪兆銘、「満州国」国務総理、「タイ」王族とともに参加しました。(イギリスの植民地であったインドから、チャンドラ・ボースの傍聴参加が認められました。)「帝国領土」に予定されていた「インドネシア」に対しては、独立をめざしているスカルノやハッタの参加を認めませんでした。「シンガポール」・「マレーシア」からの参加を認めなかったことも、もちろんです。「インドシナ」に対しては、日本の十分な従属下にあるわけではなかったからでしょう、バオダイにも、シハヌークにも、ラオスの王族にも、参加を認めませんでした。

東南アジア占領地に対する軍事支配の一環として、日本語の普及も重視され、第25軍（マレー・シンガポール占領軍）、第16軍（フィリピン・インドネシア占領軍）、第15軍（ビルマ占領軍）の「政監部」がそれを担当しました。「日常の簡易なる日本語会話及仮名文字の普及は、統治を容易ならしむる有効な手段」であり、「在来の学校其他各種機関を利用して之が普及に努むること」というのが、その基本方針でした。ただし、「軍事目的の遂行に重大なる影響なき不都合は之を黙過」するように、「住民の教育向上如きに特別の関心を示すこと」がないようにということでした。さらに、「現地に於ける固有語は、可成之を尊重」せよ、「大東亜の共通語として日本語の普及」をはかれ、「欧米語は可及的速に之を廃止し得るが如く措置」せよ、「学習者の母語又は第三国語（英語・中国語など）によらず」教授せよ、……こういう指針が示されました。作家・詩人・文学研究者などの文筆家も「徴用」され、日本語普及の活動に動員されました。さらに800人を超える日本語教師が「軍属」として現地に派遣され、日本語教育に当たりました。教科書は、現地で編纂されたものが多かったということです。

　シンガポールでは、占領直後に、軍が中国系住民を集め、「敵性華僑」だと思ったものを選び出して、数千人（数万人だという人もいます）を機関銃で殺害しました。中国での1937年の「南京事件」と並ぶ、この虐殺事件に象徴されるように、マレー・シンガポール占領軍は、強圧的な態度で現地の人々に臨みました。「皇民化教育」を持ち込み、すべての学校で日本語を必修にし、英語・中国語の学校を日本語の学校に変え、教育用語も日本語とマレー語を基本にしました。軍は英語の使用禁止を考えていましたが、市長がその実施を無期延期しました。日本語を公用語にすることはできず、学校での英語・中国語使用が認められることになりました。太平洋戦争終結・日本敗退後、この地域はイギリスの植民地に戻ります。マレーシア連邦の成立は1963年、シンガポール共和国の成立は1965年のことです。

第 18 章　「大東亜共栄圏」と日本語

　インドネシア占領軍は、「性急な画一策を戒める」方針で臨み、住民の「固有の文化と伝統は差支へなき限りこれを認め、」「欧米に対する崇拝観念は排除」するという態度で軍政に当たりました。「蘭領東インド」、「蘭印」と呼ばれていたインドネシアは、長くオランダの植民地でしたが、オランダ本国がナチス・ドイツに占領されていて、その王室や政府はイギリスに亡命していました。それで、日本軍は、現地オランダ軍との長期の激戦を経ないで、占領支配に入り、独立をめざしていた政治家スカルノやハッタらの協力も得て、軍政を続けました。オランダは、植民地支配に当たって、住民を近代の文化から遠ざけるという意味で、オランダ語を学ばせることを抑制していたので、占領軍が、無償または低廉な学費で教育を受けられるようにし、インドネシア語を尊重し、合わせて日本語を必修にしたことは、現地の人々に受け入れられました。もちろんそれは、日本語の学習が当面の生活に役立ち、職を得たり、職場での地位を高めたりするのに有用だったからです。日本語教育に、はじめは、兵士が当たっていましたが、やがて多数の日本語教師が派遣されてきて、これを推進しました。日本政府は、インドネシアを「帝国領土」として直接支配する計画だったのですが、1944 年、日本の敗色が強まった時期に、スカルノやハッタなどが日本政府にインドネシア独立の承認を要求し、小磯首相が声明を出して、インドネシア独立を約束しました。そして、太平洋戦争終結後にインドネシア共和国が発足し、植民地支配復活をめざすオランダとの 4 年余の戦争を経て、インドネシアの独立が達成されます。

　フィリピンは 16 世紀からスペインの植民地、1898 年からアメリカの植民地でした。住民の話すことばはタガログ語ですが、19 世紀後半になって、スペインはスペイン語の普及に、アメリカは英語の普及に力を入れ、識字率もほぼ 5 割に達していました。日本の占領軍は、「比島行政府」を置いて間接的に支配する方式を取って、タガログ語を国語とし、合わせて日本

語を普及することとしました。1943年から日本語を学校の必修科目とし、指導法は「直接法」を原則とすることにしましたが、日本から派遣された教師の多数が英語教師で、授業では英語を使うことが多かったとのことです。1943年の秋に形式上は独立国としましたから、「皇民化教育」を強制することができませんでした。住民は、日本の支配より、アメリカの支配のほうがよかったと感じているものが多く、1944年の後半、国土が激戦地になり、日本の敗退が明らかになると、日本語教育も困難になりました。日本軍撤退のあと、亡命していた、アメリカ影響下のフィリピン人による行政機構が復権し、それを母体として、フィリピン共和国の建国となります。

　ビルマは、イギリスの植民地でした。日本軍と協力してイギリスからの独立を達成しようと考えていたバー・モウと、バー・モウを利用してビルマを支配しようと考えていた日本軍との思惑が一致して、日本軍は、バー・モウに協力していたアウン・サンらの独立義勇軍の力も借りて、ビルマを占領しました。日本は、1943年に「ビルマ国」の形式上の「独立」を認めました。日本の南方軍総司令部が、日本語をビルマの学校で必修科目にするよう、ビルマ占領軍に求めましたが、現地の司令官は、バー・モウとの協議で、日本語を随意科目にとどめ、英語を教育手段として残す方針を了承しました。日本が独自の日本語学校を設けることは了承されました。日本の敗色が濃くなった時期、アウン・サンらが連合国側に転じて、日本支配下の政府に対してクーデターを起こし、大戦終結後イギリスが植民地支配者に返り咲きました。バー・モウは日本に亡命。アウン・サンはイギリスからの独立運動を続けましたが、1948年の独立を見ずに暗殺されました。

第 18 章 「大東亜共栄圏」と日本語

国際文化振興会「日本語基本語彙」と青年文化協会「日本語基本文型」

日本語が母語でない学習者に日本語を学習させる際に、どれだけの単語、どれだけの文法の事項を、どのように提示するのかという課題を避けるわけにいきません。この点にかかわって、2冊の本について触れることにします。

　ひとつは、1944年刊行の国際文化振興会「日本語基本語彙」です。「国際文化振興会」は、日本の文化を海外に紹介することを目的として1935年に設けられた、外務省の外郭団体ですが、1940年からは内閣の情報局の監督下に置かれていました。この本は、「日本語の教授者や教科書、読物の編集者などへの参考資料」として「学習上の便宜」のための「第一次の基礎になる語彙」、「日常普通の日本語の基本語彙」を2000語あまり示したものです。石黒修ら5人の委員が、着手から刊行まで4年半ほどかけて、検討して選びました。まず武信由太郎「新和英大辞典」の見出し語から、5人の委員がそれぞれ「基本語彙」だと思う語を抜き出して、それを突き合わせ、まず5人全員が選んだ単語を一応検討したうえで採用し、次に、4人以内の人が選んだ単語ひとつひとつについて、いろいろのジャンルの文章や教科書語彙調査の結果などを参考にして、採用の可否を論議し、全員一致で認めたものを採用するという手順で、「主観的」に選定したとのことです。統計学の知識を駆使した、外国の語彙調査の方法や成果はすでに紹介されており、発達心理学の研究者による幼児の語彙獲得の調査なども同じ時期に進められていましたが、この時期、当面の要請にこたえるには、この「主観的」な方法が妥当だったのでしょう。しかし、太平洋戦争終結前年の刊行です。この本のなかみがどれだけ活用されたかという点では、期待されただけの成果がえられなかったのではないでしょうか。戦後に国立国語研究所などで進められた、統計学に基礎を置く語彙調査などの先駆をなすものとして、貴重なものだったと思います。

　もうひとつは、1942年刊行の青年文化協会「日本語練習用日本語基本

文型」です。「青年文化協会」は1939年発足の民間団体で、日本語の普及など、文化の面での東南アジア「進出」がその事業でした。この本は、日本語の「表現の型」をもとにした「典型的な実例」を示して、反復練習に役立てようという考えで、興水実ら編著者が選定した118種の「基本文型」を列挙したものです。この本の編纂趣意に「外国人に日本語の構造・特性をよく理解させ、日本語の上達を計るには、これまでの文典のやうに、定義や説明を主にしたものではいけない。なぜなら外国人は日本語そのものが未熟であるから、定義や説明の言葉がわからないからである。たとひ翻訳説明によって、そこに書いてあることがわかったとしても、それは単に知識に止まる。ここに外国人の日本語学習用文典は、典型的な実例を示して、これを反復修練させる以外に方法がない。そしてそのためには、我が国では未開拓であるが、広く表現の型といふものを調査して、その上に立つのでなければならない。」とあります。「文型」というのは、たとえば「○○が○○に○○を○○シた」のようなものです、「○○」のところに適切な単語をいろいろ「代入」することによって、さまざまな文を構成することができます。この本の編著者は、「文型」を3種に分類して示しました。第1は、「第一篇　表現の種々の場合に於ける文型」34種……大部分が、文末で話し手の種々の態度（断定、命令、禁止、許可、質問、推量、等々）を表現する「文型」です。第2は、「第二篇　語の用法に関する文型」78種……大部分が、「助詞」など「文法的意味」を表すことばをひとつふくむ「文型」です。第3は、「第三篇　文の構造に関する文型」6種……文の成分が結びついて文を構成する型が列挙されています。そして、分類された、3種の枠のなかに、選定された多くの「文型」がおおむね順不同で列挙されています。

　外国語の学習で「文型」による練習を説明ぬきで行うことが文法の事項の習得に役立つ理由は、その過程が、母語を習得する子どもが一応身につけた文法の事項をいっそう定着させ、使用に習熟する過程と共通性をもっているからです。たとえば、幼児が「ママがいるよ。」、「パパがいるよ。」

……を繰り返して、あらゆる「○○がいるよ。」という文に共通する文法の事項を一応身につけたのちに、この「○○」に「ポチ」や「ミケ」を入れてみるようなことで、その文法の事項をいっそう定着させ、使用に習熟することになります。それは、文法の事項が文のなかに実現された状態で、文の意味を理解し、表現することを繰り返しながら、繰り返された文に共通する特徴としてのその文法の事項を身につけていくことだからです。この本は、外国語の学習で、このような過程を集中的に体験させる方法として、「文型」の指導を提唱しています。特定の文法の事項が文のなかに実現されている「典型的な実例」を素材にして、その文のなかの当該の語句を、共通する文法的特徴を持つ他の語句に差し替えて表現するような練習は、文法の事項を身につけさせるのに役立つでしょう。ただし、どのような「文型」が「典型的な実例」に相当するのか、その「文型」相互の関係をどうとらえ個々の「文型」をどう位置づけるのか、学習の素材としてどれだけの「文型」をどう配列しどう提示するのか、この「文型」による学習はこの本の編著者がいう「反復修練させる以外に方法はない」ということでいいのか、「文型」についての適切な指導法はどんな方法か……等々、検討すべき課題がたくさんあります。この本は、そのような課題に、一つの答えを出したものですが、それが満足できる答えになっているかどうか、私は疑問だと思います。

　この本の内容について、いくつか指摘したいことがあります。第1に、この本は、品詞分類や活用の体系などの説明を中心にした、伝統的な文法書が、外国人の日本語学習にとって無力であることを明らかにしたということです。この本の編著者は、学習者が日本語について「未熟」だからそうなのだといいますが、私は、それだけではないと思います。伝統的な文法書は、10世紀ごろの文章を模範とした文語文の表現・理解の手段として、国学の伝統を基盤にしてつくりだされてきました。その歴史的な経過に制約されて、近代の日本語の文法の全容を正確に反映するものになりませんでした。だから、日本語を身につけるのに、役に立たないのだと思います。

この時期に、近代の言語学の到達点を踏まえた日本語の文法書が存在すれば、この本の内容も、もっと充実したものになっていたでしょう。第2に、この本には、文法書に記述されているような文法の事項から、初歩的な表現・理解に役立つと思われることを選び出して、集める努力が集約されています。このことは、評価されてよいことだと思います。なお、「文型」という形に集約する以上当然のことですが、集約されたものは「文」についての事項（「シンタクス」という用語で呼ばれる分野のもの）が中心になっています。「文」は、「ことがら」と「話し手の、そのことがらに対する態度」とを統一的に表現することばの単位ですから、（「第三篇」の内容としての）「話し手の態度」とかかわる、いくつかの「ことがら」相互の関係を反映する「文の構造」のいろいろ、（「第一篇」の内容としての）「ことがら」に対する「話し手の態度」の表現の種々相に重点が置かれています。第3に、「第一篇　表現の種々の場合に於ける文型」の多くは、文における「話し手の態度」の表現の種々相（「モダリティー」という用語で呼ばれるもの）を示すものですが、これを、従来の文法書で扱わなかった分野に着手したものと見ることができます。思いついたものを論理的な必然性ぬきに教授上の便宜から適宜列挙したようで、これでいいのかなという感じですが、このような分野の文法の事項を扱った最初のものとして、貴重だといっていいのではないでしょうか。第4に、「第二篇　語の用法に関する文型」というところでは、たとえば「〜シテやります、〜シテあげます、〜シテくれます、〜シテもらいます」など、従来の文法書が扱わなかった諸形態を視野にいれて、学習の対象とする文法の事項の範囲を広げていることが評価できます。その反面、大部分が「助詞」など文法的意味を表すことばをひとつふくむ文をいくつか「文型」として選定して、無作為に列挙したものに過ぎません。ここでは文法的な諸形態のあいだの相互関係などが断ち切られ、バラバラにされています。「文型」による指導は結局一種の「単純化」であって、もし、文法的な諸形態の相互関係を考慮にいれて、対比しながら学習することができるように改められないならば、（「モー

フォロジー」と呼ばれる分野の内容を軽視しているという意味で）内容の貧弱さを免れないのではないでしょうか。

　戦後、ミシガン大学のＣ．Ｃ．フリーズらによって「オーラル・アプローチ（口頭学習）」による「パターン・プラクティス（文型練習）」という、文書の使用を禁じて、口頭で「文型」のなかの語句を差し替える反復練習を行うという外国語教育の方法が提唱され、日本でも英語教育の分野に広がりました。しかし、この方法があまりにも形式的・機械的・軍隊式だという批判が強まり、主流が「コミュニカティブ・アプローチ（通達学習）」という、対話・通達の言語活動のなかで効率的に外国語を身につけるという方法にとってかわりました。フリーズの「パターン・プラクティス」は、戦前の日本の、この「基本文型」による「反復修練」を思い起こさせ、「コミュニカティブ・アプローチ」は、戦前の日本の山口喜一郎の「直接法」を思い起こさせます。

　この「日本語練習用日本語基本文型」の本は、1942年刊行ですが、これが太平洋戦争終結までの短い期間にどれだけ活用されたのかは、わかりません。期待されたほどは活用されなかったのではないでしょうか。

　補足をもうひとつ。表記法についての、伝統派と表音派との対立について、第8章で触れましたが、勅語の表記など伝統の尊厳に固執する伝統派に妨げられて内地では日の目を見なかった、1924年の文部省「仮名遣改定案」の表記法が、植民地や占領地などのあちこちで教科書の表記法として採用されたことを付記しておきます。日本語を東アジアの「共通語」として「進出」させるのに、伝統的な「かなづかい」は難しすぎるものでした。それで、時期や地域はいろいろですが、表音的な「かなづかい」が日本語の普及に一役買い、外地では表音派がリードしていたということができます。

別記

〇参考文献

「日本語教育史研究序説」関正昭(1997 スリーエーネットワーク)

「植民地支配と日本語 台湾、満州国、大陸占領地における言語政策」シー・ガン(石剛)(1993 三元社)

「日本統治期の台湾・朝鮮における『国語』教育」鳥井克之・熊谷明泰(2005・2006 関西大学人権問題研究室紀要)

「『国語』という思想 近代日本の言語認識」イ・ヨンスク(李妍淑)(1996 岩波書店)

「大東亜共栄圏と日本語」多仁安代(2000 勁草書房)

「日本語教育と戦争」河路由佳(2011 新曜社)

「戦時期における日本語・日本語教育論の諸相 日本言語文化政策論序説」田中寛(2015 ひつじ書房)

「外国語としての我が国語教授法」山口喜一郎(1933 旅順で刊行、「近代国語教育論大系10」に抄録 1975 光村図書)

「日本語教授法概説」山口喜一郎(1941 北京で刊行、「日本語教育史資料叢書」に復刻所収 1996 冬至書房)

「日本語基本語彙」国際文化振興会(1944)

「日本語練習用日本語基本文型」青年文化協会(1942)

第19章 「現代かなづかい」・「当用漢字」

戦争終結と戦後の表記法改革の背景　1945年に日本のポツダム宣言受諾・降伏文書調印で太平洋戦争が終結しました。連合国は日本占領の最高機関「極東委員会」と協議機関「対日理事会」を置き、その両機関のもとで、アメリカ軍が、連合国軍の名で、日本を占領・支配しました。アメリカ軍は、日本政府を通して日本を間接に支配する方式を取って、この占領支配は、1952年のサンフランシスコ条約発効まで続きました。連合国軍総司令部（GHQ）の初期の施策は、侵略と独裁を許さないという世界の多くの人々の声を背景に、軍国主義勢力除去・専制政治廃止・経済制度の民主主義化をはかるものでした。

　この時期には、「主権在民」・「戦争放棄」・「基本的人権保障」を宣言する「日本国憲法」が1946年に公布され、1947年に施行されました。また、「農地改革」が1946年に開始され、4年ほどかけて「大地主が小作人を収奪する」という関係を解体しました。ただし、財閥の解体は不徹底で、復活強化の足場を残すものでした。

　1946年に、アメリカの教育専門家27人からなる第一次教育使節団が来日し、総司令部の教育担当者、日本の教育関係者と協議し、連合国軍総司令部に報告書を提出しました。使節団は、中央集権下の画一化された教育を地方分権下の自由な教育に改めるようにという趣旨で、いくつもの具体的な提言をしました。この報告書では、ことばと表記法についても言及し、改革は「国民の中から湧き出て」くるべきものだとしながらも、許されていい「外からの刺激」として、「簡潔にして効率的な伝達方法」への改革を推奨し、「何かある形式のローマ字が一般に使用されるように」と勧告

しました。

　1947年には、「教育基本法」が制定され、「個人の尊厳を重んじ、真理と平和を希求する人間の育成を期するとともに、普遍的にしてしかも個性ゆたかな文化の創造をめざす教育」を進めることが宣言されました。教育は、「人格の完成をめざし、平和的な国家及び社会の形成者として、真理と正義を愛し、個人の価値をたっとび、勤労と責任を重んじ、自主的精神に充ちた心身ともに健康な国民の育成を期して行われなければならない」こと、「教育は不当な支配に服することなく、国民全体に対し直接責任を負って行われるべきもの」であることが規定されました。

　「現代かなづかい」・「当用漢字」制定等の戦後の表記法改革は、このような時期に行われました。伝統的な表記法に固執する人々を支える政治的・経済的基盤がくずれ、「表音化・漢字制限」を主張してきた人々の主張が実現する時期が到来しました。伝統的な表記法を守りたいという意見や感情を表明する人も多かったのですが、戦前の政治の体制を擁護する主張ができなくなったという条件のもとで、この表記法改革を止めることはできませんでした。半世紀にわたって「表音化・漢字制限」に力を尽くしてきた保科孝一や、この表記法改革の実務にたずさわった釘本久春らの努力が実を結びました。

「現代かなづかい」の制定　　1946年に政府は「現代かなづかいの実施に関する件」という内閣訓令を内閣総理大臣名で公布しました。訓令は、「従来のかなづかいは、はなはだ複雑であって、使用上の困難が大きい。これを現代語音にもとづいて整理することは、教育上の負担を軽くするばかりでなく、国民の生活能率をあげ、文化水準を高める上に、資するところが大きい。それ故に、政府は、今回国語審議会の決定した現代かなづかいを採択して……告示した。今後各官庁においては、このかなづかいを使用するとともに、広く各方面にこの使用を勧め

て、現代かなづかいの制定の趣旨の徹底するように努めることを希望する」と述べています。告示には、「このかなづかいは、大体、現代語音にもとづいて、現代語をかなで書きあらわす場合の準則を示したもの」で、「主として現代文のうち口語体のものに適用する」とあります。

　この「現代かなづかい」には、伝統的な「かなづかい」に歩み寄ったいくつかの例外がありますが、それ以外はすべて現代日本語の音韻どおりに表記すればいいものですから、これによって、学習の負担が軽くなり、文章表現の困難が減少したことは間違いありません。「糸」の「イ」は「い」、「井戸」の「イ」は「ゐ」などと、単語ごとに、千年ほど前の発音の違いにもとづく「かな」の使い分けを覚え、使いこなすのは容易ではありませんでした。その困難が解消されたのです。この「かなづかい」は、法令や公文書だけでなく、学校教育でも新聞でも多くの雑誌でも使われ、しだいに国民多数のあいだに広がり、定着していきました。

　「現代かなづかい」の特徴の一つ目は、いわゆる「拗音」（「キャ・キュ・キョ」など）と「促音」（「あった・もっと」の「ッ・ッ」など）を表すのに、小さい文字「＝ゃ・＝ゅ・＝ょ」や「＝っ」を添えて表す方式にしたことです。これで、「かつて（以前に）」と「かって（勝手）」とが書き分けられるなど、音の異なる単語が同じかなで表記されることがなくなりました。特徴の二つ目は、いわゆる「長音」（「ゆうべ」の「ユー」など）を表すのに、長い母音が「ア・イ・ウ・エ」のばあい「＝ー」でなく「＝あ・＝い・＝う・＝え」を添え、長い母音が「オ」のばあい「＝ー」でもなく、「＝お」でもなく、「＝う」を添えることです。（ただし、これには、特徴の五つ目にあげる例外があります。）特徴の三つ目は、助詞「を・は・へ」の表記に、伝統的な「かなづかい」の「を・は・へ」を残したことです。（助詞「を」については、「お」と書くことが許容されていませんが、「は・へ」については、「は・へ」が本則とされて、「わ・え」と書くことも許容されています。）特徴の四つ目は、「ジ・ズ」の音を表すのに、(伝統的な「かなづかい」で四つかな「じ・ぢ・ず・づ」を昔の発音の区別を基準に単語

によって使い分けていたのをやめて)、次にあげる二つの例外を除き、すべて「じ・ず」を使うこととしました。「水」は「みず」、「藤」は「ふじ」になりました。例外の一つは「二語連合によって生じた『ぢ・づ』は、『ぢ・づ』と書く」ということです。いわゆる「連濁」による「ぢ・づ」で、「鼻血」は「はなぢ」、「近々」は「ちかぢか」、「三日月」は「みかづき」、「常々」は「つねづね」です。例外のもう一つは「同音の連呼によって生じた『じ・ず』は、『ぢ・づ』と書く」ということです。「縮む」は「ちぢむ」、「続く」は「つづく」、「綴る」は「つづる」、「鼓」は「つづみ」です。(「少しずつ」の「ず」は、これにあてはまりませんから、「づ」になりません。)特徴の五つ目は、長い母音が「オー」であるもののうち、百年ほど昔の発音が「＝オフォ、＝オウォ」であったことによって、伝統的な「かなづかい」で「＝ほ、＝を」を添えて表していたものについては、「＝う」を添えるのでなく、「＝お」を添えるのです。「大きい」は「おおきい」、「多い」は「おおい」、「遠い」は「とおい」、「通る」は「とおる」、「頬」は「ほお」、「氷」は「こおり」です。「おおかみ」、「ほおずき」、「こおろぎ」です。「十」は、「トウォ」だったので、「とお」です。特徴の六つ目は、「言う」という単語については、「ユー」という発音ですが、「ゆう」と書かないで、「いう」と書くということです。「いった、いわない、いおう、いえ」などに「い＝」があるので、それに合わせて「ユ」の音なのに「い＝」にして、伝統的な表し方を残したのです。同じ音を表すのに「かな」がいろいろになるところを多少残したのは、急激な変化による違和感を避けるための妥協で、1900 年からの 8 年間の経験で、多くの人に受け入れられなかったと思われるところについて、伝統的な「かなづかい」に歩み寄ったのです。

なお、この 1946 年の「現代かなづかい」の訓令と告示は、1986 年に廃止され、同時に「現代仮名遣い」と題する新しい訓令と告示が公布されました。「現代仮名遣い」は、「法令、公用文書、新聞、雑誌、放送など、一般の社会生活において現代の国語を書き表すための仮名遣いのよりどころを示すもの」とされています。「準則」から「よりどころ」に変わったと

第19章 「現代かなづかい」・「当用漢字」

いうことは、強制力が多少は弱まったということでしょうか。ただし、この新しい訓令と告示による「表記の仕方は、従来の『現代かなづかい』による表記と実際上ほとんど相違がないこと。ただし、『じ・ぢ』『ず・づ』の使い分けのうち、『せかいじゅう』『いなずま』などについては『じ』『ず』を用いることを本則とするとともに、『ぢ』『づ』を用いることもできるものとした」とあります。

「現代かなづかい」制定後、「表音化」に反対する人々の巻き返しの動きも強かったのですが、「現代かなづかい」と「実際上ほとんど相違がない」ような「かなづかい」が国民みんなのものになったと見ていいのではないでしょうか。

「当用漢字表」の制定　　1946年の、「現代かなづかい」制定と同じ日に、政府は「当用漢字表の実施に関する件」という内閣訓令を内閣総理大臣名で公布しました。訓令は、「従来わが国において用いられる漢字はその数がはなはだ多く、その用いかたも複雑であるために、教育上また社会生活上、多くの不便があった。これを制限することは、国民の生活能率をあげ、文化水準を高める上に、資するところが少なくない。それ故に、政府は、今回国語審議会の決定した当用漢字表を採択して……告示した。今後各省庁においては、この表によって漢字を使用するとともに、広く各方面にこの使用を勧めて、当用漢字表制定の趣旨を徹底するよう努めることを希望する」と述べています。告示には、「現代国語を書きあらわすために、日常使用する漢字の範囲を、次の表のように定める」とあって、「法令・公文書・新聞・雑誌および一般社会で使用する漢字の範囲を示したもの」として漢字1850字が提示されています。

1923年「臨時国語調査会」決定の「常用漢字表」1962字、1932年「臨時国語調査会」立案の「常用漢字表改定案」1858字を参考にして、1934年に設置された「国語審議会」が1942年に「常用漢字表」を廃止して決定した「標準漢字表」2528字（文部省が修正して2669字）に対して、こ

の時期の「国語審議会」が大急ぎで検討を加え、この1850字を選定しました。内閣の告示は「この表の漢字で書きあらわせないことばは、別のことばにかえるか、または、かな書きにする」としています。「法令・公文書・新聞・雑誌」に対して、強制力のかなり強い漢字制限でした。

　この「当用漢字表」に加えて、1948年には「当用漢字別表」と「当用漢字音訓表」が制定され、1949年には「当用漢字字体表」が制定されました。「当用漢字別表」は、当用漢字のうち「義務教育の期間に、読み書きともにできるように指導すべき漢字の範囲」を定めたもので、「教育漢字」と呼ばれる漢字881字が指定されています。（義務教育で学習するように定められた漢字は、その後、115字追加、20字追加・10字削除という増減を経て、1989年以後は1006字になっています。）「当用漢字音訓表」は、「日常使用する漢字の音訓の範囲」を定めたもので、漢字をこの表に示された読み方でだけ使うようにという趣旨で漢字の使い方を制限するものです。「当用漢字字体表」は、「字体の不統一や字画の複雑さ」を解消するために「字体を整理して、その標準を定め」たものです。「この表の字体は、漢字の読み書きを平易にし正確にすることをめやすとして選定したもの」で、「異体の統合、略体の採用、点画の整理などをはかるとともに、筆写の習慣、学習の難易をも考慮した」とあり、「なお、印刷字体と筆写字体とをできるだけ一致させることをたてまえとした」とあります。この「字体表」以後、「學校」は「学校」と、「橫濱」は「横浜」と、「廣島」は「広島」と書くことになりました。

　「当用漢字」を中心とする、この時期の漢字制限については、内容に部分的な問題点がいろいろあり、方法に一方的な強制というところがありましたが、基本的な方向として、国民の生活の向上に役立つ表記法の改善という性格をもつものでしたから、国民多数に全体としてはかなり受け入れられたと見ていいのではないでしょうか。その後の「国語審議会」は、制限を緩和する方向に向かいました。「国語審議会」のなかで、「表音化・漢字制限」推進派と反対派との激しい主導権争いがあり、推進派の勢力が後

退したことで、改革の見直しが進んだということができます。まず、戸籍法で、子どもの命名に当用漢字以外の漢字を使うことが禁止されていたのを、「人名用漢字」として 1951 年に 92 字を認め、1976 年に 28 字を追加しました。また、1973 年には、「音訓表」に多くの音訓を追加することで、漢字の使用についての制限を緩和しました。

　1981 年に政府は「当用漢字表」・「当用漢字別表」・「当用漢字音訓表」・「当用漢字字体表」を廃止し、「常用漢字表」を制定しました。「常用漢字表」は、1945 字（4087 音訓）から成り、「法令、公用文書、新聞、雑誌、放送など、一般の社会生活において、現代の国語を書き表す場合の漢字使用の目安」としました。1946 年の「当用漢字表」が「使用する漢字の範囲」を示すものだったのに対して、1981 年の「常用漢字表」は「漢字使用の目安」を示すものであり、漢字「制限」としての強制力をなくしたことになります。さらに、政府は 2010 年に、1981 年制定の「常用漢字表」を廃止し、新しい「常用漢字表」を制定しました。この「常用漢字表」は、１１１１１2136 字（4388 音訓）から成るものです。「常用漢字」以外の「人名用漢字」として使用を認める漢字は、1981 年の 166 字からスタートして、年々増えていき、2015 年には 632 字になっています。

ローマ字表記の現状と表記法の未来

アメリカの第一次教育使節団の「何かある形式のローマ字が一般に使用されるように」という勧告については、総司令部の担当者も日本側の関係者も積極的な対応をせず、「一般に使用される」表記法は「漢字かなまじり文」という現実に変わりはありませんでした。かな専用の表記や、文章のローマ字化は、それを主張する一部の人たちの試行にとどまりました。アメリカ占領軍は、道路標識や駅名表示などに、英語の表記法との共通性の多い「ヘボン式」の使用を命令し、1937 年の内閣訓令による「訓令式」と、アメリカ占領軍の命令による「ヘボン式」とが並立する状態になりました。政府は、1954 年の内閣訓令で、第 1 表に（1937 年の表に少々の修

正を加えた)「訓令式」、第2表に「ヘボン式」という、両方式を併記した告示を出して、「ヘボン式」の使用を追認しました。道路標識、駅名表示の「ヘボン式」は、占領後にも継続されました。外務省はパスポートの氏名の記載に「ヘボン式」(に近い独特の方式)を使用するよう法令で求めています。日本語の音韻に対応する表記法として認められてきた「訓令式」は、英語の影響力に圧倒されて、少数派になっているのでしょうか。学校教育では、ローマ字で書かれた文章の教科書を使って、その読み書きを経験させた時期もありましたが、いまは小学校3年生のときに「日常使われている簡単な単語について」ローマ字で読み書きができるようにすることにされました。ワードプロセッサーやコンピュータに日本語の語句をローマ字で入力して、それを漢字・かなに変換することが広く行われるようになりましたが、そのローマ字のつづり方の実態は、いろいろな方式が混在していて、未整理の状態です。それは、日本語の音声、音韻、表記法についての、研究の到達点を踏まえた知識が学校教育の指導内容から排除されていて、国民一般の常識になっていない現状を反映しているからだということができます。

　補足ですが、文部省のもとに1934年に設置された「国語審議会」は2001年に廃止され、文化庁のもとに置かれた「文化審議会」の「国語分科会」にそのしごとが引き継がれました。

　この章の末尾に、日本の表記法の未来について、私の望むことをあげることにします。
(1)　国の行政の、表記法の政策を担当する機構が提案する内容は、科学的な根拠にもとづくもの、多くの人々の生活を向上させ、文化の発展に寄与する方向のものであってほしいと願うものです。逆行する方向のものは、許せません。
(2)　国の行政の機構が、表記法についての提案をおこない、「広く各方面にこの使用を勧め」るばあい、権力による強制をしてはならないと思

います。提案を受け入れるかどうかは、呼びかけられた側の自主的な判断によるものとし、それを保障すべきです。
(3) 国の行政の機構が、表記法についての提案をおこなうばあい、提案する内容についての科学的な根拠の説明を十分におこない、それについての多くの人々の論議を保障することがだいじです。
(4) 学校教育で、日本語研究の到達点を踏まえた知識が学習の対象になるように改め、音声、音韻、表記法についての知識が多くの人の常識になることが必要だと思います。その土台のうえに、日本の表記法の未来が切り開かれるのだと思います。
(5) 表記法の未来については、これまでもいろいろな意見、主張が出されました。これからも、多様な見解が出されるに違いありません。そして、論議が深まり、試行が積み重ねられ、多くの人の受け入れるものが定着し、それが流れになって発展していくのだと思います。長い時間をかけて進むこのプロセスを信頼し、それに期待したいと思います。

別記

○参考文献
「学制百年史」文部科学省・学制百年史編集委員会（1981）
「国語国字問題の歴史」平井昌夫（1948 昭森社）
「教育文庫12　国語国字問題の理論」鈴木康之編（1977 麦書房）

第20章　戦後「新教育」

**戦争終結から
戦後「新教育」発足まで**

　戦争終結直後の1945年9月、連合国軍の指令が出される以前に、文部省は「新日本建設ノ教育方針」という方針を示しました。この「方針」は、「大詔」（天皇の意志を示す文書）に従って「従来ノ戦争遂行ノ要請ニ基ク教育施策ヲ一掃」し、「文化国家、道義国家建設ノ根基ニ培フ文教諸施策ノ実行」に努めるという趣旨のもので、学校を「決戦」の「体勢」から「平常ノ教科教授」に復帰させ、教科書から「差当リ訂正削除スベキ部分」を訂正削除するなど、教育面の終戦処理を進めるものでした。「益々国体ノ護持ニ努ムル」とともに「平和国家ノ建設」を目途として進む……という、この方針は、天皇が統治するという従来の政治の体制を維持するという立場、国策が戦争遂行から文化国家建設に変わったのに対応して文化国家建設の教育に転換するという立場、国家のための教育という立場のもので、国民主権・民主主義を認めるものでもなく、子ども一人一人のすこやかな成長をめざすものでもなかったのですが、これによって学校の授業がようやく再開される運びになりました。

　連合国軍総司令部は、10月から年末にかけて、教育について4つの「指令」を出しました。第1の指令は、教育内容および教育関係者から「軍国主義および極端な国家主義」の思想の普及にかかわるものを取り除き、国際平和・基本的人権・個人の尊重・議会政治の考え方を取り入れること、第2の指令は、「軍国主義および極端な国家主義」を推進した教育関係者を罷免すること、第3の指令は、「国家神道・神社神道」への政府の支援を禁止すること、第4の指令は、「修身・日本歴史・日本地理」の授業を

停止することでした。5千数百人の教師が追放され、すべての「修身・歴史・地理」の教科書が回収され、「剣道・柔道」が禁止されました。この指令の実施状況について、文部科学省の「学制百年史」は「新しい教育の発足のための地盤の荒ごなし」だったと書いています。

　1946年4月の「第一次米国教育使節団報告書」は、教育の内容や方法について、画一化されたものから個々の子どもの体験や能力のちがいに対応したものへ、客観的な見解が教科書などに現れるように、服従心の助長に向けられたものから平等で民主主義的で自由な国民生活をめざすものへ、保健・衛生・体育の教育と職業・技術の教育を教育全体のなかに位置づけるように、詰めこみ主義から個々の子どもの考えをだいじにする方法へなど、改革の方向を提言しました。教育行政については、地方ごとに公選制の教育委員会を設け、文部省の直接的な支配力を減少させること、無償・男女共学の「6・3・3制」（義務教育9年・希望者全員進学3年）の初等・中等教育の学校制度にすること、一般教育を含む4年制の教師養成機関にすること、教師の民主主義的な再教育を進めること、成人教育を助長すること、高等教育で学問の自由を保障することなどを提言しました。

　1946年5月に、文部省は、連合軍総司令部の指導を受けて、教師のための手引きとして、「新教育指針」を作成、発表しました。「指針」は、戦争の原因は国家の指導者の考えの誤りにあるが、同時に、国民が権威に盲従し、合理的な判断ができず、不当な優越感をもって戦争に参加したことに責任があるとし、国民全体が世界に謝罪しなければならないとしています。また、「国家が戦争を予想して軍備に多くの力をそそぎ、それを中心として国内の体制をととのへ、他国に対しても戦争といふ手段によって自国の主張を貫かんとする」こと、「国家のためといふ名目のもとに、国民一人一人の幸福をぎせいにし、また他の国々の立場を無視する」ことをなくして、「平和を愛する心」、「自ら考へ自ら判断して、最も正しいと信ずることを行ふといふやうな自主的態度」を養うべきだと述べています。そして、これからの教育の指針として、「人間性・人格・個性」を尊重する

こと、「真実を愛する心」に貫かれた理知・感情・意志を持つよう教育すること、教育制度・教育の内容と方法・教育の場での人間関係に「民主主義を徹底すること」、平和文化国家の建設をめざすことをあげて、くわしい説明を加えています。なお、この改革が「広く知識を世界に求める……第2の開国」、教育の「近代化」であるとも述べています。

　1946年8月に内閣のもとに教育刷新委員会（のちに教育刷新審議会）が置かれ、第1次米国教育使節団との協議に参加した教育関係者を中心に、南原繁・安倍能成・森戸辰男など38人が協議して、教育改革についての建議を行いました。この委員会と連合軍総司令部と文部省との3者の連絡調整機関が設けられ、そこで総司令部の民間情報教育局（CIE）の担当者がいろいろ助言をしました。この刷新委員会の建議をもとに「教育基本法」、「学校教育法」、「教育委員会法」など、戦後の教育についての重要な法律が制定されることになります。

　1947年に「教育基本法」と「学校教育法」が成立し、「日本国憲法」が施行され、戦後「新教育」の本格的な発足となります。「日本国憲法」第26条には「全て国民は、法律の定めるところにより、その能力に応じて、等しく教育を受ける権利を有する。」という条文が盛り込まれました。「教育基本法」前文では「個人の尊厳を重んじ、真理と平和を希求する人間の育成を期するとともに、普遍的にしてしかも個性豊かな文化の創造をめざす教育を普及徹底」すると宣言しました。翌年、教育委員公選制を定めた「教育委員会法」が成立しました。戦前には、議会で教育についての「法律」が制定されることがなく、教育に関することはすべて「勅令」とそれを政府が具体化する法令や規則によって進められてきました。国民が選挙で選んだ議員による立法機関が教育についての重要な法律を制定したのは、はじめてのことです。なお、「教育勅語」の失効が衆議院の決議で確認されたのは1948年のことです。

第 20 章　戦後「新教育」

「学校教育法」と 1947 年の「学習指導要領（試案）」

「学校教育法」の成立で、「6・3・3 制」の学校制度が発足しました。1947 年に国民学校がなくなって、新制の小学校・中学校がスタートし、1948 年に旧制の中等学校がなくなって、新制の高等学校がスタートし、1949 年には 4 年制の新制大学、2 年制の短期大学が生まれました。幼稚園も、障害児教育の学校も、新しい学校制度のなかに位置づけられました。

「学校教育法」は、小学校・中学校・高等学校の目的を、それぞれ「心身の発達に応じて」、「初等普通教育」・「中等普通教育」・「高等普通教育及び専門教育」を施すこととしています。また、小学校における教育の目標を 8 項目あげて、その第 3 項に「日常生活に必要な国語を、正しく理解し、使用する能力を養うこと」、第 8 項に「生活を明るく豊かにする音楽、美術、文芸等について、基礎的な理解と技能を養うこと」と記しています。中学校・高等学校における教育の目標については、それぞれ 3 項目あげ、その第 1 項に、「小学校における教育の目標をなお充分に達成」すること・「中学校における教育の成果をさらに発展拡充」させることと記しています。なお、「教科に関する事項」は「監督庁が、これを定める」とし、文部省令「学校教育法施行規則」で、小学校の教科を「国語、社会、算数、理科、音楽、図画工作、家庭、体育及び自由研究を基準とする」とし、中学校の教科を「必修教科は、国語、社会、数学、理科、音楽、図画工作、体育及び職業を基準とし、選択教科は、外国語、習字、職業及び自由研究を基準とする」としました。さらに、小・中学校の「教科内容及びその取扱い」について「学習指導要領の基準による」としました。高等学校の教科については、どんな教科を設けるかも含めて、「学習指導要領の基準による」としました。この「学習指導要領」についての「基準」ということばの意味が、教師が自分で学習指導の計画をたてるための「参考」・「手引き」としての「一応の規準」から、やがて、学習指導の内容と方法を統制する「動かすことのできない道」に変わっていくのですが、それは、もうしばらく

後の1958年からのことです。

　教科書については「監督庁の検定若しくは認可を経た教科用図書又は監督庁において著作権を有する教科用図書を使用しなければならない」としました。ただし、小・中学校について「その他の教材で有益適切なものは、これを使用することができる」とし、高等学校について、検定教科書・文部省著作教科書に適切なものがないばあい、「校長が、これを定める」としました。国定教科書の時期にくらべると、学校・教師が教材を選ぶ自由が拡大されました。これについても、やがて、学校・教師が教科書を選ぶことができないようにされ、教育内容についての統制が強まるのですが、これも、しばらくあとのことです。

　1947年の「学習指導要領　一般編（試案）」は、教育について「上のほうから決めて与えられたことを、どこまでもそのとおりに実行するといった画一的な傾き」があったのを「下の方からみんなの力で、いろいろと、作り上げて行くように」改めるという立場に立っていることを述べ、「教育に一定の目標があることは事実」であり「一つの骨組みに従って行くことを要求されていることも事実」であるが、「その骨組みに従いながらも、その地域の特性や、学校の施設の実情や、さらに児童の特性に応じて、それぞれの現場でそれらの事情にぴったりした内容を考え、その方法を工夫してこそよく行く」のだと説いています。そして、「この書は……一つの動かすことのできない道をきめて、それを示そうとするような目的でつくられたもの」でなく、「教師自身が自分で研究していく手引き」として書かれたものだとしています。そのうえで「一応の規準」として、教科名と時間配当を示し、「社会科、家庭科、自由研究」について、これまでとの違いを解説し、各教科の指導計画の立て方などを説明しています。

　こうして始まった戦後「新教育」ですが、二つの点で、新しい道にはいったということができます。一つは、国家の政策に献身する人間、戦争を遂行する人間を育てる思想教育がしりぞけられて、個人の尊厳を重んじ、子ども一人一人のすこやかな成長をめざすことをたてまえとする教育になっ

たことです。もう一つは、教育の内容も方法もきびしい統制のもとにあった状態から（「一応の規準」によって制約される範囲でですが、）教師が自由に教育の計画をたて、創意を働かせることが許される状態になったことです。このような条件のもとで、「生活綴り方」の運動が復活し、広がりました。山形県山元村の中学生の生活記録「山びこ学校」（無着成恭編1951）は、その成果の代表でしょう。また、新しい教科「社会科」の学習などで、教科書に書いてあることを覚えるだけでなく、訪問や見学など直接体験によって具体的な事物に即して認識を深めることが重視されました。

　この戦後「新教育」では、子どもが興味を持つ課題の解決ということを中心に据えて、そのための多様な経験を子どもにさせ、その過程で生活に役立つ技能を習得させるという方法が推奨されました。学校の教育計画で、教科の枠を取りはずして、中心になる問題解決の活動と、それに必要な知識・技能を学ぶ周辺課程とで教育課程を構成するという「コア・カリキュラム」など、「カリキュラム改造」の試みを進める地域や学校もあり、各教科のなかでも、特定の課題の解決のために多様な経験をさせ、その過程で知識や技能を向上させるという「単元学習」が広く行われました。アメリカの哲学者デューイの考えに基づいてアメリカで広がっていた、子どもの直接体験を重視する「経験主義」と呼ばれる教育方法が、占領下という条件のもとで普及されたのです。子どもの認識の発達のうえで、直接体験を中心とする「経験」がだいじであることは当然のことです。誤った知識や、無意味な知識の暗唱を強要されてきた時代が終わって、直接体験で接した具体的な事物に即して認識を深めることが重視される時代になったということは、ひとつの進歩でしょう。しかし、科学が到達した成果の基本的な内容を子どもの発達に即して身につけさせるという本来の「知育」のあり方から見ると、知識を知識として学ぶことを否定し、技能の向上に役立つ部分だけをその場その場で受け入れるというこの「経験主義」・「問題解決学習」の方法は、知識の内容に即した体系性、子どもの発達に即した順次

性を無視していること、対象が当面有用な事項に限定されて部分的・偶発的になることなど、大きな弱点を持っています。この時期、「新教育」は、「6・3制 野球ばかりがうまくなり」という川柳でからかわれ、「学力低下」をもたらすといわれ、「系統学習」を求める批判的な意見も広がりました。

　「生活綴り方」運動の再生に関連して付け足しますが、この時期、学校の外でも「生活記録」の運動が広がりました。多くの働く青年のあいだに合唱のサークルがたくさんできて「うたごえ」の運動が広がりましたが、生活記録のサークルもたくさんできて、雑誌「葦」・「人生手帖」を交流の場としながら、活発に活動しました。

1951年の「学習指導要領国語科編（試案）」

1947年の「学習指導要領（試案）」には「とりいそぎまとめたもの」で、「今後完全なものをつくる」ために協力してほしいという呼びかけが書いてあります。改訂版が発行されたのは4年後の1951年のことです。そして、1947年版と1951年版とは、基本的に同じ考え方に立っています。

　1947年の「学習指導要領　国語科編（試案）」は、「国語科学習指導の目標」は、「聞くこと、話すこと、読むこと、つづることによって、あらゆる環境におけることばのつかいかたに熟達させるような経験を与えること」だとして、「ことばを広い社会的手段として用いるような、要求と能力をやしなう」ことを求めています。1951年の「小学校学習指導要領　国語科編（試案）」は、「国語学習指導の目標」として「1.自分に必要な知識を求めたり、情報を得ていくために、他人の話に耳を傾ける習慣と態度を養い、技能と能力をみがく。2.自分の意志を伝えて他人を動かすために、生き生きとした話をしようとする習慣と態度を養い、技能と能力をみがく。3.知識を求めたり、情報を得たりするため、経験を広めるため、娯楽と鑑賞のために広く読書しようとする習慣と態度を養い、技能と能力をみがく。4.自分の考えをまとめたり、他人に訴えたりするために、はっきりと、

正しく、わかりやすく、独創的に書こうとする習慣と態度を養い、技能と能力をみがく。」の４項をあげ、そのあとに「ことばを効果的に使用するための習慣と態度を養い、技能と能力をみがくために」必要なこととして、「ことばについての知識や理解を高め、」「また鑑賞の力を養う」ことを付け加えています。そして、「ことばの本質は使われるということにあるのであるから、実際の経験を与えることが特に重要である。これからの国語の教育課程は、知識を与えるばかりではなく、児童の興味と必要を中心にして、価値のある、必要な言語経験を展開していくようなものでなければならない。もちろん、知識も必要ではあるが、それは、聞く、話す、読む、書くということばの効果的使用の能力を改善するために学ばれるのでなければならない。」とし、「中心的な話題をめぐって」、「四つの言語活動が総合的に展開されるような学習活動が望ましい」としています。1951年の「中学校高等学校学習指導要領　国語科編（試案）」にも同じ趣旨のことが書いてあります。

　「国民的思考感動」を旗じるしに戦争遂行のための国策を子どもたちの脳裏にしみこませることを中心として進められた「国語科」が引きさがって、あらたに登場したのは「ことばを効果的に使用するための習慣と態度を養い、技能と能力をみがく」ことを目標とし、「中心的な話題をめぐって」、「聞く・話す・読む・書く」の「四つの言語活動」を「経験」させることをその方法とする「国語科」でした。

　コミュニケーションの能力を発達させることはだいじですが、言語活動の指導の内容を効果的な通達の技能にしぼりこむことには、重大な問題があります。「読むこと」についていえば、自然や社会についての重要な事実や法則をわかりやすく説明した文章や、人間の生活の姿のだいじな諸相を豊かな感情を込めて描き出した文章を正しく読みとることは、読む人の認識を正常に発達させることです。（かつて真実とかけはなれた内容の文章を、一方的に信じ込ませるような方法で読ませたことは、読む人の認識の発達をひどくゆがめました。）「読むこと」の学習は、「広く読書する習

慣と態度、技能と能力」を養うだけでなく、子どもたちのものの見方、考え方、感じ方を正しく豊かに育てるものでなければなりません。「書くこと」についていえば、「赤い鳥」や「生活綴り方」の運動などでだいじにされてきた、生活の事実を見つめて、ありのままに、自分の実感を込めて書き表すように指導するという観点を捨て去ってはならないと思います。「書くこと」の学習は、「自分の考えをまとめたり、他人に訴えたりする」技能をみがくだけでなく、「書くこと」を手段として子どもたちのものの見方、考え方、感じ方を正しく豊かに育てるものでなければなりません。「話すこと」、「聞くこと」についても、同じことがいえます。「他人の話に耳を傾ける習慣・態度」、「自分の意志を伝えて、他人を動かすために」ということばに集約される目標は、お行儀とその場その場の個別的な行為の成功とに矮小化されており、子どもの人格のすこやかな発達を考慮に入れていないように思われます。当時のある教科書に「『島』で船に乗り遅れたときに『シマった』といった」という「ダジャレのすすめ」がありましたが、これは効果的な通達の技能の向上に目標を絞ったことを象徴する事例ではないでしょうか。言語活動が「通達」と「認識」との双方にかかわる心理的プロセスだということを無視して、目標を「通達」の技能、「ことばの効果的な使用」に限定した誤りは、改められなければなりません。

　「中心的な話題をめぐって」、「四つの言語活動が総合的に展開されるような学習活動」という方法については、二つの問題を指摘できます。問題の一つは、経験を偏重し、知育を軽視していることです。「ことばの本質は使われるということにあるのであるから、実際の経験を与えることが特に重要である。」「知識も必要ではあるが、それは、聞く、話す、読む、書くということばの効果的使用の能力を改善するために学ばれるのでなければならない。」ということで、子どもに興味のある話題をめぐって、とにかく「聞く」経験、「話す」経験、「読む」経験、「書く」経験をさせれば、「言語活動の技能」が向上するというのです。「知識」については、「ことばの効果的使用の能力」の改善に役立つものに限定して、その場その場で断片

を知らせるだけにするのです。これでは、たとえば「かな」をおぼえるのも、「漢字」をおぼえるのも、うまくいくはずがありません。経験ばかりにたよる発達をよしとする方法は、幼児が床をはいまわりながら成長するようすにたとえられて、「はいまわる経験主義」だとからかわれました。「学力低下」が社会問題になりました。戦時中、子どもの学習権が奪われていた時期とくらべて「学力」が「低下」したかどうかはわかりませんが、民主主義的な社会を構成する人格に必要な「学力」が「不足」していたことに違いはありません。「問題解決学習」から「系統学習」への転換を求める声が高まりました。科学的な知識を子どもの発達に即して体系的・順次的に学ばせる、まともな知育が必要でした。（まともな知育を軽視して学習の効率をあげようとすれば、形式的・機械的な反復練習の強化になることは、国民学校時代の「修練」で経験ずみです。学力低下への対応として、この傾向が強まるのは、もうしばらくあとのことです。）

　問題のもう一つは、「話すこと」と「書くこと」との共通性および両者の関連に着目した指導、「聞くこと」と「読むこと」との共通性および両者の関連に着目した指導に、まったく目を向けていないことです。「話すこと」と「書くこと」とは、対象の諸事象を話し手・書き手の視角からとらえ、何をどう言い表すか考え、ことばで表現する心理的プロセスが基本的に同じで、違うところは、そのことばを声に出すか、文字を使って書き記すかだけです。「聞くこと」と「読むこと」とも、ことばを理解して話や文章の内容を受け止める心理的プロセスが基本的に同じで、違うところは、ことばの音声を聞き取るか、文字をことばとして読み取るかだけです。ところで、文字で記された文章は、すぐに消えることなく目の前に残りますから、見直して確かめること、手を入れてなおすこともでき、指導にあたって、だいじなよりどころになります。「読み書き」の指導は、「聞く・話す」と共通するプロセスに及んで、力を発揮できます。表音文字を知ることも正確な発音を学ぶことに結びつきます。「読み書き」の指導でカバーできない、「聞く・話す」特有の学習事項を、「読み書き」の指導の延長上

に位置づけて、それなりのだいじさで扱うのが適切なのではないでしょうか。「聞く・話す・読む・書く」の「四つの活動」を、相互の関連を無視して同等に扱い、ただその「経験」の量を確保することばかりに力をいれることは、言語活動の指導の質を低いものにとどめることになります。

　「とりいそぎまとめたもの」だという1947年版「学習指導要領　国語科編（試案）」には、「（一）話すこと（聞くことをふくむ）、（二）つづること（作文）、（三）読むこと（文学をふくむ）、（四）書くこと（習字をふくむ）、（五）文法」という5つの「部門」があげてあって、5番目の「部門」の「文法」については、「ことばのきまりをしぜんに興味ぶかく、身につけることから出発して、口語文法と文語文法とを組織的に学習すること」と書いてあります。昔ながらの「ケ・ケ・ケル・ケル・ケレ・ケロ」の暗記をイメージしながらではあっても、ここには、ことばについての知育をだいじにする考えがちょっとだけ顔を出しています。しかし、1951年版を見ると、「小学校学習指導要領　国語科編（試案）」からも、「中学校高等学校学習指導要領　国語科編（試案）」からも、日本語についての知育を「組織的に」行うことについての記述は、すべて取り除かれています。「小学校」の方で、たとえば2年生の「読むこと」の目標に「かたかなのだいたいが読める」というのがあり、4年生の「書くこと」の目標に「敬体と常体との使い分けをすることができる」というのがあるというように、ことばや文字についての多少の事項がバラバラにされて、4つの言語活動のそれぞれにおりこまれているだけです。「中学校高等学校」のほうでは「従来はあまりに、ことばや文字についての知識・理解の方面に重きが置かれていた。……これからの国語教育では、……習慣・態度・技能・能力・鑑賞・知識・理解の一面に偏することなく、……」として、ことばについての知育の重視をはっきりとしりぞけています。日本語についての知識を「組織的に」学ぶことが拒絶されたということは、占領下でアメリカ流の「経験主義」の教育方法が普及されたということと合わせて、皇国史観の誤った「国史」が「極端な国家主義」のあらわれとして葬られたように、日本語を話す人々の民

族としての心理的な一体感が形成されるのを避けたいという、アメリカ占領軍の占領者としての思いが反映しているのではないでしょうか。

なお、7年後の1958年の「学習指導要領」では、指導の内容として「A　聞くこと、話すこと、読むこと、書くこと」の次に「B　ことばに関する事項」というのが示されるようになり、文字とことばについての学習が占領下の時期より重視されるように改められましたが、「聞き、話し、読み、書く活動の中に含めて指導する」のを「原則」とし、「くり返して練習をさせることが必要なものについては、特にそれだけを取り上げて学習させること」としています。「特にそれだけを取り上げて学習させる」ことについて、形式的な反復練習だけを例外的に承認しているということは、日本語についての体系的・順次的な知育をしてはならないということです。そして、このたてまえは、今日に至っても続いています。

別記

○参考文献

「学制百年史」文部科学省・学制百年史編集委員会（1981）

「国語教育史資料第五巻　教育課程史」増渕恒吉編（1981 東京法令出版）

「戦後教育の歴史」五十嵐顕・伊ケ崎暁生編著（1970 青木書店）

第21章 「逆コース」

**1958年「学習指導要領」の
ころまでの世界と日本**

　1947年2月1日に、国家公務員・地方公務員・教職員および鉄道・郵便・電信電話など官公庁関係の労働組合が共同して賃金引き上げ・内閣打倒をめざすストライキを行おうとしたのに対して、これまで労働組合の活動を認めてきた占領軍の総司令官マッカーサーが中止を命令しました。強大な政治権力と軍事力をもって日本を支配していた占領軍にさからうことができず、この「2・1スト」は中止になりました。このとき、占領軍が階級的な労働運動・政治活動を抑圧する立場にいることが明らかになりました。

　第2次世界大戦が終ると、アメリカを中心とする諸国と、ソ連を中心とする諸国との対立が始まり、その対立はソ連が消滅するまで続きました。「鉄のカーテン」を隔てて向かい合う「西側」と「東側」との「冷たい戦争」です。アメリカは、その「冷たい戦争」で政治のうえでも経済のうえでも軍備のうえでも優位に立とうとしました。占領軍は、日本の政府のしくみを利用して日本を支配するつごうからも、短い間に大きな力を持つようになってきた、政府やその周辺と対立する勢力を抑圧しようとするのですが、階級的な労働運動・政治活動が「東側」と結びついているという認識をもって、その抑圧を進めました。当時、食料の不足、物価の高騰、失業、低賃金で苦しんでいた多くの人々は、生きるために必要だから、労働組合運動やいろいろな市民運動に参加して、生存権を守り、民主主義を実現しようとしていました。また、ふたたび戦争をしない、軍隊を持たないという思いを共有していました。それは、日本の庶民みずからの意志にも

とづくもので、「東側」のためのものではありませんでした。占領軍は、「軍国主義および極端な国家主義を除去」するという初期の段階では、そのような民主主義への動きを容認していたのですが、ＧＨＱ（占領軍総司令部）内部の民主化を認める人たちと民主化を抑圧しようとする人たちとの力関係の変化もあって、占領政策は、日本の独立や民主主義の実現、平和の擁護をめざす動きを、占領支配を妨げるものとみなして弾圧し、「西側」の勢力の軍事的な強化のために、日本の「再軍備」を進めるものに変わりました。初期の占領政策に不満を持ちながら消極的に従っていた日本の政府とその周辺も、この時期から、変化した占領政策に積極的に協力しました。「読売新聞」が、1951年に連載した特集の記事で、民主化に逆行するこの動きを「逆コース」と呼びました。

　中国では国民党と共産党との内戦が進み、共産党が中国本土を勢力下に置き、1949年に中華人民共和国が建国されました。国民党の中華民国政府は台湾に移転しました。朝鮮では1948年にアメリカ占領下にあった38度線以南に大韓民国が、ソ連占領下にあった38度線以北に朝鮮民主主義人民共和国が成立していましたが、1950年に、朝鮮民主主義人民共和国の軍隊が38度線を越えて南進したのをきっかけに、朝鮮戦争がはじまりました。アメリカ軍がソ連欠席の国連安全保障理事会決議によって国連軍の名で南側に参戦し、中国軍が義勇軍として北側に参戦し、激戦ののち、3年後に休戦協定が締結されました。この朝鮮戦争で、日本の大企業は、アメリカ軍の戦車や陣地建設の資材や軍服など大量の需要にこたえて復活し、強化され、1960年代の高度成長の土台を築きました。

　この時期に進められた「逆コース」のなかみは、労働組合運動抑圧、「再軍備」、戦争犯罪人として逮捕された人たちの復権と公職追放を受けた人たちの追放解除、レッドパージ、そして、教育の「反動化」などです。労働組合運動抑圧では、1948年に公務員のストライキ権をはく奪し、「東宝」の争議など、各地の労働組合の活動に占領軍が直接介入しました。アメリ

カの要請による「再軍備」は、1950年「警察予備隊」の創設、1952年「保安隊」への改編、さらに1954年「自衛隊」への改編という経過で進められ、（憲法で保持しないと決めた「戦力」に相当しない、個別的自衛権のための最小限の実力だという説明のもとに）年々強化されました。旧日本軍の軍人たちが、そのなかで重要な役割を果たしました。1946年設置の極東国際軍事裁判で戦争犯罪人の容疑者として逮捕された人たちが、1948年以降、不起訴になって釈放されたり、講和条約発効記念の恩赦で出獄したりして復権しました。戦争の推進者として1946年・1947年に公職を追放されていた人たちが、1951年・1952年に、追放解除になり、それぞれの分野の有力な地位に返り咲きました。さらに1950年、ＧＨＱは、コミンフォルムからの批判によって内部対立をおこしていた日本共産党に対してその幹部の公職追放を命令し、さらに官公庁や大企業などから共産党員を排除する「レッドパージ」を指示し、4万人を超える人々が職場を追われました。アメリカでも同じころマッカーシー上院議員らを中心に「赤狩り」が進められていて、共産党員だけでなく、権力による統制に反対し個人の自由を尊重する意見を持つ人たちも迫害の対象になりました。チャーリー・チャップリンが亡命を余儀なくされたのもこの時です。

　1949年には、国鉄下山総裁の轢死体が常磐線の線路で発見された下山事件、三鷹駅で無人列車が暴走して死傷者を出した三鷹事件、福島県の松川で何者かが線路を破壊して列車を脱線させ死者を出した松川事件があいついで起こり、国鉄や東芝の労働組合活動家の共産党員などが容疑者として逮捕されました。この人たちは事件と関係ないことが後に証明されました。松川事件の被告は、14年後に無罪が確定しました。三鷹事件では、自白にもとづいて死刑の判決を受け、その自白が強要されてついたウソだったことを告白して、無実を主張しながら獄死した人が出ました。事件の真相はいまも不明ですが、当時この事件は共産党のしわざだというウソの宣伝が広げられ、共産党の影響力が激減しました。そして、政府が緊縮財政のために進めていた公務員・国鉄職員の40万人ほどの大量解雇が順

調に進みました。

　アメリカと日本の両政府は、日本と「西側」の諸国だけとの講和条約を結ぶ方針で協議を進めました。国民のあいだに、交戦したすべての国と講和条約を結び、他国と対等関係に立とうとする「全面講和」の運動が広がりましたが、1951年に調印された「サンフランシスコ条約」と「日本安全保障条約」は、日本を、形式のうえでは独立国とするけれども、アメリカを盟主とする「西側」の体制に組み込み、占領下と同様にアメリカ軍の基地を置き、実態としては政治のうえでも経済のうえでも軍事のうえでも従属国とするものでした。沖縄・小笠原はアメリカ軍の軍政下に置かれました。

いわゆる「反動文教政策」の進行

　1953年に、自由党政務調査会長池田勇人が、アメリカ国務次官補ロバートソンとの会談で、「日本政府は、教育および広報によって日本に愛国心と自衛のための自発的精神が成長するような空気を助長することに第一の責任をもつ」と約束させられました。この方針の実現のために政府が進めようとしたことは、第1に、国家が教育を統制する制度を復活させ、学校と教師から教育の内容と方法を創造的に考える自由を奪い、国家が定めた教育の内容と方法を強制すること、第2に、教育の内容に、「愛国心」を中心とする「道徳」をもちこみ、「西側」の軍事上の動きを理解してそれに協力する心情を育てることでした。

　教育行政の制度について見ると、1954年の「教育2法」（「教育公務員特例法の一部を改正する法律」と「義務教育諸学校における教育の政治的中立の確保に関する臨時措置法」）で教師の政治活動を禁止しました。また、1956年には国会に警官隊を導入して強行採決することによって、「教育委員会法」を廃止し、「地方教育行政の組織ならびに運営に関する法律」を制定し、教育委員の公選制を自治体首長による任命制に変えました。

　教師の教育活動に対して、平和や民主主義を主題とするものを「偏向教育」だとして非難する事例が多発しました。1953年には、山口県の岩国

市教育委員会が、山口県教職員組合編集の「小中学生日記」に対して、「朝日年鑑」から抜粋した「ソ連」についての記事や、「再軍備」への疑問に言及した記事について、これは「アカ」だといって攻撃しました。また、1954年には、文部省が、京都旭丘中学校の教師が映画「原爆の子」の感想文を書かせたこと、ホームルームで「再軍備」を話題にしたことなどを「偏向教育の事例」としてあげて、その資料を国会に提出しました。それをきっかけとして、同校の教師3名免職、全員強制転任ということになりました。さらに、1955年には、民主党が「うれうべき教科書の問題」というパンフレットを発行して、文部省検定ずみの社会科教科書の、労働組合についての記述や、ソ連や中国についての記述などが左翼的だと非難しました。このパンフレットの主張は、科学的な検討に耐えるものではありませんでしたが、政治的な影響力は大きく、その後、政府は、教科書検定をいっそう政府の政策に沿う方向に改めました。政府は教科書の国定化の法案を国会に出しましたが、これは成立に至りませんでした。

　愛媛県教育委員会が、1957年から、「勤務評定」によって教職員の3割の昇給をストップし、県財政の赤字を解消しようとしました。昇給を止められた教職員の大部分が、教職員組合の、平和と民主主義の教育をめざしているとみなされた組合員でした。この愛媛県の経験は、都道府県教育長協議会に持ち込まれ、全国に広がって、（開始が遅れた道府県もありますが、）1958年から大多数の都府県の教育委員会が勤務評定を実施することになりました。勤務評定は、教職員に対する上意下達の関係をつくり出し、学校の職場に差別と分断を持ち込み、協力を困難にするものでした。教職員組合の活動を弱めるのにも有効だと考えられました。しかも、この1958年は、文部省が「学習指導要領」を改定して、その内容に拘束力を持たせ、「愛国心」を中心に「道徳」教育を強化し、教育の内容に大きな変更を加えようとした年です。「学習指導要領」改定と、勤務評定の実施との二つが結びついて、日本の教育を「西側」の軍事上の動きに奉仕するものにしようとするものだという認識が広がりました。教職員組合は、「勤

評は戦争への一里塚」というスローガンをかかげて、勤務評定反対のたたかいに取り組みました。

　朝鮮戦争の時期に強化された大企業は、労働対策を担当する日本経営者連盟（日経連）などの活動として、教育についてもしばしば意見を出し、中央教育審議会に代表を送り出し、大企業の経済活動に有利な教育政策を求めてきました。その内容は、教育の分野の「逆コース」を推進しながら、工業技術の進歩を支える高学力の人材と、安価で従順な大量の労働力をつくりだすことでした。これは、1960年代の高度成長期に「人的能力開発計画」として展開されますが、子どもたちの成長・発達を産業の発展、大企業の利益に従属させてゆがめるものでした。なお、この大企業の立場からも、経験主義教育・問題解決学習のもたらした「学力低下」（「学力不足」？）は克服すべきものとなっていました。

1958年「学習指導要領」が示す「国語」科の特徴

　1958年改定の「学習指導要領」の特徴は、第1に、その内容に拘束力をもたせ、学校と教師が国家の統制に服して、それに沿った教育課程・指導計画をつくるようにしたということです。第2に、毎週1時間の「道徳」の授業時間を特設し、また、学校の教育活動全体を通じて道徳性を高める指導を行うようにしたということです。第3に、教育の内容について「精選充実に努め、基礎的な学習を重視」し、「能力の習得の徹底」を期したということです。

　第1の点について述べますが、1947年版および1951年版の「学習指導要領（試案）」にあった「（試案）」という文字は、1958年版の「学習指導要領」からすべて取り除かれました。1947年版の「上のほうから決めて与えられたことを、どこまでもそのとおりに実行するといった画一的な傾き」を「下の方からみんなの力で、いろいろと、作り上げて行くように」改めるという文言も、「一つの動かすことのできない道を決めて、それを示そうとするような目的でつくられたもの」でなく、「教師自身が自分で

研究していく手引き」だという文言も、すべてなくなりました。そのかわりに、「この表に示す授業時数を下ってはならない」とか、(「道徳」の)「年間最低授業時数を変更することはできない」とか、「学年別の目標や内容の趣旨を逸脱し」ないように「配慮」しろとか、命令のような表現が多くなり、文部省令「学校教育法施行規則」にもとづく文部大臣「告示」として、国の指定する内容で指導するよう学校と教師に強制する文書になっています。

　第2の点について述べますが、国家が「教育勅語」にかわる「道徳的基準」、「徳目」を国民に示すべきだという意見が「逆コース」のなかで強まってきました。1951年に、天野貞祐が文部大臣退任後に私見として「国民実践要領」という文書を発表し、天皇を敬愛してきた「国柄(くにがら)」を伝統として尊重する考え、個人・家族・地域共同体・国家を同心円のように見なして、(国家は国民のためのものであるべきだという考えと抱き合わせながら、)個人は国家のために尽くすべきだとする考えを中心とした「道徳的基準」を提案しました。これがその後の道徳教育論の「徳目」の原型になったのではないでしょうか。1958年版「学習指導要領」には、小学校で36項目、中学校で21項目の「徳目」が列挙されていますが、「わがままな行動をしないで、節度のある生活をする」、「規則や、自分たちで作るきまりの意義を理解し、進んでこれを守る」等々のあとに「日本人としての自覚を持って国を愛し、国際社会の一環としての国家の発展に尽くす」というのがあります。「教育勅語」で「父母ニ孝ニ兄弟ニ友ニ」等々のあとに「一旦緩急アレハ義勇公ニ奉シ」というのがあったのを思い出させるものです。「狭い仲間意識にとらわれないで、より大きな集団の成員であるという自覚をもって行動しよう」という「徳目」について、「集団的利己主義を反省して、……より大きな集団の成員でもあるという自覚を」もつようにと求めていますが、この考えは、憲法第28条で保障された労働基本権を否認し、社会の基本的な利害関係の対立のもとで幸福を追求することをすべて否定する考えではないでしょうか。

「国語」科の部分では、「総括的な目標」として、次の4項をあげています。
1　日常生活に必要な国語の能力を養い、思考力を伸ばし、心情を豊かにして、言語生活の向上を図る。
2　経験を広め、知識や情報を求め、また、楽しみを得るために、正しく話を聞き文章を読む態度や技能を養う。
3　経験したこと、感じたこと、考えたことをまとめ、また、人に伝えるために、正しくわかりやすく話をし文章に書く態度や技能を養う。
4　話し聞き読み書く能力をいっそう確実にするために、国語に対する関心や自覚をもつようにする。

「思考力を伸ばし、心情を豊かにして」という文言、「国語に対する関心や自覚をもつように」という文言が入ったことが、これまでと違う、注目すべき点ですが、「聞き・話し・読み・書き」の指導が現実の社会・人間についてしっかり見て、知って、考えることと結びついていなければ、「思考力を伸ばし、心情を豊かにして」ということが、あの国策に沿った思想・心情を植えつけた、国民学校の時代の「国民的思考感動」の教育の再現になってしまいます。また、日本語についてのたしかな知育に裏づけられなければ、「国語についての自覚」を持たせるということも、戦前の「国語愛」押しつけの復活になってしまいます。現に、中学校3年のところに「国語は、国民の思考や心情と深い関連を」もつものだから、「国語を愛護し、発展させていこうとする態度を養うように」という記載があるのを見のがせません。

　さらに、「話題や題材の選定にあたっては、児童の発達段階に即応させ、次のような観点のもとに片寄りのないように注意する。」として、教材選定の基準10項目をあげていますが、その基準の大半が道徳教育のためのものです。その10項目は、次のとおりです。
（1）常に正しく強く生きようとする気持ちを養うのに役だつこと。
（2）人間性を豊かにし、他人とよく協力しあう態度を育てるのに役だつこと。
（3）個性的、独創的精神を養うのに役だつこと。

（４）道徳性を高め、教養を身につけるのに役だつこと。
（５）想像や情緒を豊かにし、生活を明るく美しくするのに役だつこと。
（６）自然や人生に対して正しい理解をもたせるのに役だつこと。
（７）論理的思考力や科学的態度を養うのに役だつこと。
（８）国語に対する関心や自覚を深めるのに役だつこと。
（９）国土や文化などについて理解と愛情を育て、国民的自覚を養うのに役だつこと。
（10）世界の風土や文化などに理解をもたせ、国際協調の精神や世界的視野を養うのに役だつこと。

3つの項目（5）・（6）・（7）をひとまず別として、ほかの7項目はどれも道徳教育の教材選定の基準にほかなりません。もし、この基準に忠実に沿って「片寄りのないように」教材を選定したら、「道徳」の読本、「修身」の教科書のようなものができるに違いありません。「逆コース」の進みのなかで、「国民的自覚」や「国際協調の精神」が何を意味し、子どもたちをどこに導くか、改めていうまでもありません。

　第3の点について述べますが、「基礎的、本質的なものの指導を徹底する」ために「指導する事項を精選」して「能力の向上に努める」ことにしたということになっています。そして、たしかに、指導すべき「内容」を、学年ごとに「A　聞くこと、話すこと、読むこと、書くこと」、「B　ことばに関する事項」にわけて、「精選」して示しています。しかし、ちょっと立ち入って検討してみると、この「精選」には、やはり問題があることがわかります。

　「A」の「（読むこと）」のところを学年別に見て、文章の読みとりについての指導事項を追っていくと、

　1年で「何が書いてあるかを考えて」
　2年で「文章に即して書いてあるとおりに」
　3年で「要点をおさえて」
　4年で「文章を段落ごとにまとめて」、「必要なところを細かい点に注意

して」

5年で「書き手の意図や文章の主題をとらえて」、「自分の生活や意見と比べながら」

6年で「書かれていることの中の事実と意見を判断しながら」、「文章の組立や叙述に即して正確に」、「文章を味わって」

中学1年で「説明的な文章の要点を正確につかむ」、「文章の主題や要旨をつかむ」、「段落相互の関係を読み取る」、「文章を読み、ものの見方や考え方についての問題をとらえる」、「情景や人間の心情が書かれている箇所を読み味わう」

中学2年で「説明的な文章の内容を正確につかみ、要約する」、「文章の主題や要旨を確実につかむ」、「文章の中心的な部分と付加的な部分とを注意して読みわける」、「文章から読み取った問題について、ものの見方や考え方を深める」、「文学作品などを、表現に注意して、味わって読む」

中学3年で「説明的な文章の内容を速く正確につかむ」、「文章を読んで、主題や要旨をつかみ、それについて自分の意見をもつ」、「文章の論理的な構成がわかる」、「作者の意図が表現のうえにどのように生かされているかを読み取る」、「文学作品などを読んで、鑑賞し、まとまった感想をもつ」、「いろいろな文体の特徴に注意して読む」

となっています。

ここで一つ一つの指導事項について、それを指導の指針としてみたばあいに、どうなのか検討することは省略しますが、これが学年ごとの指導を拘束する基準として機能したばあいに、どうなるかに触れないわけにいきません。たとえば、3年生で「要点をおさえて」、4年生で「文章を段落ごとにまとめて」・「必要なところを細かい点に注意して」という指導事項が示されました。指導事項を「精選」して、もし指導をその事項に絞ったとしたら、文章全体の内容を正しく豊かに読み取らせる指導が破壊されることになります。3年生・4年生に対しても、文章を読むことの指導には、その内容を正しく豊かに受け止めるのに、多様な指導が必要です。ことば

一つ一つをていねいに追って、示されているものごとの細部、描かれている情景の具体的な姿をイメージにすること、もし直接に描かれていないけれども、書いてあることから確実に推測できることがあれば、それをつきとめること、そのうえで登場人物の性格や事件の展開、文章を組み立てている部分部分と文章全体との関係を考えて、文章全体が何を問題にし、それをどういう視点からとりあげているのかをとらえること、そのうえで細部を見直し、読みあじわうこと……どの学年でも、教材の内容や子どもの発達の状態に応じて、このような多様な学習を指導する必要があります。文章に即して必要になる一連の多様な指導から、その一部を抜き出して「精選」だとするのは、誤りだといわなければなりません。

　なお、5年で「書き手の意図」を推測すること、中学3年で「書き手の意図」を基準に作品を評価することを指導事項としています。これは、垣内松三流の、「解釈学」にもとづく指導法の復活に相当するものでしょう。戦前の「解釈学」の指導法は、作品の内容として客観化されたことがらや考えの理解にではなく、文章の書き手の主観の推測に読み手の関心を集中させるもので、子どもたちの考えを国策に沿った思想に誘導するうえで大きな役割を果たしました。この学習指導要領改訂と同じ年の1958年に文部省教科調査官の沖山光が「意味構造に立つ読解指導」という本を出しましたが、この本のなかみは「解釈学」の復活そのものであり、読み方指導での「逆コース」だということができます。

　「B」の「ことばに関する事項」については、学年別にことばや文字に関する指導事項を列挙し、別表として「学年別漢字配当表」を添えています。1951年版では「聞き、話し、読み、書き」の「効果的な技能」と「経験」の量におもな関心があって、ことばと文字についての指導が重視されていなかったので、これでも学力の向上に多少は寄与することになるのかもしれません。しかし、たとえば、文法について見ると、学校文法の範囲で、文の組み立ての知識の初歩など、役に立ちそうなところを多少つまみ出している程度で、貧弱な内容だということができます。ここに示されたこと

ばや文字に関する指導事項については、理論的にも実践的にも抜本的に検討され、改められなければならないものだと思います。さらに問題なのは、その扱い方です。「聞くこと、話すこと、読むこと、書くことにわたって、ことばに関する次のような事項を指導する」としてあり、さらに念を入れて、「ことばに関する事項については、聞き、話し、読み、書く活動のなかに含めて指導するのを原則とすること。ただし、発音、文字などくり返して学習させることが必要と認められるものについては、特にそれだけを取り上げて学習させることとしてもさしつかえない。」としています。「聞き・話し・読み・書き」の言語活動の際に偶然の機会に出会ったことばと文字についての、個別的・断片的な知識を積み上げること（これ自体はたいへん重要なことですが）と区別して、ことばと文字についての知育を、「特にそれだけを取り上げて」体系的・順次的に行うことを禁じて、例外的に形式的・機械的な反復練習だけを許しているのです。これは、学力の本格的な向上に結びつかない扱い方だということができます。

1955年版「高等学校学習指導要領 国語科編」では、「国語（甲）」という科目のところに「（ア）音韻・文字・語い・表記法、（イ）国語の特質、国語の変遷、国語と漢文との関係、国語国字問題、（ウ）口語文法、文語文法」などを「学習させる。これらは、それぞれまとめて適当な時期に指導することも考えられる。」と書いてあり、さらにそのうえに積み上げる「国語（乙）」という科目のところには「国文法、国語要説」という学習事項が示されているのですが、1960年版以後の「高等学校学習指導要領」では、「国語」科のどの科目からも、それがすべて削除されて、「聞くこと、話すこと、読むこと、書くことの学習を通して、ことばに関する……指導を行う。」ということにされ、ことばと文字について「特にそれだけを取り上げて」体系的・順次的に指導することが禁じられています。

1957年にソ連の人工衛星スプートニクが打ち上げられました。おくれを取ったことにショックを受けたアメリカの教育関係者が、アメリカの子どもたちの学力の不足を克服する必要を痛感し、「経験主義教育」・「問題

解決学習」の見直し、「系統学習」・「教育の現代化」に取り組みました。心理学者ブルーナーらがウッズホールというところで1959年に「ウッズホール会議」という会議を開催し、科学の成果を反映させ、子どもの発達に配慮した教育内容を創造することを提唱しました。物理でＰＳＳＣ、生物でＢＳＣＳ、化学でＣＢＡやＣＨＥＭＳ、数学でＳＭＳＧなどの運動が、それぞれの分野で新しい教科書を作りました。それとほぼ同じ時期に行われた1958年の学習指導要領改訂は、この「現代化」の動きにほとんど影響されなかったようです。「国語科」については、「逆コース」の動きのなかで、「国民学校」の復活のようなことが戦前とは違った形で進行しました。

別記

○参考文献
「国語教育史資料第五巻　教育課程史」増渕恒吉編（1981 東京法令出版）
「戦後教育の歴史」五十嵐顕・伊ケ崎暁生編著（1970 青木書店）

第 22 章　教職員組合の教育研究活動と民間教育研究運動

教職員組合の教育研究活動　1945 年の年末ごろに「全日本教員組合」など教職員組合の運動が開始され、1947 年には「全日本教員組合協議会」・「教員組合全国連盟」・「大学高専職員組合協議会」の 3 つの全国組織が活動していましたが、この 3 者が合流する相談がまとまり、50 万人の教職員が参加する「日本教職員組合（日教組）」が発足することになりました。その結成大会は 1947 年 6 月に奈良の橿原神宮外苑で開催され、教職員の経済的・社会的・政治的地位の確立、教育の民主化と研究の自由の獲得、平和と自由を愛する民主国家の建設をめざすことを申し合わせました。

　1950 年に、「日教組」は「日本労働組合総評議会（総評）」の結成に参加しました。占領軍は、「総評」が、「世界労連」から分かれて結成された「西側」の労働組合組織「国際自由労連」に加わって、労使協調の立場で、占領軍に抑圧されて弱体化した「産別会議」など左翼の労働組合にかわる労働組合運動の主流となることを期待していたのですが、1951 年の「総評」大会は「国際自由労連」加盟の議案を否決し、「平和 4 原則」（全面講和・中立堅持・軍事基地提供反対・再軍備反対）の方針を決定しました。「総評」が占領軍の期待する方向に進まず、労働者・勤労市民の要求を代表する全国組織になったことについて、当時の新聞は「ニワトリがアヒルになった」と書きました。

　「日教組」は、1951 年に「教え子を再び戦場に送るな」というスローガンを決め、また、自主的な教育研究活動に取り組み、「全国教育研究大会」を開催することを決めました。第 1 次の「全国教育研究大会」は 1951 年

秋に日光で開催され、それ以後毎年開催されました。1954年の第4次からは「教育研究全国集会」という名前になり、「平和を守り真実を貫く民主教育の確立」という目標をかかげることになりました。(なお、「教育研究全国集会」は、1960年からは「日本高等学校教職員組合（日高教）」と共同で開催されるようになりました。)

　文部省が1958年の「学習指導要領」改定で教育内容を統制しようと準備を進めている動きに対応して、「日教組」は1956年に「教育課程の自主編成」という方針を決めました。「教育基本法」がかかげている「教育は、不当な支配に服することなく、国民全体に対し直接責任を負って行われるべきものである」という原則をよりどころに、教師集団としての学校がどんな教育をするのかを自主的に決めていくという立場で教育の内容と方法を研究し実践しようという方針です。そして、「教育研究全国集会」についても、1956年の第6次からは、「問題別」の分科会で教科の枠をこえた論議を進めてきたのに加えて、新たに「教科別」の分科会が設けられ、「国語教育」の分科会もできました。そこでは、全国各地域の研究集会での研究報告と討論、都道府県段階の研究集会での研究報告と討論を経て、それぞれで代表的なものとされた実践例や問題提起が持ち寄られて、論議の対象となり、全国的な交流が進み、合意に至ったことが蓄積されていきました。

　1958年には、教職員に対する勤務評定の実施が問題になり、「日教組」はこれに反対する闘争に組織をあげて取り組みました。勤務評定の実施は、教職員に対する上意下達の関係をつくり出し、学校の職場に差別と分断を持ち込んで協力を困難にし、教職員組合の活動を弱めるものであること、勤務評定の実施は、「学習指導要領」改定による教育の統制と結びついて、日本の教育を「西側」の軍事上の動きに奉仕するものに変え、「子どもたちを再び戦場に送る」ことにつながるものであることが多くの教職員組合員の共通の認識になり、「日教組」は「勤評は戦争への一里塚」というスローガンをかかげて、「一斉休暇」などで抵抗する闘争に取り組みました。

この運動が1960年の「安保」闘争、「日米安保条約」改定による日米軍事同盟強化に反対する運動に発展していきます。

ずっとあとのことになりますが、1989年に日本の労働組合運動が労使協調路線の「日本労働組合総連合会（連合）」と、労働者・勤労市民の要求を貫く立場の「全国労働組合総連合（全労連）」とに別れて再編されることになりました。「日教組」は「連合」に参加することを決めました。それに同意できない都府県の教職員組合は「日教組」と別れて「全日本教職員組合（全教）」を結成し、「全労連」に参加しました。（「日高教」は「全教」に参加しました。）そして、各都道府県で「日教組」に属する教職員組合と「全教」に属する教職員組合との双方が活動する状態になりました。「日教組」は文部省と和解し、協力しあう関係になりました。「全教」は文部省と対決する関係にあります。両組合の交流や協力は、これからの課題でしょう。教育研究活動、「全国教育研究集会」の取り組みは、「日教組」も「全教」も、それぞれ独自に続けています。

戦後の民間教育研究運動の出発と「国語科」研究推進の方向

1948年に「6・3・3制」の学校の教育条件整備を求める運動が展開されました。「日教組」と多くの労働組合、賛同する政党、市民団体、文化団体が参加する「教育復興会議」の運動です。教育の民主的発展をめざす戦後の民間の運動としては、これが最初のものでしょう。後の「高校全員入学」や「私学助成拡充」や「少人数学級」などをめざす運動の先駆となった運動だと思います。

民間の教育研究運動では、1946年に、かつて新興教育運動、生活綴り方運動、教育科学研究会の運動などに参加した人たちを中心に「民主主義教育研究会（民教）」が活動を開始し、今井誉次郎や石橋勝治の教育実践などが注目されました。この会は、1947年暮れに「日本民主主義教育協会（民教協）」と改称し、子どもたちに科学的な見方と基礎学力を身につけさせることをめざして活動しました。1948年には「コア・カリキュラム連盟」

が発足して、経験主義教育のカリキュラム改造に取り組みました。これに対して「民教協」に参加した人たちは、経験主義の教育を批判して、科学に基礎を置く系統的な教育を提唱しました。「民教協」は、レッドパージ前の1949年末ごろまでしか活動を続けられませんでした。

その後、「日教組」が自主的な教育研究活動を開始した時期に、教育の民主的発展をめざす民間教育研究団体がそれぞれの分野で次々と活動を開始しました。1949年には「歴史教育者協議会」が発足し、「日本学校劇連盟」が戦時中停止していた活動を再開しました（1959年に「日本演劇教育連盟」と改称）。1950年には「日本綴方の会」が活動をはじめました。この会は、1951年に「日本作文の会」と改称し、「国語」科にかかわる団体としてはいちばん大きい団体として活発に活動しました。1951年には「数学教育協議会」が発足し、「日本版画協会」が戦後の活動を再開しました。1952年には「教育科学研究全国協議会」・「創造美育協会」がそれぞれ発足しました。1953年には「コア・カリキュラム連盟」が「日本生活教育連盟」になり、(1949年発足の)「職業教育研究会」が「産業教育連盟」になり、「郷土教育全国連絡協議会」が発足しました。1954年に「科学教育研究協議会」が発足しました。その後も多くの民間教育研究団体が旗をあげました。民間教育研究団体は、全体として、教育の民主的発展に大きな役割をはたしてきました。

「国語」科に関係の深い民間教育研究団体のうち2つについてもう少しくわしく述べることにします。

戦前の「生活綴り方運動」の歴史を引き継いだ「日本作文の会」は、1952年の夏に岐阜県中津川市で第1回の「作文教育全国協議会」を1300人の参加で成功させ、その後毎年夏に大きな研究集会を開催して、作文教育についての実践を交流し、研究を深めてきました。第5回から集会の名前を「作文教育研究大会」としてずっと続けています。月刊の雑誌「作文と教育」で交流し、「文集コンクール」を主催し、各地にサークルを発展

させています。1955年に設定した会の「綱領」は次のとおりです。

「1　わたくしたちは、日本のつづり方教育の遺産をうけついで、子どもの生活とはなれない、新しい作文教育の建設と普及に努力します。
　2　わたくしたちは、真実と人間らしさを求める作文教育の実践によって、日本の教育の民主化とその発展に力をつくします。
　3　わたくしたちは、正しく美しい日本語をみんなのものにするために、力をあわせてはたらきます。
　4　わたくしたちは、作文教育をとおして、いっそう親たちとの提携をふかめます。また、作文のしごとを、多くの国民のものにするよう努力します。
　5　わたくしたちは、ひろく会外の人たちと協力して、世界の平和と、日本の民主化ならびに生活と文化の向上につとめます。」

　戦前の「教育科学研究会」の歴史を引き継いだ「教育科学研究全国協議会」は、各地域の研究者と教師の教育研究サークルの連絡と交流の組織として、1952年に活動をはじめました。個人加盟の教育研究団体になって「教育科学研究会」と改称するのは1961年のことです。この会は、まだサークルの連絡と交流の組織だった時期の1956年の夏に、東京飯田橋の「つるやホテル」で合宿の「第1回全国研究集会」を開催しました。その研究集会の「国語」分科会は、東京・群馬・新潟・福島など各地のサークルからの参加者の、2日にわたる討議によって、「国語」教育のあるべき姿を短くまとめて示す文章を仕上げました。（国分一太郎・奥田靖雄が素案の提示と意見のとりまとめにあたりました。）「1956年テーゼ」と呼ばれるその文章は次のとおりです。

「子どもたちをすぐれた日本語のにない手にそだてあげることが、国語教育の基本的な目標である。
　　右の目標を実現するために実践してゆかねばならないしごとは、つぎのことである。
　(1)　すぐれた文章を子どもにあたえて、文字、発音、単語、文法などの

初歩的な知識をおしえながら、その文章にもりこまれているゆたかな思想や感情を理解する能力をつける。
(2) 子どもたちの生活のことばから出発し、しだいに標準語で自分の考えを自由に正確に表現できるようにしながら、ただしいもののみかた、考えかた、感じかたをそだてる。
(3) 右のようなしごとを土台にして、話す力、聞く力を確実に子どものものにしていく。
(4) とりたてて、文字、発音、単語、文法などについての系統的な知識をあたえて、国語に対するただしい理解をもたせる。
(5) ことばを形式とする芸術、文学作品をただしく鑑賞する力をやしない、その創造のための基礎をつちかう。

わたしたちは、以上のしごとをはたしつつ、国語科教育が他教科の学習や文化遺産の摂取に役だつ力をつけるものであることを自覚したい。また、それが祖国のことばの力を自覚させ、国語に対する愛情をやしない、ただしい民族意識をそだてるものであることも認めていかねばならない。」
ここに示された考えは「ことば・読み書き」指導のこれからのありかたを指し示していると、私は思うのですが、いかがでしょう。
この考えを具体化するしごとは、その後、「教育科学研究会・国語部会」の、研究者と教師との共同研究で、全国各地のサークルによって進められました。その成果の代表的なものは、明星学園・国語部著「もじのほん」をはじめとする「にっぽんごシリーズ」です。奥田靖雄や宮崎典男の著作や論稿、鈴木重幸・宮島達夫などの著作や論稿も、研究の前進に大きな役割を果たしました。
(「国語」科に関係のある民間教育団体は、このほかに、「日本文学教育連盟」・「日本文学協会国語教育部会」・「文芸教育研究協議会」・「文学教育研究者集団」・「児童言語研究会」・「表現読み総合法教育研究会」・「漢字指

導法研究会」などがあり、それぞれ独自の主張をもって活動しています。これについては、紹介と論評を省略します。)

　1860年代後半から1950年代後半までの約90年を対象にして、「日本の『ことば・読み書き』指導の近代史」について書いてきましたが、そのしめくくりとして、次の4つのことを述べて、ひと区切りとします。
(1)　ひとりひとりの子どものすこやかな成長、人間らしい生活をめざすか、その子どもたちを国家のために尽くす人々に育てあげることをめざすか。「ことば・読み書き」指導をふくめて、近代日本の教育は、この二つの立場の対立のなかにあったということができます。どちらが優位にあったかは、いうまでもありません。現代日本の教育は、違った様相を帯びた同様の問題に向き合っているのではないでしょうか。
(2)　子どもたちは、「読み書き」の学習で、たまたま出あった語句、文法の事項、文字などをひとつずつおぼえて、表現や理解の力を少しずつ高め、生活に必要ないろいろな知識を身につけ、感性を豊かにしてきました。身のまわりのものごとをよく見て、そのようすをありありととらえることやだいじなことを見つけだすことも学びました。しかし、教科書の文章には、社会の、人間の生活の、ほんとうの姿を描き出し、明らかにするものが少なく、国策に沿った偏った思想を盛り込んだものが多く、指導の方法では、直観にもとづいて文章を書いた人の「思い」を想像し、共感するように誘導することが推奨され、子どもたちの考えが誤った方向に導かれました。自然・社会、人間の生活の真実を正しく知り、豊かに感じることと結びついたこととして、「読み書き」の能力を高めること。それをさらに追求することが、現代の課題として引き継がれたのだと思います。
(3)　ことばと文字について、体系的・順次的に指導することは、子どもの心理に合わない誤謬だとして、しりぞけられてきました。入門期に限って例外的に文字や語句などを順序だてて学ぶことになっていた時期があ

りましたし、「読み方」や「綴り方」のなかで「ことば」に関する事項を偶発的・個別的・断片的に学ぶことは許されていましたし、中等教育で古典の文章の解釈に必要な知識をある程度まとめておぼえることは認められていましたが、ことばと文字についての知識を、その体系に沿って、子どもの発達にあわせて、それとして学ぶことは認められませんでした。ことばについての知育を軽視して、読み書きの力をつけようとすれば、苦痛の多い、学習効率の悪い、形式的・機械的な反復練習の強化にいきつくことになるでしょう。ことばについての知育の軽視は、いまも続いています。ことばについての全世界の研究成果をふまえた日本語研究の前進とかかわって、日本語についてのまっとうな知育を確立することが現代の課題になったのだと思います。

(4)「大日本帝国」は、東アジアの多くの地域に侵略の軍を進め、植民地、従属国、あるいは占領地にして、多くの人々を支配下に置き、苦しめてきました。その支配の手段として日本語を押しつけてきたことを見落とすことはできません。民族の母語を奪って同化政策を進めるなど、あってはならないことです。諸民族の対等の関係のうえに立って、おたがいのことばを学びあうといううちばで、国際的にも日本語についての指導を充実発展させていくことが現代の課題でしょう。

別記

○参考文献
「戦後教育の歴史」五十嵐顕・伊ケ崎暁生編著（1970 青木書店）
「生活綴方事典」日本作文の会編（1958 明治図書出版）
「読み方教育の理論」奥田靖雄・国分一太郎編（1963 国土社）

○「現代史」に多少踏み込んだところで、ひと区切りです。その後の６０年ほどについて、どなたか、バトンを受け取って、続きを書いていただけないでしょうか。

　その後何回かの「学習指導要領」改定で「ことば・読み書き」指導の分野にどんな変化がおこったのか。その背景に世界と日本の政治・経済・社会の、どんな動きがあるのか。子どもたちの発達をゆがめる動きに抗して、「ことば・読み書き」指導の研究の前進が子

どもたちのすこやかな成長にどう寄与しているのか。このような視点で「現代史」を解明していただければ、たいへんありがたいのですが。

　いじめや不登校、学校の荒れ、子どもの貧困、学費の高騰、学級規模の過大、学校の統廃合、進学難、教育活動以外のしごとでの超多忙、管理統制の強化。さまざまな困難に直面しながらがんばっている若い教師のみなさんに心からの声援を送りつつ、このレポートをしめくくることにします。

年表

1866	前島密「漢字御廃止之儀」	
1868		明治維新
1869	南部義籌「修国語論」	
1871		廃藩置県
1872	「学制」公布	
1873	馬場辰猪「Elementary Grammar of the Japanese language」	
1877		西南戦争 立志社国会開設建白 （自由民権運動はじまる）
1879	「教育令」公布 「教学聖旨」発布	琉球処分
1880	「教育令」改正	
1881	「小学校教則綱領」制定 教科書届出制度	
1884		秩父事件
1885		内閣制度
1886	「小学校令」・「中学校令」等公布 教科書検定制度	
1887	二葉亭四迷「浮雲」 山田美妙「武蔵野」	
1888	二葉亭四迷訳「あひびき」 山田美妙「胡蝶」	
1889	「幼学綱要」配布 大槻文彦「言海」	「大日本帝国憲法」発布
1890	「小学校令」改正 「教育勅語」発布	
1894	上田万年講演「国語と国家と」	日清戦争開戦
1895	上田万年「標準語に就きて」	下関条約

1896	「芝山巌学堂」開設 （翌年1月「芝山巌」事件）	
1897	大槻文彦「広日本文典」	
1898	台湾総督「公学校令」	
1900	「言文一致会」発足	義和団制圧の派兵
	文部省に「国語調査委員会」	
	「小学校令」改正（「国語」科の登場）	
	「小学校令施行規則」（第16条に「棒引きかなづかい」）	
1901	「言文一致の実行についての請願」貴族院・衆議院で採択	
1902	教科書疑獄	
1903	教科書国定制度	
1904	「イ・エ・ス・シ読本」	日露戦争開戦 第1次日韓協約
1905		ポーツマス条約 第2次日韓協約
1908	「小学校令施行規則」第16条削除	
1910	「ハタ・タコ・コマ読本」	韓国併合　大逆事件
1911	朝鮮総督「朝鮮教育令」公布	辛亥革命
1913	芦田恵之助「綴り方教授」	憲政擁護運動
1914		第1次世界大戦（～1918）
1915		対華21か条要求提出
1916	芦田恵之助「読み方教授」 国語調査委員会「口語法」	
1917		ロシア10月革命
1918	「ハナ・ハト読本」 「赤い鳥」創刊	米騒動　シベリア出兵
1919		ベルサイユ条約 3・1運動　5・4運動
1921	「臨時国語調査会」設置	

1922	垣内松三「国語の力」	
1923	「常用漢字表」制定	関東大震災
1924	「仮名遣改定案」公表	
1925		普通選挙法・治安維持法
1927・1928		山東出兵
1929	「綴方生活」文園社発行 （翌年から郷土社発行）	
1930	「北方教育」北方教育社発行 「新興教育研究所」設立・弾圧 （～1933）	
1931		柳条湖事件・満州事変
1932		「満州国」発足
1933	「サクラ読本」 山口喜一郎「外国語としての我が国語の教授法」	
1934	「北日本国語教育連盟」発足 「国語審議会」（「臨時国語調査会」改組） 橋本進吉「国語法要説」	
1935	石山脩平「教育的解釈学」	
1936	「生活学校」誌再出発 （～1938）	
1937	「教育科学研究会」発足	盧溝橋事件・日中戦争
1938	満州国国民学校で日本語を国語の一つとして教授	「興亜院」設置
1940	「生活綴り方」教師に対する弾圧	「大東亜新秩序建設」の「基本国策」閣議決定 仏印進駐
1941	「国民学校令」公布 「アサヒ読本」 「教育科学研究会」に対する弾圧 「日本語教育振興会」再発足 （前年成立）	太平洋戦争開戦
1942	「朝鮮語学会」事件	

	青年文化協会「日本語練習用日本語基本文型」	
1944	文部省「中等文法」	
	国際文化振興会「日本語基本語彙」	
1945	文部省「新日本建設ノ教育方針」	太平洋戦争終結
	連合軍総司令部・教育についての4つの指令、	
1946	「第1次米国使節団報告書」	
	文部省「新教育指針」	
	「現代かなづかい」（〜1986)	
	「当用漢字表」（〜1981)	
1947	「教育基本法」・「学校教育法」施行	「日本国憲法」施行 GHQが2・1スト禁止
	「6・3・3制」スタート	
	「学習指導要領（試案)」	
	「日本教職員組合」発足	
1948	「教育勅語」衆議院で失効を確認	大韓民国・朝鮮民主主義人民共和国建国
1949	民間教育研究団体が次々と活動開始	中華人民共和国建国 下山・三鷹・松川事件
1950		朝鮮戦争（〜1953休戦) 警察予備隊ができる レッドパージ 「日本労働組合総評議会」発足
1951	「小学校学習指導要領　国語科編（試案)」	サンフランシスコ条約・日米安全保障条約
	「中学校高等学校学習指導要領　国語科編（試案)」	
	「日本教職員組合」教育研究活動を開始	
1952		警察予備隊が保安隊になる

1953	池田・ロバートソン会談	
1954	「教育2法」(教職員の政治活動禁止)	保安隊が自衛隊になる
1956	「地方教育行政の組織ならびに運営に関する法律(地教行法)」(教育委員を公選から任命に)	
1958	「学習指導要領」改定(拘束力強化・「道徳」重視) 全国で教職員に対する勤務評定	
1960		軍事同盟強化の日米安保条約改定

●著者紹介

野村　篤司（のむら　あつし）

1932年東京で出生。
1954年東京大学文学部国文学科卒業。
東京目黒・世田谷で区立中学校教師37年間。
東京都教職員組合・目黒区労働組合総連合・全日本年金者組合などで活動。
1951～1956年民主主義科学者協会言語科学部会に、1956～1967年教育科学研究会国語部会に参加。

日本の「ことば・読み書き」指導の近代史

2016年　12月　17日　初版　第1刷　発行

著　者　野村　篤司
発行者　比留川　洋
発行所　株式会社 本の泉社
〒113-0033　東京都文京区本郷2-25-6
TEL：03-5800-8494　FAX：03-5800-5353
http://www.honnoizumi.co.jp
印刷　株式会社新日本印刷　／　製本　株式会社村上製本所

ⓒ 2016, NOMURA-Atusi　Printed in Japan
ISBN 978-4-7807-1603-0 C0081

※落丁本・乱丁本は小社でお取り替えいたします。定価はカバーに表示してあります。
　本書を無断で複写複製することはご遠慮ください。